반계학 학술총서 1

반계학의 현재와 미래 1

사상

반계학 학술총서 1

반계학의 현재와 미래 1

사상

임형택 · 정호훈 · 신혜연
박인호 · 함영대 공저

학자원

간행사

'조선 후기 실학(實學)의 비조(鼻祖)' 반계(磻溪) 류형원(柳馨遠, 1622~1673) 선생은 실사구시(實事求是)의 학문 방법과 경세치용(經世致用)의 학적 지향으로 실학 연구에 있어 선구적인 성과를 이룬 학자이다. 선생은 1653년 겨울 32세의 나이로 한양에서 전북 부안(扶安)의 우반동(愚磻洞)으로 이주하여 정착하였으며, 1673년 52세로 생을 마감하기까지 『반계수록(磻溪隨錄)』의 저술에 몰두하였다. 임진왜란, 병자호란, 명·청 교체 등 대내외적 우환이 지속된 17세기 중반의 지식인으로서, 흔들리는 국가 기강과 체제를 바로 세우고자 전제(田制), 교육, 인재 선발, 관리 임용, 병제(兵制) 등 사회 구조 전반에 대한 개혁의 아이디어들을 이 책을 통해 폭넓게 제시하였다.

반계 선생과 그의 저작 『반계수록』은 일찍이 1950년대부터 연구자들에 의해 많은 관심을 받아 이에 관한 다수의 연구 성과가 학계에 보고되었다. 그러한 관심은 근래에 이르기까지 지속적으로 이어지고 있다. 반계 선생을 주제로 한 기획학술대회가 활발히 개최되어 그의 학문적 성취와 의의를 조명하고 있으며, 새로운 자료와 유적이 발굴·소개됨으로써 그 연구 영역이 기존의 역사·철학 분야를 넘어 문학·역사·지역학의 지점으로까지 확장되어 가는 모습을 보이고 있다. 이제 '반계학'은 조선 후기 학술에 관한 하나의 학문 분야로서 공고히 자리하게 되었다.

올해 2022년은 반계 선생 탄신 400주년이 되는 해이다. 이를 맞아 한국실학학회와 전라북도 부안군은 반계 선생에 관한 근래의 연구 성과를 망라한 총서 『반계학의 현재와 미래』를 기획·간행하게 되었다. 한국실학학회에서는 총서 간행을 위해 국내 반계 연구의 권위자들을 중심으로 '반계학 총서 간행위원회'를 조직하여 반계 관련 논문의 현황을 조사하고 총서 수록 대상 논문을 엄선하는 과정을 진행하였다. 그 결과 2018년부터 2022년까지 총 5년간 국내 유수의 학회지 및 기획학술대회에서 발표된 논문들을 총서에 수록하게 되었다.

본서는 총 2권으로 이루어져 있다. 1권 '사상'에서는 반계 선생의 학문·사상을 다룬 논문을 수록하였다. 조선 후기 실학에서 차지하는 반계 선생의 위치, 반계 선생의 학문 연원과 사유, 『반계수록』 전승 양상 등에 대해 고찰한 총 6편의 논문을 실었다. 2권 '제도·기타'에서는 『반계수록』에서 제기된 사회·제도 개혁론을 다룬 논문 4편과 부안 우반동에 남아 있는 반계 선생 관련 유적을 고찰한 논문 4편 등 총 8편의 연구 성과를 수록하였다.

반계 선생이 『반계수록』에서 제기한 다양한 견해들은 조선 당대에는 중앙 무대에서 제대로 채택되거나 반영되지 못하였다. 그러나 선생이 품은 개혁에 대한 의지와 구체적이고도 세밀한 실천 방안들은 탄신 400년이 지난 현재에 이르러, 비로소 많은 이들에게 학적 영감을 주고 있다. 반계학의 현재를 점검하고 미래를 전망해보고자 기획된 본서의 간행을 계기로, 앞으로 반계 선생과 『반계수록』에 대한 더욱 많은 관심이 주어지기를 기대하는 바이다.

반계학 총서 『반계학의 현재와 미래』 간행위원장 한국실학학회 회장
윤 재 민

차 례

17~19세기 동아시아 실학, 그 개념 비교론*[1]

임형택
성균관대학교 명예교수

이번 학술회의의 전체 주제는 '17세기 동아시아의 역사전환과 유형원(柳馨遠, 1622~1673)의 『반계수록』'이다. 주제를 이렇게 잡은데 약간의 설명이 있어야 할 것 같다.

한국에서 실학을 학문연구의 대상으로 인식하게 된 것은 지난 1930년대부터다. 당시에 주도적 역할을 한 위당(爲堂) 정인보(鄭寅普) 선생은 '실학의 초조(初祖)'로, 빈세(民世) 안재홍(安在鴻) 선생은 그 창시자로, 유형원의 실학사상사에 있어서의 위상을 두 분이 똑같이 자리매김하였다.

실학이란 학문은 일국적 경계를 넘어 동아시아적 차원에서 논의할 필요가 있다. 17세기 동아시아의 역사전환에서 등장한 신학풍이 한 시대를 대변하는 학문으로 자리 잡은 것이다. 그리하여 중국의 청조, 한

---

* 이 글은 필자가 NAVER 주최의 '열린 연단 : 문화의 안과 밖'이라는 학술기획의 일환으로 2020년 7월 25일 행했던 강의를 위해 작성했던 원고의 한 부분을 바탕으로 수정·보완한 것이다. 당시 기획 측에서 주어진 제목은 「실학의 전개」였는데 필자는 주제를 「동아시아 실학 담론, 한국실학의 두 흐름」으로 잡았던 것이다.

국의 이조후기, 일본의 에도시대에 실학으로 파악할 수 있는 신학풍이 공히 존재하였다.

금년은 유형원의 주저인 『반계수록』이 저술된 지 350년이 되는 해다. 『반계수록』의 출현은 곧 한국 실학의 출발신호로 볼 수 있다. 본 학술회의는 이를 기념하는 의미를 띠고 있기에, 주제를 위와 같이 잡은 것이다. 곁들여 말하자면 반계선생이 탄생하신 것이 1622년이어서 선생 탄생 400주년을 눈앞에 두고 있으므로, 지금 학술회의는 이에 대비하는 의미도 함께 지니고 있다 하겠다.

나는 본 학술회의의 기조강연을 맡은 입장에서, 17세기의 역사전환기에 신학풍으로서 실학이 등장한 과정에 대해 평소의 견해를 간추려서 보고 드린 다음, 한·중·일 3국이 각기 신학풍에 직결된 개념들을 상호 비교해 볼까 한다. 지금 와서 용어 문제를 따지는 일이 새삼스럽고 현학적으로 비칠 우려도 없지 않으나, 동아시아적 차원에서 실학을 논의하는 자리에는 필히 정리하고 가야 할 사안이라고 보기 때문이다.

1. 17세기의 역사전환과 지식인의 각성

역사적 의미의 실학은 한국뿐 아니라 중국과 일본에도 존재했다. 17~19세기에 실학이 동아시아 국가들에 공존했던 현상은 우연으로 돌릴 일이 아니고, 거기에는 어떤 필연성이 개재되어 있었다고 보는 것은 당연한 관점이 아니가 한다. 따라서 그 역사적 동시성이 발생한 계기, 실학의 역사적 기원을 따져 물을 필요가 있다고 본다.

실학의 동시성이 발생한 계기, 즉 그 역사적 배경을 어떻게 설명할 것인가? 실학을 학술사의 무대에 호출한 동아시아의 17세기는 과연 어떤 시대인가? 이 물음에 대답하자면 두 측면을 고려할 필요가 있다. 외적 측면으로서 서세동점의 세계사적 상황, 내적 측면으로서 명청교체라는 동아시아적 상황이다.

실학을 창도했던 지식인들은 자기 시대에 처해서 악전고투하다가 좌절, 고뇌하면서, 학문을 어떻게 해야 하느냐는 근본적인 문제제기를 하여 스스로 실천하였다. 그리하여 위대한 학문을 성취하였던바 그 학적 경향이 일세를 풍미하게 된다. 이 신학풍이 지금 우리가 거론하는 실학이다.

1) 외적 측면 – 서세동점의 상황에서 동아시아

서구발의 역사운동인 서세동점은 16세기 중엽부터서 동아시아 지역에 진입하여 사상적 충격을 주었고, 이 지역의 역사진로에 결정적 변수로 작용하게 된다. 우리의 입장에서 이 사안을 보는 기본 시각을 잡아 둘 필요가 있는 것으로 생각된다.

두 측면인데, 하나는 서세동점이 개시되는 그 무렵, 동세서점(東勢西漸)도 있었던 사실이다. 15세기에 명나라의 정화(鄭和)가 이끄는 선단이 인도양을 통과해서 중동지역, 그리고 아프리카 동북부 해안까지 진출했던 것이다. 그 행보는 계속되지 못하고 말았지만 해양을 통한 지구적 움직임이 동서에서 동시에 시작되었던 사실을 확인할 수 있다.

동아시아에 진입해서 작용한 서세는 서학동점(西學東漸)의 특성을 띠었다는 점이다. '서학'이란 서양의 학술과 종교를 미분화 상태로 인식한 개념이었다. 우리가 알다시피 전 지구상에 출동한 서세는 닿는 곳마다 무력을 자행하여 식민화해 나갔다. 그런데 오직 동아시아에 상륙한 서세는 전반적으로 양상을 달리한 것이다. 왜 그랬을까? 동아시아는 서구로부터 지리적으로 원격지여서 이 지역에 가장 늦게 도착할 수밖에 없었는데, 동아시아국가들은 서방세계에 못지않은 역사 문화의 전통을 지녀왔다. 때문에 말하자면 하드웨어가 아닌 소프트웨어로 접근했다. 하여 동서간의 문물교류로 상호성이 다양하게 일어난다. 서학동점만이 아니라 서방세계로 향한 동학서점과 동풍서점(東風西漸)의 현상을 함께 고려할 필요가 있다.

서세가 동아시아 지역에 진입함으로 해서 중국 중심의 세계에는 동요가 일어날 밖에 없었다. 사상적 충격이 무엇보다도 주목할 점이다. 서세의 출현은 그 자체로서 여기와 다른 세계가 저쪽에 실재함을 의미하는 것이다. 하지만, 당시 사람들에게 과연 어떻게 인식되었던지 잘 드러나지를 않는다. 그런데 조선의 중국사행이 1631년 중국 산동반도의 등주(登州)에서 뜻밖에 서양 선교사를 만나게 된다. 그것은 조선 지식인과 서양 지식인의 최초의 만남이란 역사적 의미를 지닌 사건인데 양자 간에 지적 토론이 이루어진다. 거기서 중국이 세계의 중심이냐는 문제가 제기된 것이다.

1624년 만주족의 후금(後金)이 요동지역을 장악해서 육로 사행길이 막힌 때문에 10여 년간 해로사행이 있었다. 이런 연유로 정두원(鄭斗源, 1581~1642)이 산동반도의 등주(登州)에 들리게 된다. 마침 명군 사령부에 와 있던 서양 선교사 로드리게스(Johannes Rodriguez, 폴투칼인, 한자명 육약한(陸若翰), 1561~1633?)와 만나, 서로 학술적인 내용의 서신까지 교환하게 된다.

서신은 정두원을 수행했던 이영후(李榮後)가 먼저 보내고 이에 로드리게스가 답한 형식이었다. 이영후는 "우리나라와 귀국 사이는 하늘 끝이요 땅의 모서리인데, 지금 뜻밖에 만나 정신을 교류하니 이는 천고에 없었던 기이한 일입니다"고 만남 자체에 대단한 의미를 부여한다. 그리고 저들이 제공한 무기며 기기(器機)·도서에 대해서 "중국 바깥에서 어떻게 이런 인물, 이런 교화(教化), 이런 제작(制作)이 나올 수 있단 말인가"라고 놀라운 감회를 솔직히 표명한다. 무엇보다도 중국 바깥에 이질적인 문명세계가 있음을 실물로서 확인하고 경악을 금치 못하였다. 중국이 천하의 중심이고 유일한 문명세계라고 믿어 의심치 않았던데 일대 의혹이 발생한 것이다. 이 서신에 대한 로드리게스의 답신은 지적 대결의식을 강하게 드러내고 있다. 천문역법에 있어서 서양의 우수성이 이미 판명되었음을 강조한다. 그리고 중국이 세계의 중심이냐는 물음에 답해서는 "지구로 논하면 나라마다 중심이 될 수 있음"을 천명하였다.

중국이 천하의 중심이라는 관념은 그대로 절대적인 이데올로기였다. 중국을 중심으로 한 지역에는 사대외교(事大外交)가 국제질서를 형성하였다. 이른바 조공(朝貢)체제다. 그리하여 "대명천자는 우리 임금의 임금이라"[大明天子 我君之君]고 여기는 윤리의식이 보편당위로서 받아들여지기에 이르렀다. 바로 이 중국 중심의 천하관이 서세의 출현으로 인해서 이론적으로나 현실적으로 균열이 발생한 것이다. 정두원과 로드리게스의 만남에 대해 종래 홍이포·망원경·만국지도 등을 제공받은 사실을 역사서에서 특기해왔으나, 내가 보기에는 방금 지적한 사상적 충격이 보다 심대한 의미를 지니고 있었다.[1]

1 이 대목은 필자의 「정두원과 로드리게스—조선과 서양의 첫 만남」(『21세기에 실학

뿐 아니다. 서세동점의 물결은 시간이 지날수록 파고가 높아졌다. 18세기를 지나 19세기 중반기로 접어들면서부터 거의 쓰나미 수준으로 밀어닥친다. 우리가 근대사에서 겪은 사실이며, 그 파장에 지금껏 놓여있다고 말해도 과언이 아니다. 따라서 '중국 중심의 천하관을 어떻게 극복할 것인가'라는 이론적 과제와 함께 '서세동점의 파장에 어떻게 대응할 것인가'라는 역사적 과제는 17세기에 이미 제기되었다고 말할 수 있다. 이 과제는 당시에 세계의 대국(大局)과 역사를 전망할 수 있는 안목을 가졌다면 응당 떠올랐을 터지만, 그렇지 못했던 까닭으로 그 중대한 사안이 잠재될 밖에 없었다.

2) 내적 측면 – 명청교체가 지식인에게 미친 충격파

반면에 명청교체의 상황은 당장 온몸으로 경험하는 위기였고 정신적인 압박이었다. 명청교체는 화이전도(華夷顚倒)인 까닭에 문명적 위기의식을 불러일으킨 것이다.

여기에 설명을 덧붙이는 것이 필요하겠다. 중국 중심의 세계에 한족이 주인으로 고정되어 있었던 것이 아니었다. 가까이 돌아보아 근대 중화민국의 앞에 청이 있었고, 명의 앞에 원이 있었다. 이 물론 역학관계로 결정된 현상지만, 이적(夷狄)이라도 들어서 자리 잡으면 명분을 세워 합리화하기 마련이고, 국제관계도 조공질서(朝貢秩序)를 복원하였다. 중국 중심의 체제는 시대에 따라 변동이 있었음에도 자기 완결적 영속성을 지닌 것이었다. 이는 19세기 말까지다. 1894년의 청일전

을 읽는다』, 한길사 2014)를 축약한 것이다.

쟁이 결정적 계기가 되어 중국중심체제—조공질서는 드디어 붕괴되고 말았다. 명청교체는 조공질서의 붕괴로 가는 계단이었다. 요컨대 17~19세기 청황제 중심의 동아시아 체제는 불안정하여, '흔들린 조공질서'로 유지되다가 마침내 파국을 맞은 형국이 되었다.

비록 그렇지만, 이적시하는 만청(滿淸)이 세계의 주인으로 군림한 사태는 그야말로 경천동지(驚天動地)가 아닐 수 없었다. 바다 건너의 일본까지도 화이변태(華夷變態)로 보아 촉각을 세우는 판이었다. 지금 주목처는 지식인으로서 그 사태에 직면하여 어떤 태도와 행동을 취했던가하는 곳이다.

중국의 고염무(顧炎武, 1613~1682)의 경우를 들어 보면, 젊은 시절 반청구국(反淸救國)의 대열에서 분투하다가 패배의 쓰라림을 실컷 맛보고 여생을 학문저술에 바쳤다. 대표작은 『일지록(日知錄)』인데 거기서 '망국'은 역성개호(易姓改號)의 왕조교체를 뜻하며, '망천하'는 "인의(仁義)의 도가 단절되고 야만이 세상을 휩쓰는"는 사태를 가리킨다고 한다.(『일지록(日知錄)·정시(正始)』) '망천하'가 되면 "짐승을 불러다 사람을 잡아먹는다"[率獸而食人]고 표현한바, 이는 『맹자(孟子)』에 나오는 말이다. 가혹한 정치를 비유하는데 이적의 화가 천하에 미쳤음을 뜻하고 있다. 만청 지배하의 세상을 문명적 위기로 의식한 발언이다. '중국'이란 문명론적 개념이다.(중국이 국명으로 쓰인 것은 20세기로 와서 중화민국 이후다.) '망천하'라는 인식은 민족위기를 문명적 위기로 표출한 것이기도 하다. 그것은 **지식인으로서의 주체적 자각**이다.

문명적 위기의식은 학문적 각성으로 이어지게 된다. 고염무는 '망천하'의 사태에 당면하면 '필부'가 책무를 지고 나서야 한다고 역설했다. 필부란 말은 보통 사람, 즉 평민을 가리키지만 여기서는 특별히 주목할 필요가 있다. 무관(無冠)의 지식인 또한 필부에 속하는데 고염무는 이를 염두에 두고 쓴 것으로 보인다. 당면한 현실을 지식인이 앞장서 나서야 할 때로 자각한 발언이다. 그러나 힘의 논리로 완전히 제압을 당한 판국에서 주제적 지식인으로서 할 수 있는 일이란 사실상 학문밖에 없었다. 해서 추구한 학문이 뼈저린 반성과 발본적 개혁을 위주로 했던 것은 더 말할 나위 없었다.

고염무와 동세대로서 입장을 같이 했던 황종희(黃宗羲, 1610~1695)는 종래의 주류적인 학문경향을 지적하여, "어찌 지금의 심학(心學)을 논하는 자들은 독서궁리(讀書窮理)에는 힘쓰질 않고, 이학(理學)을 논하는 자들이 읽는 책이란 경생(經生)의 장구(章句)에 지나지 못하는가?"라고 탄식한다. 양명학(陽明學)의 말폐로서 공소성(空疎性)을, 주자학(朱子學)의 말폐로서 고루성을 지적한 것이다. "천경지해(天驚地解)(경천동지(驚天動地)의 동의어)의 현실을 막연히 나와는 무관한 일처럼 본다"(『남뢰문안(南雷文案)·유별해창동학서(留別海昌同學序)』)고 시대현실에 무감각한 학문에 통렬한 비판을 가하고 있다.

양계초(梁啓超)는 『청대학술개론』에서 이 시기를 청대에 성립한 특징적 학술의 출발점으로 잡고 있다. "이족(異族)이 중화의 주인으로 들어섬에 지절(志節) 있는 학자들은 그 조정에 서기를 부끄럽게 여겼다. 그래서 성화(聲華)를 털어버리고 오롯이 정력을 집중해서 박학(樸學)을 닦았다." 청초 학자들의 학문 경향을 박학으로 표현한바 박학은 실학과 상통하는 개념이다. 이에 대해서는 뒤에 다시 거론할 예정이다.

3) 유형원 『반계수록』의 저술의식

중국의 황종희·고염무와 한국의 유형원은 다 같이 1세대 실학자이다. 유형원은 명청교체의 상황을 "이적의 습속으로 천리(天理)가 없어지고 인욕이 휩쓸어 생민을 도탄에 빠지"[2]게 만드는 사태로 인식한다. 이 도덕적 위기의식은 곧 문명적 위기의식이다. 중국 지식인과 다름없이 처한 시대를 문명적 위기로 인식한 것이었다.

조선은 명이 멸망하는 전야에 정묘호란·병자호란으로 고난과 국치를 당했던 터다. 조공질서에서 명과 조선은 충효라는 명분론으로 연계되어 있는 까닭에 화이전도의 사태를 '천붕지통(天崩之痛)'으로 의식한 것이었다. 유형원은 만청지배하의 현실을 도저히 수긍할 수 없었다. 이에 "야만의 누린내를 어떻게 씻어내랴!"[猩膻何日掃, 「自崇禎甲申北京淪沒之後~」]고, 그 스스로 만청지배의 청산이란 원대한 과업을 상정했다. 드디어 32세에 전라도 부안 변산반도의 우반동(愚磻洞)이란 바닷가 외진 땅에 은거, 학문 연구와 저술 작업으로 들어간다. 『중흥위략(中興偉略)』이란 이름만 전하는 책이 있는바 표제로 미루어 문명세계의 부흥을 기획한 것이다.[3] 그의 주저는 『반계수록(磻溪隨錄)』이다. 『반계수록』은 황종희의 『명이대방록(明夷待訪錄)』·고염무의 『일지록(日知錄)』과 내용이야 같을 수 없지만 저술의 경위와 정신은 다르지 않았다.

『반계수록』은 당면의 '문명적 위기'를 초래한 사태를 근원적으로 고

2 임형택 외 편역(2017), 역문부 245면, 원문부 594면, "其狄俗使天理泯滅, 人欲陵襄, 生民塗炭."

3 임형택 외 편역(2017), 역문부 497면, 원문부 692면.

민한 나머지 발본적 대책을 강구한 학문 저술이다. 여기에 붙인 글에서 "왕도가 폐기되어 만사가 기강을 잃고부터 사(私)에 기대어 법을 제정하더니 마침내 이적이 중화(中華)를 유린하는데 이르고 말았다"고 한다. '중화'는 중국와 마찬가지로 문명론적 개념이다. 우리나라 또한 "고루한 폐습을 고치지 못한 것이 많은데다가 쇠퇴가 누적된 나머지 마침내 큰 치욕을 당하고 말았다"고 진단한다. 중국 중심의 세계는 적폐·적약으로 패망에 이르렀으니 근원적인 치유를 않고는 해결책이 없다는 것이 그의 지론이었다. 요컨대 만청지배의 상황을 문명세계의 침몰로 인식하고 국정을 새롭게 구상하여 구체적으로 치밀하게 설계한 책이 『반계수록』이다.

반계의 반청논리는 당시 집권층이 내세운 반청(反淸)—북벌(北伐)의 논리와 외관상으로는 비슷해 보인다. 내용상으로는 전혀 다른 성격이다. **정치적 이데올로기로 외화한 방식**이 아니고 **자아의 각성으로 내화한 방식**이기 때문이다. 정치적으로 외화한 방식은 체제 유지를 위한 것으로 반개혁적이다. 주장한바 반청—북벌은 실현 가능성이 전혀 없는 비현실적인 논리였으므로 그것은 의리를 가탁(假託)한 허위의 이데올로기에 다름 아니었다. 반면에 학문적으로 내화한 방식은 현실정치와는 거리를 두고 연구 저술로 침잠하였다. 반면에 반계는 상황을 문명적 위기로 판단하고 근본 대책으로서 이 저술을 한 것이다. 국가제도를 개조하고 민생을 구제하려는 구체적 개혁을 의도한 학문 연구로 삶의 진로를 세운 것은 자신의 사고의 논리에서 당연한 귀결처다. 이 귀결처는 한국 실학의 발상지가 된 것이다.

2. 한·중·일의 신학풍, 관련 용어들을 통한 비교론

앞서 17세기의 역사전환기를 문명적 위기로 의식한 지식인들의 각성으로 신학풍이 일어났던바 그것이 다름 아닌 실학이다. 하지만 거기에 실학 개념이 처음부터 부여된 것이 아니었을 뿐 아니라, 전체를 통일적으로 인식할 수 있는 개념이 따로 있지도 않았다. 왜일까? 그것의 성립 경위를 살펴보면 쉽게 이해할 수 있다. 유학이나 성리학(=주자학)이 한자권의 중심부에서 발원하여 전파된 것과는 다른 것이다.

실학 역시 유학에 속하는 것임이 물론이다. 하지만 17세기 이후의 시대상황에서 각국의 여건 및 요청에 따라 개별적으로 형성되었던 터여서 각각 다른 양상을 띨밖에 없었고 통일적 개념이 부여될 계제도 아니었다. 이점에 유의해서 동아시아 3국의 신학풍에서 각기 도출된 주요 용어들을 비교해 논하려고 한다.

중국의 고염무와 황종희, 조선의 유형원이 실학 1세대로서 같은 시대를 살았지만 상호 소식불통이었고 저술을 접할 기회도 없었다. 그럼에도 학문세계가 서로 유사했던 까닭은 한자권에서 동일한 역사경험을 하여 저술의식이 통했던 데 있었다. 이후 세대가 내려오면서는 조선과 청조의 학자들 사이에 지적인 교류와 소통이 자못 활발하게 되었다. 일본과는 한중 관계에 견주어 양상이 크게 달랐다. 그렇지만 임진왜란이 있었음에도 이후 한일간에는 수교가 재개되어 지적 교류가 전에 비해 오히려 빈번하게 진행된 편이었다.

17~19세기의 **동아시아국가들 사이에는 '흔들린 조공질서'의 상황에서 새로운 차원의 문화적 관계가 개시**된 것으로 볼 수 있다.

1) 17세기 이후의 일본, 일본적 신학풍의 특성

일본열도는 역사적으로 한반도와 바다 건너로 이웃해서 나란히 한자권에 속해 있었지만 조공체제로부터 소원한 입장이었다. 이는 일본적 특수성인데 17세기를 전후한 시기부터는 조공질서 흔들기에 공격적으로 나왔다.

일본의 한반도 침략으로 국제전의 양상을 이루었던 임진왜란은 '흔들린 조공질서'의 서막이었던 셈이다. 그로 인해서 일본은 조공체제에서 배제되었다. 그럼에도 한일간에는 교린(交隣) 외교가 복원되어서 동아시아의 중국 중심 체제는 그런대로 유지되는 모양새였다. '흔들린 조공질서'의 실상과 성격을 현저히 드러낸 지점이다. 이런 시대환경에서 일본의 신학풍은 활발하고도 역동적으로 전개되었고 다양성까지 연출하게 된다.

일본의 신학풍으로 말하면 보편적 성격의 고학(古學), 일본적 고유성을 추구한 국학(國學), 서양학을 적극적으로 수용한 난학(蘭學)의 세 유파가 병행하였다. 이 세 갈래는 제각기 유래한 곳이 있었고 학문으로서의 방법론이 있었다.

고학(古學)은 입지를 유교 경전에 두었던바 성리학적 이론체계를 비판하고 경전의 원문으로 돌아가서 탐구할 것을 주장했기에 고학파, 혹은 국학에 대비해서 한학파로 지칭된 것이다. 고학파의 대가 오규 소라이(荻生徂徠, 1662~1728)는 고문사(古文辭)를 배우지 않고는 성인의 도를 옳게 독해할 수 없다고 역설했다. 그는 유교 고전을 재인식한바 고전은 고대어로 복귀해서 읽어야만 된다고 주장했다. **고전학의 방법론**을 사고한 것이다.

반면에 국학(國學)은 정신을 일본 고유의 신앙인 신도(神道)에, 입지를 일본 고대문헌에 두고 자국의 신화·역사·문화를 중시하였다. 일본 정신을 뜻하는 대화혼(大和魂)을 내세우고 중국적인 한의(漢意)를 배격했다. 고학파와 입장이 상반되면서도 고전학의 방법론을 취한 점에서는 상통하는 면이 있다. 국학파의 대가로 손꼽히는 모토오리 노리나가(本居宣長, 1730~1801)는 도시 상공인층인 죠오닌(町人)에 속했는데 그의 제자 그룹에는 죠오닌은 물론 무사층도 들어와 있었다 한다. 국학의 일본 본위의 국수정신은 근대 일본의 행보에 영향이 짙게 드리워진 것으로 보인다.

난학(蘭學)은 서양학을 가리킨다. 에도막부는 서세를 전면적으로 거부하면서도 오직 화란(和蘭)에 대해서 개방 특구를 지정, 교류할 수 있도록 허용하였다. 이 루트를 통해 서양의 지식과 기술이 유입되어 난학이란 명사가 성립된 것이다. 난학에서 의학의 비중이 크지만 그 밖에 실용학으로 폭이 넓었고 뉴턴 역학까지 소개되었다고 한다. 『난학사시(蘭學事始)』(1815년)라는 난학의 역사를 기술한 책도 나왔다. 이처럼 난학이 하나의 학술로 분화, 발전했던 사실로 미루어 에도시대의 일본은 세계정세의 변동에 전략적이고도 실용적으로 대응했던 셈이다.

일본 신학풍의 세 유파는 서로 이질적이고 배타적이기까지 한데 어떻게 하나의 학술개념에 담을 수 있느냐는 의문이 당연히 제기될 것이다. 일본 사상사의 연구에서 실학개념을 처음 도입했던 미나모또 료우엔(源了圓) 교수는 고학은 유학에 입각하고 있는 그 특성으로 보아 실학의 범주로 인정하고 국학과 난학은 실학의 범주밖에 두는 견해를 제출한 바 있다.[4] 대개 이 문제점을 접어두고서 난학은 실학의 범위에서 다루는 줄로 알고 있다. 나는 이 사안에 발언할 식견을 갖추지 못했으나, 관련해 언급하자면 국학과 난학까지 실학담론으로 포괄하는 방식이 필요하지 않은가 한다. 실학의 범위 설정에 중심과 외연의 개념을 설정,[5] 일본의 경우 고학이 실학의 중심이 되고 외연으로서 국학과 난학이 포괄되는 방식을 생각해 본다.

2) 청조와 조선의 신학풍에 호명된 개념들 – 박학 · 고증학 · 경세치용 · 실사구시

박학(樸學)과 고증학(考證學)(=고거학(考據學)), 실사구시(實事求是)와 경세치용(經世致用)은 중국 청대의 신학풍이 호출했던 용어들이다. 이 용어들은 엄밀히 따지면 서로 개념의 층위가 같다고 말할 수 없다. 박학은 학문하는 태도를 가리키고 고증학은 실증적인 학문 방법론이며, 실사구시는 인식의 객관적 태도이고 경세치용은 학문의 목적지를 치민 · 치국에 맞춘 개념이다. 청대로 와서 학술계는 학파와 문호가 백화제방의 형세를 이루었으나, 일본처럼 유파에 따라 이질적으로 갈라선 상태는 아니었다. 아무리 경향이나 표방하는 바가 상이하더라도 유학이란 큰 틀에서 이탈하지는 않았다. 서양학술을 수용하는 경우에도 기존의 틀에서 접수하는 방식을 취했다.

당시 한국의 신학풍 역시 중국의 청대와 유사하게 전개되면서 여러 갈래로 문호가 분열해 나갔다. 유학의 틀을 벗어나지 않았던 사정 또한 다르지 않다. 일본처럼 국학에 해당하는 영역이 따로 존립하진 않

4 源了圓(1975), 5면.

5 필자는 「동아시아실학의 개념정립을 위하여」(『21세기에 실학을 읽는다』, 한길사 2014)에서 '실학의 중심과 외연'을 설정하는 견해를 제시한 바 있다.

았으나, 자아의식이 제고되어 자국의 역사문화에 대한 학적 연구와 저술도 한국 실학의 한 특성으로 된 것이다. 1930년대에 실학의 인식과 함께 '조선학'(=한국학)이 성립한바 조선학의 출발지점을 실학으로 잡았던 것이다.

그리고 또 중요하게 생각할 문제가 있다. 조선의 신학풍에 쓰인 핵심어들 또한 대개 청조의 신학풍에서 호출한 개념들이다. 의미맥락은 서로 유사하면서 다름을 보였다. 이점을 대비해 볼 필요가 있겠다.

박학(樸學) : 앞 장에서 나는 량 치차오가 청대 초기 학자들의 학문 성격을 규정지으면서 썼던 이 말을 인용한 다음 실학과 상통하는 용어임을 지적한 바 있다. 량 치차오는 박학을 청대의 학술 전반을 특징짓는 말로 생각했던 것으로 보인다. 1925년에 쯔 웨이청(支韋成, 1899~1929)이란 학자에 의해서 『총대박학대사열전(淸代樸學大師列傳)』이란 책이 저술, 간행된 바 있다. 청조 일대의 학술사를 박학 개념으로 정리한 내용이다. 그런데 근래 중국의 학술사류에서 박학이란 두 글자가 쓰인 예를 찾아보기 드물며, 더구나 우리나라에서는 전혀 생소하다. 실상 또 말뜻이 두루뭉술해서 무슨 의미인지 쉽게 잡히지도 않는다. 그렇지만 내가 보기로 박학은 중국과 한국의 실학의 세계로 들어가는 키워드의 하나다.

한국에서 박학이란 말은 정인보 선생의 글에서 발견할 수 있었다. 「여암총서서(旅菴叢書敍)」에서 "이때 이미 명이 망하고 강희(康熙) 연간(1662~1722) 이후로 박학이 흥기하여 논의에 필히 증거를 요구했다"고, 박학은 17세기 말엽에 일어났고 실증을 중시하는 것이 그 특징이라고 하였다. 이는 중국 학계를 두고 한 발언이다. 우리 학계에 대해서도 "대개 정조 이후로 선비들 중에 박학의 명가들이 많았다" 하고서 특히 추사(秋史) 김정희(金正喜, 1786~1856)를 거론하였다. 정인보는 박학으로 지칭한 학문경향은 청이 안정된 17세기 후반에 흥기하였고 우리나라에서는 18세기 후반에 유행한 것으로 본 것이다.

중국의 권위를 가진 사전을 찾아보면 박학은 두 가지로 뜻이 풀이되어 있다. 첫째는 질박한 학문을 뜻하는바 이는 그 본의이다. 둘째는 청대의 한학풍(漢學風)으로서 고증학을 지칭하는 것이다.[6] 정인보가 말한 박학은 둘째의 뜻에 해당한다.

량 치차오가 청대 초기 고염무 등의 학문을 박학이라고 지칭했을 때 그것은 어떤 의미일까? 당시 학자들은 만청 체제하에서 벼슬하기를 치욕스럽게 여긴 나머지 "성화를 털어버리고 오롯이 정력을 집중해서[刊落聲華 專集精力] 박학을 닦았다"고 한 것이다. 명성과 화려함을 일체 털어버리고 정신과 역량을 집중해서 추구했다는 '박학'이란 첫째의 뜻으로 쓴 것임이 분명하다. 이는 박학의 본의이기도 하다. 그런데 '정신과 역량을 집중해서 추구'한 학문을 수행함에 당해, 그 방향은 응당 경세와 경학을 위주로 한 것이었고, 그 방법론은 실증을 중시하여 문자학·음운학·지리학이나 전장제도(典章制度) 등에 유의하였다. 때문에 『청대박학대사열전』에서 고염무·황종희·왕부지(王夫之, 1619~1692) 등 명말청초 학자들의 위상을 청대 박학을 '선도한 대사(大師)의 열전'이라 해서 제일 앞에 배치한 것이다. 청대 고증학을 열어놓은 공헌을 이들 학자에게 부여한 것이다. 요컨대 박학은 당초에는 '질박한 학문'을 뜻하였는데 박학이 고증학과 동일시 된 것은 청대 학술이 전

6 『漢語大詞典』 4(1989), 漢語大詞典出版社, 1312면.

개되는 과정상에서의 현상이었다. 고증학으로 넘어가는 초입이었던 셈이다.

한국의 학자 유형원은 학문의식이 동시대 중국의 학자 고염무 등과 상통했음을 위에서 지적했다. 유형원은 자신의 창작 정신을 표출해서 "근본을 도탑게 하고 부화를 털어내기 힘쓰네"[敦本剔浮華]라고 한 바 있다.[7] 즉 '수기(修己)'로 자아를 확립해서 질박하면서 알찬 창작을 해야 한다는 취지이다. 이야말로 박학의 자세다. 출발 단계에서 중국과 한국은 공히 박학의 자세로 시작을 하였다. 그런데 진행과정에서 양쪽의 학문 경향이 달라진 것이다. 청대의 학계는 고증학이 주류를 이루었다. "고증학이 없으면 청대는 학문이 없다." 다름 아닌 량 치차오의 발언이다. 박학은 곧 고증학을 의미하게 되고 청조 일대를 대표하는 학문경향이 되었다.

실사구시(實事求是) : 이는 박학과 원래의 뜻은 같지 않으나 청대의 신학풍에서 부각된 점이 동일하다. 선입주견에서 벗어나 실제 사실에 근거해서 옳고도 참됨을 검증한다는 인식론적인 방법을 '실사구시' 4글자로 집약한 것이다. 고거불신(無據不信)의 증거주의인데 이는 고증학이 표방한 바였다. 그래서 고증학을 일명 '실사구시의 학'으로 일컫게도 된 것이다.

한국에서도 실사구시는 정신사적으로, 학술사적으로 중요한 의의를 지녀왔다. 허위를 숭상하여 꾸미는 이념적 술책을 겨냥해서 실사구시를 해야 한다고 일깨우면서 무엇보다도 『반계수록』을 읽을 것을 역설

7 임형택 외 편역(2017), 「두 벗을 생각하며」, 역문부 118면, 원문부 549면.

한 바도 있었다. 그런가 하면 청대의 고증학적인 실사구시 개념이 원용되기도 하였다. 나중에는 고증학에 편향된 공허한 학문에 매이지 말고 참다운 실사구시를 해야 한다는 주장이 제출되기에 이르렀다. 나 자신 벌써 한참 전이지만 「실사구시의 학적 전통과 개화사상」이란 제목의 졸고를 발표하기도 했다.[8] 나아가서 졸저에 서명을 『한국학의 실사구시』라고 붙이기도 했다. 나 자신 지금 우리가 수행하는 학문 또한 실사구시에 바탕을 두어야 할 것으로 생각한 때문이다. 실사구시와 박학은 한중의 신학풍에서 다 같이 도입된 용어였던바 의미맥락이 상호 유사하면서도 다름이 없지 않았음을 지적해두는 것으로 논의를 줄인다.

3) 한·중·일 실학의 같고 다른 점

17~19세기 한·중·일의 신학풍은 나라마다 양상과 성격에 같고 다름이 있었다. 한중간에는 상동성이 많은 편이고 한중과 일본 사이에는 양상이며 성격이 사뭇 달랐다. 일본과는 이질적이라고 말해도 좋을 정도로 상이했던바 두 측면을 들어본다. 하나는 일본이 중국에 대해 취했던 태도이다. 국학파의 경우 일본 중심적으로 나가서 반중국적인 태도가 선명했다. 고학파의 경우 중국 고대를 복귀할 지점으로 상정하면서도 현재의 중국에 대해서는 등을 돌리고 있었다. 이점은 당시 조선이 취한 입장과 통하는 것도 같지만 크게 다르다. 조선은 반청(反淸)이 분명하지만 그것은 숭명(崇明)이 전제되어 있다. 조선의 반청 논리

8 임형택, 「실사구시의 학적 전통과 개화사상」, 『한중실학사연구』, 1998. 이 논문도 『실사구시의 한국학』(창작비평사 2002)에 수록했다.

는 중국중심주의를 고수해서 일본과는 전혀 다른 의미였다. 다른 하나는 서양에 대한 태도이다. 서세의 진입에 폐쇄적인 조치를 취하는 한편으로 개방특구를 설정해서 교역을 하고 저쪽의 학술도 필요에 따라 받아들여서 활용했다. 조선이 서양의 종교와 학술을 구분하지 못하고 싸잡아서 서학이라 하여 탄압으로 일관했던 것과는 다른 방식이다.

'흔들린 조공질서'에서 일본은 상황을 전략적으로 판단, 실용·실리로 대응했다면 조선의 집권보수층은 상황을 이데올로기적으로 사고하고 대응했다. 청에 대해서는 숭명반청(崇明反淸)의 기치를 세워 체제유지의 수단으로 이용하고 서세에 대해서는 형세를 판단하지 못하고 수구와 자폐로 움츠러든 모양새였다. 이에 일단의 계몽적인 지식인들이 나와서 반성적·비판적 사고로 개혁과 개방의 방법론을 강구한다. 다름 아닌 신학풍의 실학이다.

3. 실학의 개혁사상과 상고주의

중국의 실학은 고증학 일변도로 나갔는데 한국 실학의 중심선은 경세학에서 벗어나지 않았다. 한국의 근대학문에서 실학을 파악하기 시작한 당초부터 실학의 개창자로서 반계 유형원이, 그 확립자로서 성호(星湖) 이익(李瀷)이, 그 집대성자로서 다산(茶山) 정약용(丁若鏞)이 손꼽힌 것이다. 이 학자들은 하나같이 경세치용의 학문, 즉 경세실학을 위주로 하였다. 근래 나는 한국실학사에서 경세실학에 대조되는 흐름으로 **생활실학이란** 개념을 제기한바 있다.[9]

량 치차오는 "고증학이 없으면 청대는 학문이 없다"고 말했다. 그럴 정도로 청대 학문은 고증학 일변도로 질주한 것이다. 중국에서도 실학 1세대들은 학문이란 경세치용의 의미를 당연히 가져야 된다는 확고한 자각으로 출발했던 터다. "글이 육경(六經)의 뜻과 당세의 임무에 관련되지 않는 것은 일체 하지 말아야 한다"(『정림문집(亭林文集)·여인서(與人書) 4』)고 주장한 것이 고염무였다. 중국과 한국 공히 경세실학으로 출발했음에도 어떤 연유로 중국은 고증학으로 편향하게 되었을까?

주요인은 다른 어디가 아니고 청황제 지배체제에 있었다. 사상통제를 가해 문자옥(文字獄)이 일어나는가 하면 금훼서(禁燬書)를 당하기 일쑤였다. 경세치용에 대해 논하기를 금기로 여기는 분위기가 조성되었다. 애당초 경학·경세학의 보조학문으로 출발했던 고증학이 급기야 중심부를 차지하기에 이르렀다. 고증학적 방법론의 발전·심화가 중국 학술사에서 획기적인 성과를 가져온 점은 충분히 평가할 수 있다. 그렇지만 마침내 고증을 위한 고증, 학문을 위한 학문으로 떨어진 결과를 초래하였다. 근대학문에서 필수적인 실증과는 의미가 같지 않은 것이다. 량 치차오는 "청대 학술은 한 '실(實)' 자를 제창하여 성세를 이루었으나 한 '실' 자를 관철하지 못해 쇠약해졌다"(『청대학술개론(淸代學術槪論)』)고 문제점이 적지 않았음을 반성적으로 지적기도 했다. '실학'으로 출발했던 학문이 스스로 '실학'을 이탈하여 또 다른 '공허한 학문'으로 전락하는 결과를 가져왔다고 하겠다.

9 필자는 먼저 「실학적 지식과 저술의 형태 —『우서』·『잡동산이』·『임원경제지』」(『한국실학연구』 38, 2019)에서 '경세실학'과 '생활실학'이란 개념을 제기한 바 있다. 이어 「실학의 전개—동아시아적 실학 담론, 한국 실학의 두 흐름」(「열린연단 : 문화의 안과 밖」, 2020)에서 한국 실학의 전체를 '경세실학'과 '생활실학'으로 정리하는 논리를 세웠다.

한국은 량 치차오의 수사법을 본떠서 말하면 경세실학이 없으면 실학이 없었다. 유형원의 『반계수록』을 선두로 이익(李瀷)의 『성호사설(星湖僿說)』이 뒤를 이었고, 유수원(柳壽垣)의 『우서(迂書)』가 출현했다. 이용후생파로 분류되는 박지원(朴趾源)의 『열하일기(熱河日記)』, 박제가(朴齊家)의 『북학의(北學議)』도 경세실학적 의미를 내포하고 있다. 그리하여 정약용의 『여유당전서』로 집대성되기에 이르렀으며, 한국실학의 대미를 장식한 최한기(崔漢綺, 1803~1877)의 『인정(仁政)』 또한 경세실학의 괄목할 성과였다.

일본을 두고 말하면 경세실학의 성격은 찾아보기 어려운 정도다. 고학파를 대표하는 오규 소라이(荻生徂徠)의 경우 학적 사고의 한 특성으로서 '정치의 발견'이 지적되고 있다. 정치와 관련된 새로운 사고를 내놓긴 했지만 원론적 차원이었고 국정개혁에 대한 구체적 논의는 없는 것으로 알고 있다. 아마도 학문인들의 입장은 국정의 주체로 나설 가망이 없었고 기껏 보좌역에 그쳤던 때문이 아니었을까 한다.

경세실학이란 요컨대 국가를 경영하고 백성을 다스리기 위한 학문이다. 그것은 오늘의 학문분류로는 사회과학에 속한다고 말할 수 있다. 하지만, 서로 학적 사유가 다르고 학문하는 논리도 다르다. 경세실학은 원초에 국정을 전면적·발본적으로 개혁하자는 취지로 발단했던 바 그 초심의 개혁성은 뒤에까지 망각되지 않았다. 따라서 경세실학은 기본 성격이 상고적이었다. 뒤에 최한기의 『인정』의 단계로 와서는 탈상고적이 되지만 그 이전까진 **상고주의를 기본 철학으로 한 것**이었다.

실로 서구적 사회과학의 논리로는 설명하기 난감한 대목이다. 개혁과 상고는 상호 모순이 아닐 수 없다. 발을 앞으로 향하면서 머리를 뒤로 돌린 모양이다. 철저한 개혁주의가 상고주의로 얼굴을 드러낸 것이다. **경세실학은 개혁사상과 상고주의의 긴장된 모순관계**를 연출하였다. 이 모순관계는 경세실학의 성격을 해석하는 핵심 고리이다. 유형원의 『반계수록』이 이러했으며, 정약용의 『경세유표』로 계승되었다.

◦후기◦

실학을 동아시아적 차원에서 논하기 시작한 것은 1990년부터다. 성균관대학교 대동문화연구원이 '동아시아 삼국에서 실학사상의 전개'라는 주제로 국제학술회의를 개최했던바 학술회의를 마무리하는 석상에서 '동아시아실학 국제학술회의'를 격년제로 갖기로 합의를 보았다. 당시 중국 측 대표가 제안했고 한국과 일본 측의 참석자들이 동의하여 결정된 일이었다. 그러고 보니 '동아시아실학'이 공인된 것도 금년이 30주년이다.

지금까지 동아시아실학을 대상으로 한·중·일 삼국이 돌아가면서 학술회의를 가져왔다. 하여 많은 연구논문이 발표되었음은 물론, 동아시아실학은 이제 학술 개념으로 통행되기에 이르렀다. 하지만 동아시아적 차원에서 실학에 대한 연구가 심화되고 체계화되었다고 말하기는 어려운 듯하다. 인식이 일국적 한계를 넘어서 공통된 이해를 바탕으로 硏討가 치열하게 벌어지는 풍경은 그려지지 못했다. 각국의 관련 용어들에 대한 이해의 공유가 여태껏 이뤄지지 못한 것이 제일 문제점이다.

나 자신 동아시아실학 국제학술모임이 출범한 당초부터 참여한 처지였기에 동아시아실학을 어떻게 설명할 것인가 하는 문제를 나름으로 고민한 바도 있다.[10] 이번 『반계수록』을 중심에 놓고 실학의 출발

지점을 재고하는 학술회의를 계기로 삼아 용어문제를 중점적으로 거론하였다. 실학을 동아시아적 차원에서 다루는 마당에 용어문제는 먼저 정리하고 들어가야 할 사안이라고 여긴 것이다. 널리 양해와 교시를 구한다.

참고문헌

임형택 외 편역(2017), 『반계유고』, 창비.

鄭寅普(1983), 『薝園 鄭寅普全集 · 薝園文錄』, 연세대학교 출판부.

梁啓超 著 · 朱維錚 校訂(2016), 『淸代學術概論』, 中華書局.

支偉成(1925 · 2014), 『淸代樸學大師列傳』, 1928년 재판본 영인, 上海人民出版社.

源了圓(1975), 『近世初期實學思想의 研究』, 創文社.

임형택(1998 · 2002), 「실사구시의 학적 전통과 개화사상」, 『한중실학사연구』. 『실사구시의 한국학』, 창작비평사.

_____(2009 · 2014), 「동아시아실학의 개념정립을 위하여」, 『한국실학연구』 18. 『21세기에 실학을 읽는다』, 한길사.

_____(2014), 「정두원과 로드리게스—조선과 서양의 첫 만남」, 『21세기에 실학을 읽는다』, 한길사.

_____(2019), 「실학적 지식과 저술의 형태—『우서』 · 『잡동산이』 · 『임원경제지』, 『한국실학연구』 38, 한국실학학회, 7~41면.

---

10 임형택(2009); 임형택(2014).

유형원의 학문 연원과 『반계수록』의 정치론

–서경덕 학맥 · 북인 당색과 연관하여

정호훈

서울대학교 규장각한국학연구원 HK교수

1. 머리말

한국 사상사 상 미증유의 저술 『반계수록』은 유형원의 폭 넓은 지식, 인고의 노력, 거대한 포부가 만들어낸 귀한 성과이다. 자기가 살던 시대의 문제를 진단하고 미래 세계를 거대한 틀 속에서 전망하는 명민함과 예민함, 법제의 세세한 절목(節目)으로부터 국가 체계의 대강에 이르기까지 섬세하게 살피는 꼼꼼함과 치밀함, 경서와 역사서의 경험 및 정론가의 논의까지 아울러 검토하는 진지함과 부지런함을 지니었던 저자 유형원의 다채로운 모습을 이 책은 두루 보여준다. 『경국대전』에 규정된 법 체계와는 전혀 성격을 달리하는 새로운 국가상[1]을 제시

1 『반계수록』에 대해서는 천관우의 선구적인 작업(1952·3, 「磻溪 柳馨遠 硏究(上·下)–實學 發生에서 본 李朝社會의 一斷面」, 『歷史學報』 2·3) 이후 많은 연구가 축적되었다. 2000년대 초반에 집중적으로 검토되었으며(백승철(2000), 『조선후기 상업사 연구』, 혜안; 오영교(2001), 『조선후기 향촌지배정책 연구』, 혜안; 김준석(2003), 『조선후기 정치사상사연구』, 지식산업사; 정호훈(2004), 『조

한 야심만만한 지식인의 강인함 또한 이 책에서 느낄 수 있다. 『반계수록』은 사상가이자 정치가였던 유형원의 학문적 규모와 정치적 기획의 담대함을 가득 담은 저서였다.

『반계수록』은 유형원이 체험했던 조선의 학문과 지식 세계와 무관하지 않다. 스스로 한탄했듯이 큰 학자를 스승으로 만나 배우는 경험을 갖지는 못했지만, 유형원은 당대 조선의 특별한 학술 분위기 속에서 성장하는 혜택을 누렸다. 유형원의 주위에는 그가 태어나기 이전부터, 그리고 그가 살던 시기에도 여전히 성장하고 있었던 학술과 지식의 세계가 손 내밀면 닿는 거리에 가까이 존재하고 있었다. 『반계수록』의 탄생과 유형원이 경험했던 학술 세계는 떼려야 뗄 수 없는 관계에 있었다.

이 글에서는 서경덕계 학술의 교유망이 유형원으로 이어져가는 양상을 정리하며, 유형원과 『반계수록』의 학문 연원을 탐색하고자 한다. 유형원의 성장 과정에서 영향을 미친 친가나 외가의 통혼권, 그가 만나 교류했던 선배와 동료들의 학문과 정치의 성향은 대체로 학통으로는 서경덕계, 당색으로는 북인·남인과 연결되어 있었다. 그러므로 유형원의 사상을 살피고 『반계수록』의 사상 전통을 이해하기 위해서는 유형원과 서경덕계 학맥과의 상관성을 추적할 필요가 있다. 그간 우리

선후기 정치사상연구』, 혜안; 최윤오(2006), 『조선후기 토지소유권의 발달과 지주제』, 혜안) 근래에도 많은 성과가 제출되었다.(김태영 외(2013), 『반계 유형원 연구』, 사람의 무늬; 송양섭(2013), 「반계 유형원의 '公' 이념과 이상국가론」, 『조선시대사학보』 64; 최윤오(2013), 「반계 유형원의 봉건·군현론과 공전제」, 『東方學志』 161; 송양섭(2022), 「유형원 연구의 시각과 『반계수록』 읽기의 방향」, 『韓國實學硏究』 43)

학계의 유형원과 『반계수록』에 대한 연구는 활발하게 이루어졌지만, 그 학술적 연원에 대한 해명[2]은 그다지 충분하게 이루어지지 않은 것으로 보인다. 이 글은 그러한 공백을 메꾸는 한 시도이다.

본문은 모두 두 장으로 구성했다. 제1장에서는 16세기 후반부터 17세기 중반까지 서경덕계 학맥의 변화를 크게 3세대로 나누어 살폈다. 제2장에서는 병자호란 이후의 국가 위기 국면에 대응하며 서경덕계 학맥[3]에서 일어나는 변화를 유형원의 사유 활동을 중심으로 살폈다. 유형원은 앞선 세대의 경험을 폭넓게 반추하는 한편으로 그 한계를 벗어나며 『반계수록』을 완성했다.

2. 16세기 말~17세기 초, 서경덕계 학맥의 형성과 확장

1) 서경덕계 학맥의 출발과 성장: 1세대 제자군

조선을 이끄는 이념으로 성리학-주자학을 본격적으로 활용하기 시작하는 16세기 사회에서 첫 머리에 꼽을 수 있는 학자는 서경덕일 것이다. 김안국과 같은 인물과 교류하는 등 기묘사림의 영향권에 있었던 서경덕은 개성을 근거지로 하여 독자적인 활동 영역을 구축하였다. 그의 학문 세계는 북송 성리학에 경도되는 면모를 보이는데 정호(程顥),

2 근래 간행된 김승대의 『반계 유형원 새로운 조선을 꿈꾸다』(2020, 흐름)는 유형원의 가계 이해에 많은 도움을 준다.

3 서경덕계 학통에 대한 기존 연구로 신병주(2000), 『남명학파와 화담학파 연구』, 일지사; 이동인(2019), 「조선중기 화담학파의 계보학과 민순의 문인 양성」, 『서울학연구』 76 참고.

장재(張載), 소옹(邵雍) 등의 사상을 중시했다.[4] 특히 소옹의 선천역(先天易)과 수학에 대한 연구에서 얻은 관련 지식은 그의 학문의 성격을 근저에서 규정했다. 성리설과 관련해서 그는 태초에 태일(太一)의 기(氣)가 있었고, 이 기가 음양(陰陽)의 분화를 거친 후 만물을 형성한다고 보는 기일원론(氣一元論)의 성향을 보였다.[5] 심성설에 대해서는 독자적인 논리를 세울 정도로 깊이 있게 접근하지 않았다.

서경덕은 처사로서 생활하며 중앙의 정치 활동과는 거리를 두었는데, 많은 인물들이 그를 찾아 배웠다. 대표적인 제자로는 허엽(許曄), 민순(閔純), 박순(朴淳), 박민헌(朴民獻), 박지화(朴枝華), 홍인우(洪仁祐), 정개청(鄭介淸), 이구(李球), 이지함(李之菡) 등을 들 수 있다.[6] 서경덕 후학 1세대라 할 수 있다. 이들 후학들은 강한 동문의식 위에서 독자적인 계보를 이루었으며, 새로운 사유를 개척하고 정치적 견해를 개척해나갔다. 이들은 대체로 서경덕의 주정(主靜)의 학문에 경도되었으며, 『주역』에도 깊은 관심을 기울여 대체로 이 영역에 소양이 깊었

4 서경덕의 학문과 사상에 대해서는 다음 연구 참고. 丁垣在(1990), 「徐敬德과 그 학파의 先天學說」, 서울대학교 대학원 석사학위 논문; 황광욱(2003), 『화담 서경덕의 철학사상 : 화담 철학과 그 문인의 사상』, 심산.

5 『花潭集』(5간본) 권12, 原理氣, 12가. "語其湛然之體 曰一氣 語其混然之周 曰太一"; 『花潭集』(5간본) 권2, 鬼神死生論, 15나. "氣之湛一淸虛者 瀰漫無外之虛 聚之大者爲天地 聚之小者爲萬物 聚散之勢 有著微久速耳"
이글에서 이용하는 『花潭集』은 5간본이다. 그렇지 않은 경우는 간본을 별도로 표기했다.

6 본문에서 거론한 인물들은 서경덕의 제자들 가운데 유명 인사이다. 제자의 전모는 『花潭集』의 「門人錄」에서 확인할 수 있다. 이 자료는 1770년(영조 46)에 간행한 『花潭集』 4간본부터 실렸는데, 수록 인원은 모두 25명이다.(정호훈(2018), 「조선후기 《花潭集》 간행의 推移와 성격」, 『韓國文化』 84)

다. 박지화와 같은 학자는 도교에 몰두하고 내단술(內丹術)에 큰 관심을 갖기도 했다. 스승 서경덕이 그러했듯이 이들 후학들은 이(理)를 세계의 중심에 두는 학문과는 거리를 두고 있었다.

서경덕의 학문은 16세기 중반의 조선 학계에 새로운 기풍으로 인정받으며 영향력을 확대했다. 많은 학자들이 그의 생각을 옹호하며 몰두하였는데, 이를 문제 삼는 인물도 많이 있었다. 이황은 서경덕의 학문에 대해 가장 경계했던 인물이었다. 홍인우를 통해 서경덕의 문집을 구해 읽고 그 학문의 한계를 지적하기도 하고,[7] 허엽과 같은 서경덕의 후학들의 사고에 대해 지속적으로 공박하기도 했다.[8] 이황은 서경덕의 논문 가운데 문제없는 것이 없다[9]고 할 정도로 비판의 날을 세웠는데, 이황에게 서경덕의 사유는 이(理)를 기(氣)로 오인하거나 혹은 기를 이로 지칭하는 것 혹은 선학(禪學)에 가까운 생각으로 인식되었다.[10]

이황의 서경덕 비판은 육왕학(陸王學)에 대한 강력한 변척(辨斥)[11]에서 볼 수 있는바, 주자학의 틀을 벗어나는 그 어떤 사상도 받아들이지 않으려던 그의 태도와 맞닿아 있었는데, 이는 그의 영향력이 미치는 곳에서는 서경덕의 사유를 판단하고 대처함에 하나의 지침이 되었다. 이황의 비판에 이구나 허엽과 같은 제자들의 반발 또한 격심했는데,[12]

7 『退溪集』 권13, 與洪應吉, "見諸徐復齋所著傳了 切望寄示"; 『恥齋遺稿』 권1, 答退溪書, "復齋稿全秩 時未返此 後當持進"

8 『退溪集』 권25, 答鄭子中講目.

9 『退溪集』 권25, 答鄭子中講目, "花潭所見 殊未精密 觀其所著諸說 無一篇無病痛"

10 『退溪集』 권14, 答南時甫, "其爲說未免認理爲氣 亦或有指氣爲理者"

11 『退溪集』 권41, 白沙詩教傳習錄抄傳 因書其後; 『退溪集』 권41, 傳習錄論辯; 『退溪集』 권41, 白沙詩教辯.

12 『退溪集』 권15, 答許太輝 戊辰. "示及蓮坊書 謹悉 其所謂輕論先輩之病 甚善 此

향후 서경덕의 학문에 대한 조선 학계의 태도는 그를 깊이 존신하며 따르거나, 문제가 있다고 여기면서도 그 장점과 가치를 찾아 긍정하거나,[13] 아니면 완전히 배척하는[14] 양상을 보였다.

서경덕의 사후 이들 후학들은 서경덕의 학문을 널리 알릴 방도를 여러모로 모색했다. 개성의 숭양서원(崧陽書院)에 서경덕을 배향하고[15] 『화담집』을 간행하였으며,[16] 우의정에 추증되도록 힘썼다.[17] 그러나 광해군 초년에 이루어지는 조선 학자들의 문묘 종사에 서경덕을 포함시키는 일은 실패했다. 영남지역 출신의 학자들이 문묘에 배향되면서 조선 학술과 사상의 주된 흐름이 영남 지역 사림의 학맥으로 굳어져

必有爲而發 如滉者 恐或有未免此病之時 爲之悚惕 當思改轍 但朱先生雖有此戒 及其論辨道學差誤處 纖毫不放過 不以前輩而有所掩覆 此必有意在耳 如何如何"

13 이이의 서경덕에 대한 평가는 그의 영향을 받았던 서인 학통에 하나의 지침 역할을 했다. 이를테면 다음 언급이 그러한데, 이는 뒷날 『花潭集』을 보강할 때 활용되었다. "近觀整菴退溪花潭三先生之說 整菴最高 退溪次之 花潭又次之 就中整菴花潭 多自得之味 退溪多依樣之味 …… 理無變而氣有變 元氣生生不息 往者過來者續 而已往之氣 已無所在 而花潭則以爲一氣長存 往者不過 來者不續 此花潭所以有認氣爲理之病也 雖然 偏全間 花潭是自得之見也 今之學者 開口便說理無形而氣有形 理氣決非一物 此非自言也 傳人之言也 何足以敵花潭之口而服花潭之心哉"(『栗谷全書』 권10, 答成浩原).

14 17세기 유자의 경우로는 다음 글이 이를 선명하게 보여준다. 曺好益, 『芝山集』 권5, 題徐花潭鬼神死生論後; 『厚齋集』 권40, 題花潭先生集後.

15 숭양서원의 건립 시기를 분명하게 보여주는 기록이 많지 않은데, 『東史綱目』에서는 1570년에 세워졌다고 했다(『東史綱目』 제17下).

16 초간본의 간행시기, 간행지에 대한 정보는 미상이다. 초간본은 상하 2권으로 구성되어 있으며, 「原理氣」 등 서경덕의 핵심 사유를 담고 있는 논문을 앞 쪽에 싣고 시는 뒤로 돌렸다. 임진왜란 이후 상하 2권을 불분권 1책으로 묶은 재간본이 洪履祥의 아들 홍방에 의해 은산에서 간행되었다.

17 『宣祖實錄』 권9, 선조 8년 5월; 『宣祖修正實錄』 권9, 선조 8년 5월 11일[戊申].

가지만, 서경덕은 그 대열에 합류하지 못하게 된 것이다.

서경덕 제자들의 활동은 다양하게 나타난다. 관로에 나서지 않고 후학 양성에 치중하는 학자의 모습을 보이기도 하고, 정치권에서 이름을 드러내는 경우도 많았다. 이 시기에는 당쟁이 본격화되고 있었으므로 정치권에서 활동하자면 당색을 지니기 마련이었는데, 서경덕계 인물들은 대체로 동인(東人) 진영에 속했다. 허엽, 정개청이 대표적이다. 반면 박순은 서인(西人)으로 활동했다.

학자로 살았던 대표적인 인물로는 민순을 꼽을 수 있다.[18] 고양을 근거지로 생활했던 민순은 강학에 열중하여 많은 학자들이 서경덕의 학문에 입문하였다. 선조대 학문으로 천거되어 몇 년간 관료로 활동하면서는 통용하던 예제를 바꾸도록 애를 썼는데, 인순왕후의 졸곡 후 백의(白衣)·백관(白冠)을 착용하여 시사(視事)하자고 건의하였다.[19] 『국조오례의』에 실려 있는 현관·소의(素衣)·오대(烏帶) 규정을 바꾸자는 이 의견은 여러 논의를 거쳐 수용되었다.[20] 여러 학자들이 그를 통하여 서경덕의 학문에 입문할 수 있었다. 그에게 배운 제자로는 한백겸(韓百謙),[21] 홍이상(洪履祥),[22] 윤효전(尹孝全),[23] 송선(宋瑄),[24] 홍가신(洪

18 민순의 학문과 강학 활동에 대해서는 이동인, 앞의 글 참고.

19 『宣祖實錄』 권9, 선조 8년 5월, "持平閔純上疏, 仁順王后卒哭後, 請依宋孝宗例, 以白衣冠視事."

20 『宣祖實錄』 권9, 선조 8년 5월, "祔葬仁順王后于康陵. 上始用白布衣冠視事, 從持平閔純議也."

21 『愚伏集』 권38, 碣銘, 通政大夫戶曹參議韓公墓碣銘并序.

22 『慕堂集』, 附錄, 行狀, "公學於杏村閔先生 而杏村之學 出於花潭徐先生 其學問淵源 有自來矣"

23 『花潭集』(3간본), 花潭先生文集跋[尹孝先], "小子足及於習齋閔氏之門 閔是受業

可臣),[25] 우복룡(禹伏龍)[26] 등을 꼽을 수 있다. 이들 후학들은 자신의 학문 연원이 스승 민순을 통하여 서경덕에 이름을 늘 자부했다. 서경덕은 이들 2세대 학자들의 영광이자 학문의 지표였다. 민순은 당쟁 초기에 세상을 떠나 당색은 별도로 드러내지 않았던 것으로 보인다. 다만, 서인인 이이나 조헌은 그를 높게 평가하고 인정하였다.[27]

허엽은 제자를 키운 흔적이 보이지 않는다. 서경덕의 학문을 조선에 드러냄에 그만큼 애쓴 사람이 없었지만[28] 그 스스로 학문적인 성취를 이룬 모습은 찾기 힘들다. 그를 표상하는 주된 요소는 동인의 영수로서 당쟁 초기의 정국에 주요한 역할을 한 점이다. 그가 가진 정치적 사유의 일단은 경상도 관찰사로 재직하는 중에 간행한 『경민편(警民編)』에서 읽을 수 있다. 16세기 초반의 인물 김정국이 편찬한 『경민편』

于先生者也 粗聞閔氏之所得於先生之緖論則先生寔我祖師 其景慕先生之道德文章 彌有切於他人者矣"

24 『記言』 別集 권20, 木翁宋先生墓碣銘, "先生少受業於順川都正 旣篤信修行 後遊惕庵幸村之門 博聞君子之學 …… 所與友者 如韓久庵百謙 洪晩全可臣 權寺正用中 洪參判履祥 德信公子 金翠屛昌一 康竹磵復誠 禹東溪伏龍 許留守潛 或以道學或以賢能 皆時之聞人 初與晩全公 共師事幸村先生 以古人之學 相推許云"

25 『記言』 권10, 晩全先生遺卷序, "先生少遊草堂杏村之門 樂古人之學 非聖賢之書不讀 旣卓然學成 重於一世"

26 우복룡은 어릴 때는 민순에게 배우고 장성해서는 유희춘, 허엽에게서 배웠다. (『記言』 別集 권24, 守江原道觀察使禹公墓表陰記, "少時從幸村閔純先生學 十四先府君歿 其居喪之節 一如成人 觀者皆以爲知禮 及長 從柳眉岩, 許草堂諸公始知名於世")

27 『宣祖實錄』 권9, 선조 8년 5월; 『宣祖實錄』 권22, 선조 21년 1월 5일[己丑]

28 『화담집』에 실려 있는 理氣에 관한 여러 글은 허엽이 서경덕의 구술을 정리하여 탄생했다. 서경덕과 허엽의 관계를 알 수 있는 대목이다. 허엽은 또 박민헌과 함께 초간본 『花潭集』의 편집·간행을 주도했다. 이황으로부터는 학문을 모르는 사람이라는 혹평과 구박을 늘 받았다.

의 가치를 주목하여 이 책을 증보·간행한 허엽은 이전 『경민편』에서는 볼 수 없던 새로운 내용을 첨가하여 국가의 행사, 국가에서 시행하는 일에 백성들이 적극 참여하는 것이 자기 직분(職分)을 다하는 점이라는 사실을 특히 강조했다.[29] 국가가 양육의 은혜를 베푸니 백성 또한 그에 보답을 해야 한다는 것이 그의 생각이었다.

허엽의 학문적 성향은 허성(許筬), 허봉(許篈), 허균(許筠) 등 아들들의 활동으로 연결되는 양상을 보인다. 서경덕 학문의 가학화(家學化)라 할 수 있는 이 모습은 서경덕의 다른 제자들에게서는 찾기 힘든 허엽만의 특별함이다. 허엽과 그의 아들들은 문장으로 높게 평가받을 정도로 시문에 능했다.[30] 허엽의 세 아들은 동인 또는 북인으로 활동하였다. 허봉은 대서인 공격의 선봉에 서다가 압박을 받아 '계미삼찬(癸未三竄)'의 주인공이 되었고, 허균은 이이첨(李爾瞻)과 함께 광해 조 대북 세력의 움직임에 지대한 영향을 미쳤다.

박지화는 세상에 몸을 드러내는 대신에 제자를 길렀다. 허교(許喬),[31] 정렴(鄭磏),[32] 이정호(李挺豪)[33] 등을 주요 인물로 꼽을 수 있다. 이들의

29 김정국 원편·허엽 증보, 『警民編』 第一, 君上.

30 『水色集』, 水色集跋[許穆], "文者 天地之精也 自古文學之徒何限 而其秀者不能千百 其傑然傳後代者 又不能百十 文爲難 我孔巖之族 文敬公子孫 多稱才學之盛 當麗之末世 文正公判典理公 最著名 逮我盛朝治平之際 忠貞文貞繼之 近代 草堂荷谷之門 多奇才"

31 『記言』 권42, 抱川縣監府君墓誌, "公生 少學詩於垂胡子 學史記於申鵬生 又從王方山人遊 及見朴枝華先生 遂師事之"

32 『谿谷集』 권6, 北窓, 古玉兩先生詩集序, "公少從伯氏及守庵朴枝華學 通金丹祕要 中歲喪偶 不復娶 斷慾三十餘年 以老壽終 人稱爲酒仙焉"

33 『記言』 권21, 晩覺李先生墓銘, "十五 從守庵朴枝華先生 受業焉"

학술적 성과는 그렇게 두드러지지는 않지만, 허교의 아들인 허목(許穆) 대에 이르러서는 그들이 한 시대 학계의 종주가 될 정도로 성장하는 모습을 보여준다.

서경덕의 1세대 후학 가운데 두드러진 인물은 전라도 함평에 살았던 정개청이다. 독학하며 사서 삼경은 물론이고, 역학(易學), 『율려신서(律呂新書)』, 『황극경세서(皇極經世書)』를 깊이 연구했고, 천문·지리, 의약(醫藥)·복서(卜筮), 산수(筭數)·전진(戰陣)의 방법, 황왕제패(皇王帝覇)·도덕공력(道德功力)의 술수를 깊이 익혔다. 이후 서경덕을 따라 배웠는데, 정개청은 서경덕에게서 배운 뒤 가지고 있던 의난점(疑難點)을 모두 풀었다고 한다.[34] 향리에서 많은 제자를 기르던 그는 1589년 정여립(鄭汝立)의 옥사에 연루되어 죽게 된다. 죽은 뒤 얼마 지나지 않아 신원 되고, 허목·윤선도에 의해 그의 유문이 『우득록(愚得錄)』으로 정리되어 간행되면서 그의 정치적 지위는 어느 정도 회복되었지만 서인들은 여전히 그를 위험 인물로 인식하고 있었다. 그의 사례는 서경덕계 1세대가 처했던 처지의 일단을 보여준다.[35]

서경덕계 학통은 조선 사상사의 맥락에서 보자면 조식, 이황, 이이계 학통보다 앞서 형성되었다. 서경덕과 그의 후학들은 대체로 기를 중시하는 사상, 기 중심의 세계관에 경도되는 성향을 지니었다. 이들은 상수학(象數學), 노장학(老莊學), 양명학(陽明學) 등 다양한 사상 요소를 접하고 받아들였다. 이들의 정치론은 기를 중시하는 세계관, 사

34 『愚得錄』 附錄下, 困齋先生行狀, "又從遊徐花潭敬德門下 得有異聞 然後平生疑難 一皆歸正 觸處洞然 遇事廓如也"

35 서경덕의 후학은 18세기 중엽에 간행된 4간본 『花潭集』의 문인록에서 최초로 정리된다. 이때 정개청은 수록되지 않았었다.

유 방식과 관련하여 법가적 성향을 지닐 가능성을 크게 가지고 있었다.[36] 그 가능성이란 도덕적 본체의 회복을 지향하는 주자학과는 성격이 다른 데서 오는 것이었다.

2) 2세대 학맥의 성장과 개성 : 한백겸의 역할과 서경덕 학맥의 외연 확대

서경덕 학맥의 2세대로 꼽을 수 있는 사람은 한백겸, 홍가신, 윤효전, 홍이상, 송선, 우복룡, 허성, 허봉, 허균, 홍영(洪榮), 홍진(洪進) 등이다. 이들은 앞서 살핀 대로 1세대 학자들에게서 배웠거나, 1세대 학자들의 자식들이다. 이들 중에는 서로 혼맥을 맺으며 관계가 더 긴밀해지는 경우도 있었다. 홍가신의 아들 홍영이 그 사례인데, 그는 허성의 딸과 결혼했다.[37]

사승 관계를 통하여 서경덕의 학문을 접하는 사람들과 혈연의 방식으로 서경덕 학맥에 인연을 맺는 인물들 사이에는 학통 의식에서 차이가 약간 있었던 것으로 보인다. 전자에서 서경덕의 후학이라는 점을 훨씬 강하게 드러내거나 서경덕 현양 활동을 활발히 하는 것을 볼 수 있다. 이를테면 한백겸·홍이상은 개경에 서경덕 주향(主享)의 화곡서

---

36 이에 대한 논의로는 정호훈(2004), 『조선후기 정치사상연구－17세기 북인계 남인을 중심으로－』, 혜안, 44쪽.

37 『東溟集』 권8, 吏曹判書許公墓碣銘 并序, "公諱筬 字功彦 陽川人 號岳麓……先娶左議政李憲國女 早卒無嗣 後娶兵使南彦純女 婉娩有婦行 先公卒 葬同塋 子四人 長實文科正言 次宜夭 次宲次 俱儒士 女四人 長適生員沈愉 次適庶尹洪榮 次適及第朴弘道 次王子義昌君夫人 側出男曰密 司果 內外孫凡五十餘人 光海將追崇本生 公據禮經爭之 被削黜 今上朝贈贊成"

원을 만드는 데 앞장섰고,[38] 윤효전은 임진왜란이 끝난 후 『화담집』을 재간행하기 위해 많은 노력을 기울였다.[39] 윤효전의 경우, 서경덕을 그의 조사(祖師)로 높이 받들고 서경덕의 도덕 문장을 경모했으며,[40] 서경덕의 학문에 대해서도, '『역』과 『황극경세서』에 정통한 그의 학(學)과 수(數)는 장재와 소옹에 뒤지지 않는다'고 평가했는데,[41] 이런 의식은 앞 세대 허엽과 유사했다.

서경덕계 학맥에 속한 2세대 인물들은 전반적으로 적지 않은 곡절을 겪으며 정치·학문 활동을 벌였다. 이는 이들이 주로 활동했던 시기가 선조 대 당쟁이 격화되는 때부터 광해군 대 말년까지였던 사정과 관련된다. 이 시기에는 기축옥사, 임진왜란, 대북계의 '폐모(廢母)' 논의 등 크고 작은 사건이 나라 안팎에서 일어났다. 말 그대로 격동기였다. 신명(身命)을 보전하며 사는 것이 쉽지 않은 상황이었는데, 기축옥사에 연루되어 홍가신은 삭탈 관직 당했고[42] 한백겸은 회령으로 유배되는

---

38 李德泂, 『松都記異』.

39 전쟁 후 『화담집』이 제대로 전해지지 않고 흩어지자 윤효전은 이를 안타까워하며 서경덕의 아들 徐應麒에게서 유고 한 부를 구한 뒤 친구 閔惟淸의 손을 빌려 등사해 두었다가 상황이 허락하면 간행하려고 했다(『花潭集』(3간본), 花潭先生文集跋[尹孝先]). 이 일은 결국 그의 아들 윤휴에 의해 『花潭集』 3간본 간행으로 실현되었다.

40 『花潭集』(3간본), 花潭先生文集跋[尹孝先], "小子足及於習齋閔氏之門 閔是受業于先生者也 粗聞閔氏之所得於先生之緒論則先生寔我祖師 其景慕先生之道德文章 彌有切於他人者矣"

41 『花潭集』(3간본), 花潭先生文集跋[尹孝先].

42 『記言』 권10, 人物, 晚全先生遺卷序, "當己丑獄 兩李死 先生爲之棺殮而哭之 或戒以禍及 先生歎之曰 禍福命也 斯人者一門皆死 吾不忍以禍故相負也". 홍가신의 아들인 洪稅는 李潑의 사위였는데 추국과정에서 壓死했다.(『大東野乘』 권16, 「己丑錄」 上)

처벌을 받았다.[43] 이들 2세대 인물들은 광해 조 대북계의 폐모 정쟁에서는 대체로 거리를 두었다. 허균만은 예외였는데, 그는 이이첨과 함께 폐모 논의를 중심에서 이끌었다.[44]

2세대 인물군에서 서경덕 학통의 개성을 충분히 살리며 새로운 학문 영역을 개척한 인물은 한백겸이었다. 한백겸은 역학에 밝았다. 이런 이유로 1601년(선조 34) 『주역』의 이동(異同)을 교열하는 작업에 참여하기도 했다. 정구(鄭逑), 홍가신 등은 이때 그와 같이 작업에 참여했던 인물이다. 역학 전통은 집안의 내력이기도 했다. 그의 아버지 한효윤(韓孝胤)은 서경덕의 제자인 박민헌에게서 역학을 익혔으며,[45] 숙부 한효순(韓孝純), 동생 한준겸(韓浚謙)도 모두 역학에 밝았다.[46]

한백겸이 이룬 성취는 다대하다. 평양에 소재하는 '기전(箕田)'의 의미를 고대 전제와 연관하여 해석하여 조선 학계에 새로운 사유의 파문을 던졌고,[47] 『동국지리지』를 집필하여 고대 강역에 대한 이해를 넓히는 한편으로 역사지리학의 영역을 개척했다.[48] 심의(深衣)를 독자적으

43 『宣祖修正實錄』 권25, 宣祖 24年 5月 乙丑.

44 『光海朝日記』 三, 丁巳, 自丁巳至戊午正月, "右贊成許筠 與李爾瞻合疏 主張廢母后之論 號嘯無賴之人 鄕曲丐兒 日聚其門 筠資衣食 俱儒巾儒服 交進不道之疏"

45 『象村集』 권25, 贈領議政韓公墓誌銘.

46 『宣祖實錄』 권57, 宣祖 27年 11月 丙戌.

47 『久菴遺稿』 上, 箕田遺制說. 한백겸은 평양에서 존재하는 옛 토지의 흔적을 箕子가 '고조선'에서 시행한 토지제도로 이해, 1607년 이를 圖說로 정리했다.

48 『동국지리지』는 고조선, 고구려, 옥저, 예맥, 부여, 三韓과 四郡 二府, 삼국의 고구려, 백제, 신라, 고려의 순으로 체제를 잡고, 그 國都의 위치와 關防, 形勢를 다루고 있다. 이에 대해서는 鄭求福(1987), 「韓百謙의 史學과 그 影響」, 『震檀學報』 63; 尹熙勉(1987), 「韓百謙의 學問과 東國地理誌 저술 동기」, 『震檀學報』 63; 朴仁鎬(1996), 『朝鮮後期 歷史地理學硏究』 참고.

로 해석, 그 만드는 방식을 『주자가례』와는 전혀 다르게 제시하였고,[49] 『서경』 『음부경(陰符經)』 등에 대해 색다른 해석을 가하였다.[50] 사단칠정과 인심도심에 관한 자신만의 견해를 세우기도 했는데,[51] 이 작업은 자료상으로 보아 1, 2세대 서경덕계 학맥에서는 아주 드문 일이었다.

여러 성과 중에서도 당대 조선 사회에 큰 반향을 일으킨 작업은 '기전'에 대한 연구였다. 한백겸은 평양에 전해오던 '기자 유적'을 실측한 뒤에 이것이 기자(箕子) 시절에 실행했던 토지제도의 흔적이며 은대(殷代)의 정전법이라 했다.[52] 1607년의 일이었다.

기전은 정전(井田) 형태가 아니라 4전(佃) 1구(區)의 단순화된 구조로 이루어져 있었다. 한백겸은 옛 성인의 토지제도에는 주나라의 정전형만 있는 것이 아니라 그 이전 은나라의 '전자형'도 있다고 파악했다. 이를 바탕으로 정자형으로 분전(分田)하는 방식은 주나라 때부터 시행되었으며, 고대의 토지제도를 이 형태로만 한정해서 보아서는 안된다는 점을 주장했다.[53]

한백겸의 '기전' 이해는 상수학적 이해와 연관이 깊다. 한백겸은 4전 1구로 이루어진 기전의 형태는 사상(四象)·팔괘(八卦)에 대응하는 모

---

49 『久菴遺稿』 上, 深衣說.

50 『久菴遺稿』 上, 豳風金縢說; 『久菴遺稿』 上, 讀多方解; 『久菴遺稿』 上. 題陰符經後.

51 『久菴遺稿』 上, 四端七情說.

52 『久菴遺稿』 上, 箕田遺制說.

53 『磻溪隨錄』 권5, 田制攷說 上, 秦漢以後井田議論, "本國韓氏百謙 箕田遺制說曰 …… 然則分田以井 非古也 實自周人始也"

양을 띠고 있으며, 그것은 선천방도(先天方圖)에서 취한 것이라고 그 유래를 파악하였다. 고인(古人)이 제작한 법제가 그 모델로 삼은 법이 없을 수 없다는 것이었다.[54]

한백겸의 기전설에 대해 허성, 유근(柳根)은 서·발문을 작성하며 적극 찬동했는데, 허성은 기전설이 맹자를 비롯하여 주희도 쉽게 이해하지 못하던 중국 고대의 토지제도를 새롭게 밝히는 획기적인 의견이라 평가했다.[55] 이후 한백겸의 견해는 1640년 그의 문집 『구암유고(久菴遺稿)』가 공간 되면서 조선 사회에 널리 알려졌다.

한백겸의 기전설은 당시 조선 사회에서 주목의 대상이던 기자, 기자 문화에 대해 독자적으로 접근하고 이해한 한 결과물이었다. 한백겸보다 앞서 윤근수(尹根壽), 이이(李珥)는 『기자실기』를 작성, 한반도 문명의 시원이 기자에 있음을 정리한 바 있었다.[56] 한백겸의 연구는 제도·

54 『久菴遺稿』 上, 箕田遺制說, "四田四象之象也 八區八卦之象也 八八六十四 正正方方 其法象正類先天方圖 古人制作 豈無所取法也 因以思之 噫此皆殷制也" 이러한 이해는 그의 상수학적 학문 바탕과 관련된 것인데, 허성도 기전설을 상수학적 지식 위에서 긍정하였음을 볼 수 있다. "蓋七十畝而七家 七家而七畝 公田廬舍之制 又不外於七數焉 是乃天然自成之數 不容人力按排於其間者 非聖人之制而能如是乎"(『久菴遺稿』上, 箕田圖說後語).

55 『久菴遺稿』 上, 箕田圖說後語[許筬].

56 『箕子實記』는 많은 사람들에게 읽혔다. 이수광의 『지봉유설』 또한 그 흔적을 보여주는데, 이수광은 『기자실기』에서 기자를 기씨로 보는 기사를 두고 세속의 와전되는 내용을 그대로 기록했다고 했다.(『芝峯類說』 권3, 君道部 世代, "李栗谷撰箕子實紀曰 箕氏世君東土 又云箕氏主馬韓 按箕子殷同姓 箕卽所封之國 如微子之謂非其姓也 實紀以箕爲姓者 蓋因流俗之傳訛而爲之說也") 이에 대해 훗날 金楺는 『기자실기』를 제대로 읽지 못한 소치라고 비판했다.(『儉齋集』 권30, 丙丁瑣錄, "丙辰丁巳, 栗谷先生撰箕子實紀曰 箕氏世君東土 按所謂箕氏 如謂韓氏趙氏陳氏之類 而李芝峯睟光以爲箕子與殷同姓 箕卽所封之國 非其姓也 實紀以箕爲姓者 蓋因流俗之傳訛而爲之說也 以栗谷博洽豈不知箕子之與殷同姓 芝峯不究本意 妄

법제를 통해 기자 문명을 이해하는 새로움을 지니고 있었다.

한백겸의 개성 있는 학문 세계는 이수광(李睟光)과의 교유 속에서 풍요로워지고 확산되었다. 이 만남은 종적으로 이어져 온 서경덕계 학맥 위에서 일어난다기보다는 그 학통과는 거리를 두고 횡적으로 이루어지는 일이었다. 교유망은 새로운 내용으로 확장되어 나갔다. 이수광이 한백겸을 처음 만나게 된 과정은 명확하지 않지만, 두 사람은 한백겸이 세상을 떠날 때까지 아주 가깝게 지냈다. 특히 한백겸은 이수광의 청장년 시절, 그에게 상당한 지적 자극을 주는 동지와 같은 인물이었던 것으로 보인다.

이수광과 한백겸은 명대(明代)의 다양한 학풍에 대해 비판적인 의견을 주고받는가 하면[57] 고대국가의 강역과 학문하는 자세에 대해 의견을 교환하기도[58] 했다. 이수광은 『지봉유설』에 한백겸이 정리한 고대국가의 강역에 대한 이해, 기자전에 대한 의견 등을 수록했는데,[59] 이는 이수광이 한백겸의 학문을 깊이 인정했음을 보여주는 사실이다.

한백겸과 이수광의 돈독한 교유는 두 사람이 가진 개성을 서로 공유할 수 있는 데서 가능했을 것이다. 이와 관련하여 이수광이 견지했던

指爲誤可歎"

57 『芝峯集』 권26, 題蔡子履中庸集傳贊後.

58 『久菴遺稿』 下, 送芝峯李潤卿令公朝京序.

59 『芝峯類說』 권2, 地理部, 田, "箕子井田 在平壤南門外 田中有井 名曰箕子井 韓久庵百謙 欲究其制 乃考殷周步數異同尺寸長短 逐畝折算 辨其區畫 則每區七十畝 各爲小界限 而縱橫皆八 通計六十四區爲一大界限 方方正正 延袤數里 含毬正陽兩門之間 最爲分明 乃作井田說 以明殷周田制之不同 其篤於好古如此 噫自秦開阡陌而井田之制無復可尋 孰謂殷制之在我東者 其遺蹟歷數千載而不泯耶 然非久庵則孰知其詳若此乎 尤足尚已"

박학(博學)의 학문 태도[60]를 한백겸도 동조하며 같이 가지고 있지 않았을까 하는 생각을 하게 된다.

이수광이 견지했던 박학 의식은 천·지·인의 3재를 두루 포괄하는 지식 세계를 구축하려는 의지와도 상통했는데,[61] 이것은 16세기 후반 도학(道學)의 학풍이 거세게 성장하고 유자(儒者)의 주요한 과업이 도학(道學)의 성취로 운위되던 상황에 대한 반성과 연관이 있었다. 이황이나 이이에게서 볼 수 있는바, 이기심성론(理氣心性論)을 중심으로 학문의 체용관(體用觀)을 세우고 학습과 천리(踐履)를 추구하던 학문 방향은 천·지·인의 3재를 두루 포괄하는 지식 세계를 구축하는 일과는 거리가 있었고, 이 방식에서는 학문의 범위 혹은 대상의 축소를 피할 수 없게 되어 있었다. 이수광은 이를 심각한 문제로 여기며 박학을 추구했던 것이다.[62]

한백겸과 이수광의 교유는 정경세(鄭經世), 이준(李埈) 등 상주 지역 남인 학자들과의 만남으로 확장되기도 했다. 유성룡에게서 배웠던 이들 두 사람은 이수광의 주요한 학문적 토론자였다. 서로 토론하는 모습은 특히 1623년 이후에 나타나는데, 이수광은 『채신잡록(采新雜錄)』, 『경어잡편(警語雜編)』, 『병촉잡기(秉燭雜記)』 등 자신이 정리한 자료를

60 여기에 대해서는 한영우(1992), 「이수광의 학문과 사상」, 『韓國文化』 13; 정호훈(2018), 「이수광의 학문관과 정치론」, 『韓國實學研究』 35 참고.

61 박학의 의식을 강하게 드러내 보이는 발언은 다음과 같은 '眞儒' 의식이다. 『芝峯集』 권28 秉燭雜記, "通天地人謂之儒 儒之道大矣 而後之儒者 不能盡儒之道 故有章句之儒 有文史之儒 其名不一 於是 人之視儒 藝之而已 遂有眞儒僞儒之目"; 『芝峯集』 권31, 剩說餘篇 下, "學不究天人 不足稱眞儒 識不通古今 不可謂眞士"

62 『芝峯類說』은 이수광 박학의 학문관의 산물이라 할 것이다.

이들에게 보내어 의견을 구하고, 그들이 낸 의견을 바탕으로 자신의 생각을 가다듬었다.[63]

이수광과 정경세, 이준 사이에 이루어졌던 활발한 토론에는 서울의 한백겸도 같이 참가하는 양상을 보이기도 했다. 한백겸이 1609년(광해군 1)에 그를 방문한 정경세와 『역학계몽(易學啓蒙)』의 설시법(揲蓍法)에 대해 토론한 것은 그 한 모습이다. 한백겸은 이때의 토론을 토대로 「계몽설시변(啓蒙揲蓍辨)」[64]을 남겼다.

이수광과 한백겸, 이수광과 영남 남인, 영남 남인과 한백겸 사이의 만남은 학술을 매개로 우정을 돈독하게 쌓아가는 모습을 보여준다. 이들은 성장 배경이 달랐던 만큼 의견이 서로 일치하지는 않았으나, 각자에게 부족한 내용을 상대로부터 보충받아 사유 영역을 확장해 나갔다. 이는 곧 이황 학문의 영향을 받은 영남 지역 학자와 서울의 남인, 북인 학자가 구체적으로 교류하는 양상이었다.

이상 살핀 대로 서경덕 학맥의 2세대 인물들이 살았던 시기는 정치적 격동기였다. 이들은 정치적으로 서인과 북인의 당색을 고루 띠었으나 북인의 성향이 더 강했다. 학문으로 두드러진 성과를 거둔 사람은 한백겸이었다.

북인계 가문에서 자란 한백겸은 서경덕 학통의 학문 전통을 계승하는 한편으로 학문의 폭을 넓혔다. 특히 그가 의욕적으로 행한 '기전' 연구는 '고대의 법제와 문화'를 조선의 시간과 공간 속에 생생하게 재

63 이들이 주고 받은 의견은 다음 자료에서 확인할 수 있다. 『芝峰集』 권24, 采薪雜錄附; 『芝峯集』 권24, 「采薪雜錄」; 『芝峯集』 권31, 李蒼石題.

64 『久菴遺稿』 上, 啓蒙揲蓍辨.

현하며 많은 사람들에게 정치적 상상력을 제공했다. 한백겸의 학문은 북인계의 정치적 사유가 그의 단계에 이르러 질적·이론적으로 한 차원 더 성장하고 있음을 잘 보여주는 성과라고 할 수 있다.

3) 3세대 학맥과 교유망의 다양화 : 김세렴, 허목

3세대 인물군으로는 2세대 인물들의 자제, 2세대 인물들에게 배운 사람들, 그리고 그들과 혈연으로 얽힌 사람들을 꼽을 수 있다. 그런 만큼 이들 3세대 인물군이 포괄하는 범위는 무척 넓어졌다. 그중에서도 동명 김세렴(東溟 金世濂), 미수 허목(眉叟 許穆)을 중심인물로 꼽을 수 있다. 두 사람의 활동 방식, 정계·학계에서의 위상은 조금 달랐다. 김세렴은 서경덕계 인물들의 정치적 결절점 역할을 했고, 허목은 학문적으로 독자적인 세계를 구축하여 17세기 서경덕계 후학들의 활동을 중심에서 이끌었다. 두 사람은 비슷한 시기에 태어나 살았지만, 활동 공간은 서로 겹치지 않았던 것으로 보인다. 허목은 김세렴 사후, 유형원의 부탁으로 김세렴의 문집 『동명집』의 서문을 작성하고 김세렴의 행장을 지었다.

김세렴은 허엽 가문을 통하여 서경덕의 학맥과 연결된다. 허엽의 둘째 아들 허봉(許篈)은 김세렴의 외조부이고, 허봉의 동생 허균은 김세렴의 고모부이다. 허봉과 친한 친구 사이였던 김세렴의 할아버지 김효원(金孝元)은 허봉의 딸을 며느리로 받아들였고 또 자신의 딸을 허균과 결혼시켰다.[65] 두 집안 자제들의 결혼은 당대 유력 가문의 결합으로

65 허균이 김효원의 문집인 『省菴集』의 서문을 작성했다(『省菴集』, 省菴先生文集序, 許端甫).

보아도 좋을 것이다. 김효원은 동서 분당의 한 주역인데서 볼 수 있듯 동인 내 정치적 위상이 뚜렷했고, 허엽과 그의 세 아들 또한 정치적 지위에서나 문장에서 당대 최고의 평가를 받는 위치에 있었다.

김세렴이 이들로부터 배운 흔적은 찾기 힘들다. 허봉은 김세렴이 태어나기 전에 이미 세상을 떠난 상태라 직접 만나지는 못했다. 허성과 허균은 김세렴의 청소년기에 활동하고 있었기에 김세렴에게 많은 도움을 주었을 가능성이 크지만, 영향을 받은 요소는 현재로서는 파악되지 않는다. 다만, 허봉의 재종형 허적에게서 김세렴은 소싯 적에 글을 배운 적이 있었는데,[66] 이런 인연은 김세렴이 허엽-허봉 가의 문화를 좀 더 많이 접할 수 있게 했던 요인으로 보인다. 허적은 당숙 허엽에게서 몇 해 동안 공부를 했고[67] 또 허성·허봉 형제와 친하게 지냈으므로, 허엽 가문이 향유하는 가치, 문화를 충분히 익히고 있었다.[68]

이들 허씨 가문의 구성원들은 늘 김세렴의 일상 속에 들어와 있었다. 외조부의 맏형 허성에 대해 묘갈명을 작성하고,[69] 허적이 남긴 『수

---

66 『水色集』 권4, "次金道源韻以爲寄 名世濂 即再從兄荷谷之外孫 初受學於余 少捷巍科 歷敭淸顯 以言官不撓於時 遂被遠謫 今則放歸 旅次于江上 讀秦漢詩文以自娛 作俠客行以視余 余步韻以寄 時年二十八"

67 『水色集』의 서문은 허균이 지었다(『水色集』, 水色集序, 一號尙古齋[許䈭], "余得兄尙古集一帙 美其命名之意 而愁讀之喜 倦讀之醒 不忍釋 旣卒業 僭加批點以還之 因志盛事于顚 以規來昆云").

68 허적은 시문에 뛰어났다. 허목은 그의 시를 두고 양천 허씨 가의 전통적인 문장 능력을 이어받았으며 東嶽 李安訥, 石洲 權韠마저 경외할 수준이라고 평가했다(『水色集』 권7, 祭岳麓堂兄文).

69 『東溟集』 권8, 吏曹判書許公墓碣銘 并序, "公諱筬 字功彦 陽川人 號岳麓 出自駕洛首露王 高麗文敬公珙之後 考曰草堂先生諱曄 與弟荷谷公篈 俱負大名當世 少師柳眉巖 得於家庭之訓最多 天性忠厚直方 動必以禮 爲學本諸六經 遇事見得

색집(水色集)』의 시에 시평을 달기도 한 것은 그 한 모습이다.[70] 김세렴이 통신사로 다녀온 뒤 남긴 시를 두고 신익성(申翊聖)이 허봉의 시와 비슷하다고 한 평가는[71] 김세렴과 허씨 가문과의 인연이 단순한 혈연 관계에 머무르지 않았음을 간접적으로나마 유추하게 한다.

김세렴과 허균의 관계는 김세렴이 이수광 가와 교유하는 매개가 되기도 했다. 허균과 이수광 두 사람은 김대섭(金大涉)의 사위로서 인연을 맺고 있었다. 허균의 첫 부인 김씨가 김대섭의 딸이었던 것이다.[72] 허균과 이수광은 광해 조 정국에서 정치적 의견이 서로 갈렸지만, 실상은 친한 친구 사이였다. 서로 간에 오고 간 많은 시는 이를 보여준다. 이수광은 허성·허봉과도 시우(詩友)로서의 관계를 유지했다. 허씨 집안과의 인연이 적지 않았던 셈이다. 김세렴 또한 그러한 교유권 위에서 살았다고 보아 좋다. 김세렴과 이수광의 아들인 이민구(李敏求)와의 교유를 확인할 수 있다.[73]

是則雖千萬人爭 不爲動"

70 『水色集』 권2, 東冥金世濂批評.

71 『東溟集』 권4, 題東溟槎上錄[申翊聖], "余讀道源槎上錄 拊卷而嘆曰 瀏瀏乎其調也 渢渢乎其聲也 何其似荷谷公也 古人謂楊褚無忝太史公之學 余以爲道源之詩於荷谷公不翅無忝而已"

72 이수광은 金大涉의 맏사위, 허균은 둘째 사위였다. 이수광의 부인은 김대섭의 큰 딸, 허균의 첫째 부인 김씨는 김대섭의 둘째 딸이었다(『惺所覆瓿藁』, 文部 12, 行狀, 亡妻淑夫人金氏行狀; 『象村稿』 권23, 義禁府都事金公宜人沈氏合葬誌銘 并序).

73 『東溟集』 권2, 奉別李子時嶺南方伯之行; 『東州集』 권2, 讀書堂禊屛後序, "不佞敏求實繆據其首 其次任公叔英茂叔 李公植汝固 李公明漢天章 鄭公百昌德餘 張公維持國 吳公翽肅羽 趙公翼飛卿 金公世濂道源 鄭公弘溟子容 咸魁然一時之傑而不佞敏求與汝固天章德餘四人旣階通政 特命仍帶 於是十人者俛焉脩業 仰副上需待之勤 退則作爲禊事 交相勸勉 申以同僚之好 列書職官姓名字號鄕望年甲於

김세렴은 유성민(柳成民)의 사위가 되면서 북인의 주요 인물들과도 관계를 맺어 나갔다.[74] 유성민은 별다른 벼슬을 하지 않았지만, 그의 아들 유흠(柳欽(+心)은 인조 반정 후 유몽인(柳夢寅) 옥사에 연루되어[75] 28세의 나이로 요절한 북인의 신세대 인물이었다. 김세렴은 동년배였던 처남 유흠과 서로 친하게 지냈는데, 그가 죽게 되자 김세렴은 유흠의 아들 유형원의 후견인 역할을 하게 된다. 유형원은 김세렴으로부터 어려서 글을 익히고 또 성장해서도 그의 가르침을 많이 받았다. 두 사람은 고모부와 조카 사이였지만 한편으로는 스승과 문인 관계이기도 했다.[76]

김세렴과 유성민가의 혼인은 김세렴이 여주 이씨 이상의(李商毅)－이지완(李志完) 가문과의 관계를 맺는 계기이기도 했다. 처남인 유흠이 이지완의 딸과 결혼하였기에, 김세렴은 이상의 가문과 자연스럽게 인척이 되었다. 유흠과 이상의 가문과의 통혼은 이상의－이지완이 차지하는 위상 위에서 본다면 특별한 면이 있었다. 이들 이씨 가문은 당시에 '정릉(貞陵) 이씨(李氏)'라 불릴 정도로 위세가 대단했다. 이상의는

屛疊 庶幾垂流永久 義甚厚也"

74 김세렴 집안의 당색 또한 북인으로 보아야 할 것이다. 김효원의 동생 金履元(初名은 信元)은 大北派로서 臨海君을 告變하는 활동을 했다.

75 『承政院日記』, 인조 1년 8월 4일[壬戌], "禁府, 金生·許信·柳用立·玄鳳鳴·莫德·僧道賢拿囚元情後, 與柳夢寅面質, 金生等, 竝放送, 申大枝物故, 柳夢寅加刑四度, 承服, 成佑吉·柳喜·鄭麒壽拿囚元情, 申櫄加刑不服, 奇順格拿囚, 鄭麒壽·柳喜·鄭麒壽各刑問二次, 不服"; 『承政院日記』, 인조 1년 8월 5일[癸亥], "禁府, 柳夢寅, 軍器寺前路行刑, 啓"

76 유형원은 김세렴을 제사 지내는 글에서 자신을 門生이라 표현했다(『반계유고』 제2부, 祭東溟先生文, 창비, 2017).

여주 이씨 집안을 최고의 전성기로 이끈 인물로 광해 조 내내 현달했으며, 이상의의 맏아들 이지완은 이이첨의 둘째 아들 이익엽을 사위로 맞아 대북계 핵심부와 연결되어 있었다. 광해군실록에서는 이런 사실을 두고 이지완을 크게 비난하기도 했다.[77] 김세렴과 이상의-이지완의 가계가 직접 통혼한 것은 아니었지만, 유성민-유흠을 중간에 두고 양가(兩家)는 서로 연계되어 있었다.

이 시기 여주 이씨 가문에서 중요한 역할을 한 이는 이지완의 맏아들 이원진(李元鎭)이다. 그는 광해군대 폐모논의에 대해서는 비판적 입장을 지녔으며, 인조 대에는 주로 외직에 근무했다. 이원진은 박학의 학문관 위에 다양한 영역의 지식을 받아들이고 또 체계화했다.

> 행의(行義)는 독실하고 정돈되었고 재학(才學)은 박학하고 통달하였다. 경전, 자사(子史)에 두루 통하여 꿰뚫지 않은 것이 없고 성률(聲律), 음양, 병진(兵陣), 복서(卜筮), 성경(星經), 지리, 서사(書射), 계수(計數) 등도 각각 신묘한 경지에 이르렀다. 일찍이 말하기를, "육예(六藝) 중에 어제(御)는 대대로 익히지 않은 것이고 그 나머지는 내가 모두 할 수 있다." 하였다. 심지어 조수(鳥獸)와 초목의 이름, 기타 부수적인 것까지 아는 것이 많았다.[78]

박학의 학문관이 가지는 개방성 또한 그에게서 찾을 수 있는데, 제

77 『光海君日記』[중초본] 권121, 광해 9년 11월 23일[甲申], "丁巳十一月二十三日 甲申驪城君 李志完卒【志完 尙毅之子也 頗有文藻 嗜利樂勢 浮沈善宦 立心行己 無一事可觀 晩與爾瞻爲姻 以其女妻益燁 人皆鄙之】"

78 『星湖全集』 권67, 從祖叔父太湖公行錄.

주목사 시절 하멜 일행이 표류해오자 그는 아무런 편견 없이 그들을 구원하려고 했다.[79] 이원진은 대체로 북인 혹은 북인과 인연이 깊은 남인들과 교유하며 생활했다고 할 수 있다. 장인은 소북계 인물 남이공(南以恭)이었다. 훗날 이원진은 김세렴과 함께 유형원의 양육에 힘을 보태기도 했다.

김세렴과 유성민 가와의 결합은 그의 할아버지 대에 양천 허씨 가와 혼맥을 맺으면서 경험했듯이, 가문의 세력을 크게 확장하는 계기가 되었다. 유성민 본인은 그다지 현달 하지 않았고 아버지 할아버지의 지위 또한 현관은 아니었지만, 그의 집안은 조선 건국 초기의 공신 유관(柳寬)에서 비롯된[80] 사회적 지위가 유지되고 있었고, 경제력 또한 탄탄했다. 경기도 지역의 여러 전장들, 부안의 땅은 모두 유관에게서 물려받은 재산이었다.

16세기 말~17세기 초 유관의 존재감은 이수광의 가문에서도 확인된다. 이수광에게서 유관은 외5대조였는데, 이수광은 유관의 옛 집터에 유관의 삶을 따라서 비우당(庇雨堂)을 짓고 살기도 했다.[81] 유관의 집에 이수광이 살게 된 연유는 그의 아버지 이희검(李希儉)이 그 집을 전해 받았기 때문이라고 한다. 이렇게 본다면 김세렴과 이수광가의 인연은 먼 인척으로도 맺어진 것이라 할 수 있을 것이다.

유성민은 이광정(李光庭)의 딸과 결혼, 연안(延安) 이씨 가문과도 깊

---

79 핸드릭 하멜·김태진 번역(2003), 『하멜표류기』, 서해문집.

80 『磻溪隨錄』 附錄, 京外儒生進士盧思孝等疏 甲戌三月 封進, "馨遠 以國朝名相寬之九代孫 檢閱(欽+心)之子 世居京師 欲隱居求道 遂入於扶安海山中 以道義終其身"

81 『芝峯集』 권20, 東園庇雨堂記.

은 관계를 맺었다. 이광정은 그의 아버지 이주(李澍), 동생인 이창정(李昌庭)과 더불어 선조 대 서울·경기지역 남인의 주요 구성원이었다.[82] 새로운 문물에 많은 관심을 기울여 중국 사행길[83]에서는 만국전도와 같은 서양의 지식·사상을 담은 자료를 구해오기도 했다.[84]

요컨대 김세렴은 초기 동인계[남인–북인] 중요 가문과의 혼맥으로 만들어진 교유망 속에서 산 인물이었다. 그 관계를 통하여 그는 서경덕계의 인물들과 사귀었고 또 그 스스로 여러 관계들을 맺어주는 역할을 하기도 했다. 그는 정치적으로 그다지 현달하지 못하여 주로 경상도, 함경도, 평안도 등지의 외관을 역임했다. 현풍 현감 시절, 학규(學規)를 만들어 향교 교육을 강화하고[85] 향약(鄕約)을 정비·시행했는데,[86] 지방 통치에서 그는 형벌과 교화를 병행하는 것이 중요하다고 여겼다.[87] 김세렴은 성리학보다는 시문에 특장을 가져 이 방면에서 좋은 평가를 받았다.[88] 그의 이력에서 특별히 눈에 띄는 점은 1636년 통

82 전쟁 후 이광정은 扈聖功臣 2등의 상을 받았나(『宣祖實錄』 권175, 신조 37년 6월 25일[甲辰]).

83 『宣祖實錄』 권161, 선조 36년 4월 27일[癸丑], "誥命奏請使行僉知中樞府事臣李光庭、副使上護軍臣權憘, 回自京師"

84 『芝峯類說』 권2, 諸國部, 外國, "萬曆癸卯 余忝副提學時 赴京回還使臣李光庭權憘 以歐羅巴國輿地圖一件六幅送于本館 蓋得於京師者也 見其圖甚精巧 於西域特詳 以至中國地方暨我東八道, 日本六十州 地理遠近大小 纖悉無遺"

85 『東溟集』 권6, 玄風縣學規. 이 학규는 筵臣이 임금에게 보고하여 列邑 향교에 반포했다고 한다.

86 『東溟集』 권6, 玄風縣鄕約.

87 『東溟集』 권6, 居官雜記, "修刑罰以齊衆 明敎化以善俗 刑罰立則敎化行矣 敎化成而刑罰措矣 須日尙德而不尙刑 顧豈偏廢哉"

88 『記言』 권5, 東溟哀悼文二百一十, "自古稱之 管氏作地員 王翮作抵巇 屈原作離騷天問 荀卿作非相 今君平作詩風 得意遊戲 多勸戒可誦 足以傳之百代而不沒"

신사의 일원으로 일본에 다녀온 사실이다. 김세렴은 조선 땅이 청군에 의해 초토화되는 상황을 전혀 알지 못한 채로 사행을 마무리했는데, 통신사행은 그의 안목을 키워주는 중요한 기회였을 것이다. 이때 그가 정리한 『해사록(海槎錄)』[89]은 17세기 전반 일본에 대한 정보를 많이 담고 있어 조선인에게는 귀한 자료가 되었다.

서경덕계 후학의 제3세대 인물로 들 수 있는 또 다른 학자는 허목이다. 허목은 박지화의 제자였던 아버지 허교를 통하여 박지화, 서경덕의 학풍을 접했다.[90] 성장하면서는 허후(許厚), 이정호(李挺豪), 정언옹(鄭彦宫), 정구 등으로부터 배우며 자신의 학문 세계를 세웠다. 그가 스승으로 섬겼던 인물들은 사는 지역에서나 개인적 특장, 영향력에서 각기 개성을 지니어 허목으로서는 이들을 통해 다양한 경험을 축적할 수 있었다.

허후는 사촌형이면서 스승의 역할을 했던 인물이다. "성명(性命)·천인(天人)의 근본, 예악, 문물, 인물, 고금(古今), 사생(死生), 치란 흥망, 요상(妖祥), 재이(災異), 사방의 토산물로부터 백가(百家), 중기(衆技), 여항(閭巷), 가요(歌謠), 풍속에서 숭상하는 것에 이르기까지 수많은 글"[91]을 남겼다고 한다.

---

89 『東溟集』 권9·10, 東溟海槎錄上·東溟海槎錄下. 서문은 허목이 작성했다.

90 『記言』 권43, 贈大匡輔國崇祿大夫議政府領議政兼領經筵 弘文館藝文館春秋館觀象監事 行通訓大夫抱川縣監 楊州鎭管兵馬節制都尉府君墓碑, "公諱喬 字壽翁 左贊成諱磁之孫 贈左贊成諱橿之少男 …… 少受業於守庵朴枝華先生 先生花潭徐敬德先生之弟子也 先生八十餘 聰明不衰 公請問修鍊之術 先生曰 有遺世獨行之士或爲之 非學者之先務也 不言"

91 『記言』 권56, 遯溪先生遺編序, "自性命天人之本 禮樂文物人物古今死生治亂興壞妖祥災異四方土物 以至百家衆技閭巷歌謠俗尙 几累數萬言"

이정호는 어려서는 박지화에게 배우고[92] 40세 장년의 나이에 허후와 함께 이난수(李鸞壽)에게 배운 학자로, "제자들을 가르칠 적에 한결같이 『예기』의 「곡례(曲禮)」와 「소의(少儀)」, 『관자(管子)』의 「제자직(弟子職)」을 표준으로 삼고 어버이를 섬기고 형을 공경하는 것을 학문하는 근본으로 삼았다."[93]고 한다. '소절(小節)'을 담고 있는 옛 서적을 중시하는 모습에서 고학(古學)에 대한 그의 관심을 느낄 수 있다.

정언옹에게서는 『예기』를 배웠다.[94] 정언옹은 문장으로 이름을 날렸지만 별다른 관직 생활을 하지 않았다. 출신 배경 또한 한미했던 것으로 보인다. 허목은 정언옹과의 인연으로 정언옹 문하의 교유망과도 접할 수 있었다. 정희성(鄭希聖), 봉벽(奉璧), 이지정(李志定)[95] 등 정언옹에게서 동문수학한 친구들은 허목의 글에 자주 언급된다.[96]

정구에게는 허목이 30세에 만나 수학했다. 허목으로서는 비교적 늦은 나이의 만남이었는데, 이후 허목은 『한강집(寒岡集)』 편찬에 참여하는 등[97] 정구 후학의 일원으로 인정받으며 활발하게 활동했다. 정구와의 만남은 허목이 경상 우도의 정구계 학맥과 긴밀한 관계를 유지하며

92 『記言』 권21, 晩覺李先生墓銘.

93 『記言』 권8상, 李英彦先生遺事 壬子.

94 『記言』 권20, 蔥山先生墓碣.

95 『記言』 권10, 許上舍書帖跋, "吾嘗與蟬翁 俱學於蔥山 吾甚愛其筆法奇詭 尤見古氣 吾落南不相見已三十年 今其人已死 獨其書在 追思往跡 愴懷良多 旣撫玩忘倦 因略識所感如此云"

96 『記言』 권20, 蔥山先生墓碣, "穆二三十時 與鄭希聖奉璧同學於先生 穆學戴記檀弓古經 二子皆學文章者也"

97 『記言』 권56, 寒岡先生文集序, "晩歲末學及門者穆 少先生五十二歲 今年八十有七 朝夕且死 忘其僭越 正其訛誤 考定編類 以爲寒岡先生文集"

그들과 연대할 수 있는 계기가 되었다.

허목이 맺은 다양한 학적 관계는 그의 활동 영역을 확장하는 주요한 원천이었다. 특히 허목은 주위의 젊은 인물들에게 스승 혹은 선배의 역할을 충실히 했다. 그에게서 서경덕계 혹은 동인으로부터 성장한 앞선 세대와 신진을 가교하는 존재로서의 모습을 보게 된다. 허목이 즐겨 만났던 젊은 세대로는 권수(權脩), 정동익(鄭東益), 정동직(鄭東稷), 정동룡(鄭東龍), 이수경(李壽慶), 유수경(柳馨遠) 등이 두드러진다. 권수는 북인 훈신 권진(權縉)의 아들로 허후에게서 배워 허목과는 동문(同門)의 학연(學緣)이 있었고, 정동익·정동직·정동룡 형제는 오랜 벗 정희성의 아들이었다.[98] 이수경은 광해군대 소북계 인물 이덕형(李德泂)[99]의 손자로 정동익 형제들과 어울리는 사이였다.[100] 허목은 정동직을 통하여 유형원의 존재를 알게 되며[101] 이후로 친밀하게 지냈다.

허목은 인조 초반 성균관에서 공부하면서 인조의 추숭을 반대하는 행동을 한 이후 숙종 대 세상을 뜰 때까지 남인의 중요한 학자, 정치가로서 활동했다. 많은 사람들이 그의 주위에 몰려들었으며 정치권으로

98 1658년(효종 9) 허목이 고양의 西山에 머물고 있을 때, 서울에서 權脩[永叔], 鄭東稷[文翁], 韓垩[仲澄], 李子膺·李壽慶[子仁] 형제가 찾아와 만나는 장면에서 허목과 젊은이들과의 교유를 볼 수 있다(『記言』 권9, 高陽山水記 戊戌).

99 『記言』 권23, 右贊成竹泉李公墓誌銘.

100 이수경은 숙종 초 남인의 맹장으로 대 서인 공격에 앞장서기도 했다. 그의 당인으로서의 모습은 『白湖全書』 권17에 실린 「答李子仁壽慶 乙卯」에서 확인할 수 있다.

101 『記言』 권6, 與柳馨遠德夫, "嗟乎 文翁在時 爲求古文曰 浪州柳君請之 僕嘗因文翁 久聞風聲如相見 卽許諾 以僕衰懶久不副 文翁病中寄書曰 遠人之托 毋相忘也 僕適有撰述之 業未卒以此復之 未久文翁死 憐其死 其言益不可忘 思之良苦 其哀悼之文 亦屢言 不一言悲恨可知"

부터 배척된 북인들 또한 그와 좋은 관계를 맺었다.

그의 활동에서 특히 주목하게 되는 점은 정개청의 학문을 중시하고 열심히 드러내려 한 사실이다. 정개청은 사후 윤선도 등의 노력[102]에 힘입어 위상이 공고해져 갔다. 유문(遺文)을 묶은 『우득록』이 편찬되고[103] 그를 향사하는 서원[紫山書院]이 만들어진 점은 그 중요한 일이었다. 그러나 서인들은 그의 학문적 흠결을 끊임없이 드러내고 공격하여 중대한 정치 현안으로 삼았는데, 그 과정에서 서원은 여러 차례 훼철되기도 했다.[104] 허목은 이 일련의 과정에서 정개청을 옹호하는 일에 적극적으로 참여하여 『우득록』의 서·발문을 작성하고,[105] 그의 사적을 정리했으며,[106] 자산서원의 원장을 맡기도 했다.[107]

허목이 이룬 학문의 성취는 간단하게 정리할 수 없을 정도로 광대하고 복잡하다. 그의 학문을 두고 통상 '상고주의(尙古主義)', '고학(古學)', '고전주의(古典主義)' 등으로 평가하는 대로, 그는 육경(六經)의 의미와 가치를 재발견하고 그것을 강조하여 육경 중심의 학문체계를 세우려 하였다. 주자학의 사서학(四書學) 체계가 갖는 한계를 극복하여

102 『孤山遺稿』 권3, 國是疏 宣文大王九年戊戌六月公在孤山時. 1658년(효종 9), 宋浚吉·李端相 등의 정개청 공격에 대해 이를 방어하기 위해 올린 상소이다.

103 이 사정은 『記言』 권56, 愚得錄序에 자세하다.

104 자산서원은 1657년(孝宗 8) 처음 훼철 된 뒤 毁撤과 복원의 과정을 반복해서 겪었다. 숙종 초 집권한 남인들은 許穆과 許積의 주도 하에 이를 賜額書院으로 복원하였으며, 尹鑴·許穆이 서원의 운영을 책임졌다. 그러나 庚申換局 후 다시 훼철되었다가 己巳換局 후에 복립 되었으며, 결국에는 완전히 사라졌다(정호훈(2004), 『조선후기 정치사상 연구』, 혜안, 183쪽).

105 『記言』 권56, 愚得錄序; 『記言』 권56, 愚得錄跋.

106 『記言』 권26하, 鄭困齋事.

107 『肅宗實錄』 권10, 肅宗 6年 8月 庚戌.

그 대안을 선진 유교, 육경의 세계에서 찾으려는 태도였다.[108] 그는 또한 제자학(諸子學)을 적극적으로 학습하고, 노장학에도 많은 관심을 기울였으며, 관중(管仲)을 통해서는 부국강병에 대한 생각을 진전시켰다.[109] 과거 사실에 대한 관심도 깊어서 한민족과 일본의 역사를 다룬 저술을 짓기도 했다.[110] 사회경제적인 현안에 대해서는 보수적으로 대응하였다.[111]

서경덕계 후학의 활동은 김세렴, 허목 등 제 3세대에 이르러서는 또 다른 변화를 보인다. 김세렴은 본인 혹은 그의 선대가 서경덕의 학맥과 직접 관계를 맺지 않았으나 외가, 처가를 통하여 인연을 맺었다. 이런 여건은 그가 서경덕계 학맥을 중심으로 하는 교유망 속에서 많은 사람들을 연결하고 이를 통해 그 교유망을 확장하게 함에 주요한 역할을 하게 했다.

서경덕 학맥의 교유망에서 중요한 역할을 했던 점은 허목도 마찬가지였다. 그는 선배와 후배 세대의 만남, 이를테면 김세렴과 정동직·유형원과 같은 이들의 가교에 중요한 인물이었다. 이와 더불어 허목은 학문의 중심을 선진 유교, 육경의 세계에 두는 가운데 다양한 사상·학문을 포섭하려 했다. 앞선 세대에게서는 볼 수 없던 광범위한 지식

108 鄭玉子(1979), 「眉叟許穆研究」, 『韓國史論』 5 ; 金駿錫(1987), 「許穆의 禮樂論과 君主論」, 『東方學志』 54·55·56 합집.

109 『記言』 續集, 권59, 敍述一, 古人諸子, 管仲.

110 『記言』 권32~36의 『東事』.

111 許穆은 北伐을 天下의 大事·大義로 인식하면서도, 軍備擴張과 같은 구체적인 北伐運動에는 지극히 비판적이었다. 양란 후의 사회복구, 사회 기강의 확립, 곧 內修·養民이 이 시기 가장 시급한 과제라는 인식 위에서였다. 金駿錫(2003), 앞 책, 56~67쪽 참고.

교류와 학문 성취를 허목은 수행하고 있었다.

3. 유형원의 성장과 『반계수록』의 정치론

1) 유형원의 성장과 서경덕계 학맥

16세기 말 ~ 17세기 전반 서경덕계 학맥의 성장은 몇 가지 특징으로 드러난다. 지역적으로 이들은 서울·경기의 한반도 중부권을 주된 거주지로 삼았다. 간혹 경상도나 전라도에 서경덕계 인맥이 자리 잡기도 했지만 이들이 활동했던 중심 공간은 서울과 경기였다. 서경덕계 학맥에서 서경덕의 학문을 강조하는 의식은 초기에서 후기로 갈수록 약화되었던 것으로 보인다. 제자들과 제자들 사이에 학문적 인연이 맺어지거나 혼맥이 형성되고 또 이를 매개로 복잡한 교유망이 만들어지며 독특한 색채의 세력이 형성되었지만, 서경덕의 학문을 추숭하고 현창하는 일은 진국적으로 보이 그렇게 활성화되지 않았다. 특히 3세대 학자들이 활동하던 시기에 와서는 그들 내부에서 서경덕의 학문을 높이 받들고 그의 고유한 사유를 발전시켜 가는 일은 매우 약해졌다. 17세기 초에 이항복, 홍이상, 한백겸 등이 주도하여 개성에 화곡서원(花谷書院)을 세웠지만[112] 그 이상의 특별한 활동은 없었다.

이와는 다른 양상으로, 서경덕계 학맥의 일부 인물들은 다양한 학문과 사상, 지식에 관심을 기울이고 섭취하려는 박학의 태도를 보이고, 일부에서는 고전-고학에 대한 큰 관심을 기울였다. 이들은 주자학을

112 李德泂, 『松都記異』.

중시하면서도 이 사상을 바탕으로 사유의 맥을 잡아가려는 노력은 그다지 크게 기울이지 않았다.

이들 서경덕계 학통의 활동은 이황계, 이이·성혼계 학통의 움직임과 비교하면 여러 모로 대비되었다. 이황과 이이의 후학들은 주자학의 깊이 있는 이해와 확산을 중요한 과제로 생각하였으며, 두 학자가 제시한 이기설, 사단칠정론(四端七情論)을 변론하며 학설을 세밀하게 다듬어나가거나 그들이 남긴 문헌을 보급하는 일 혹은 정치 위상을 높이는 일에 집중하였다. 학파의 정체성을 주자학, 그리고 자파 스승의 학설로부터 구하고자 하는 의식이 이들의 행동을 견인했다. 동시기 다른 학맥에서의 생각들, 혹은 밖에서 들어오는 새로운 지식과 문물에 배타성을 보이며 대응하는 것은 이들이 지니는 또 다른 모습이었다.

서경덕계 학통 내부에서의 큰 변화는 병자호란을 거치면서 일어났다. 기존의 국제질서와 국내질서의 축을 뒤흔든 이 사건은 조선의 정계, 사상계를 강타하며 전면적인 변동을 이끄는 동인으로 작용했다. 국내외적인 현안 해결과 관련하여 정치 주역들 사이에 국정 운영의 방식, 정책 방향을 두고 의견이 백출하고 충돌이 격화되었다. 정파는 정파대로, 개인은 개인대로 이 상황에 맞서며 대책을 마련하고자 했다. 조선의 법 체제를 부정하며 새로운 성격의 국가를 만들어야 한다고 본 『반계수록』의 구상은 서경덕계 학통에서의 한 대응 양상이었다.

유형원은 자신의 교유망 위에서 배우고 익힌 내용을 바탕으로 당대 조선에서는 찾을 수 없던 새로운 방안을 제시했다. 엄청난 지식과 상상력, 고민의 결과물인 유형원의 국가 구상은 서경덕계 학통의 전통 위에서 가능했지만 그러나 그 성립 과정은 그렇게 단순하지 않았으며 또 서경덕 학통의 사유만으로는 성립한 것은 아니었다. 유형원은 학습

과정에서 기존의 사유를 단절하고 질적으로 변화하며 이 책을 만들 수 있었다.

유형원의 성장기 환경은 불우했다. 그가 두 살 되던 해에 아버지 유흠이 유몽인(柳夢寅)의 옥사에 연루되어 처형당했기 때문이다.[113] 유형원은 철이 들기도 전에 아버지의 부재(不在)를 겪었고 반역자의 자식이라는 정치 굴레에 갇혀야 했다. 하지만 그를 둘러싼 지식 환경은 무척 풍요로웠다. 친가, 외가, 처가를 통하여 형성되어 있는 당대 유력가문, 유력인사들과의 교유망은 새로운 지식과 정보를 얻기에 더 없이 좋은 여건이 되었다.

유형원의 지식 환경에서 제일 먼저 거론할 수 있는 존재는 고모부 김세렴, 외삼촌 이원진이다. 이들은 유형원이 어린 나이에 지식의 세계로 그를 인도했고,[114] 유형원이 성장하면서는 든든한 후견인이 되었다. 이들의 그러한 역할은 유형원의 부친 유흠이 유몽인 옥사에 연루되며 사망한 일과 연관이 깊다. 어린 시절 유형원은 외가와 고모부의 집을 오가며 김세렴, 이원진으로부터 공부하고 격려를 받았다. 유형원이 본격적으로 책을 읽은 해는 『연보』에 의하면 다섯 살 때로 나온다. 이때부터 10살 무렵까지 유형원은 『서경』, 『주역』, 제자백가서 등을 익혔는데, 이원진과 김세렴은 옆에서 그 성장을 지켜보았다고 한다.[115]

113 柳發 草錄·安鼎福 修輯, 『磻溪先生年譜』, 2歲條.

114 金瑞慶, 「磻溪柳先生行狀」, 『澹溪遺稿』, "旣知讀書 就學於舅氏李參議元鎭 及姑夫金東溟世濂"

115 유형원의 생애를 정리한 자료로 行狀, 傳, 年譜 등이 다수 존재한다. 그러나 이들 자료 별로 유형원의 학습 과정을 설명하는 방식은 조금씩 다른데, 18세기 중반의 吳光運이 정리한 행장에는 李元鎭의 역할이 강조되고 김세렴은 제외되어 있다.

김세렴, 이원진 두 사람은 유형원이 공부를 익히고 자신의 독자적인 사유를 세워나감에 매우 중요한 역할을 했다고 할 수 있다. 이들이 가지고 있던 많은 서책, 폭넓은 인맥과 경험, 세계와 인간에 대한 판단들은 유형원의 성장에 많은 도움이 되었을 것이다. 하지만 두 사람이 유형원의 생각을 키움에 얼마나 기여했던가, 유형원은 이 두 사람으로부터 얼마나 많은 생각을 전해 받았던가 하는 점은 돌이켜보면 분명하지 않다. 어릴 적 문리(文理)를 틔울 수 있도록 돕고, 중요한 상황에서 인생의 선배로서 조언을 했다고 하더라도, 그들이 스승의 지위에서 유형원을 키운 것은 아니었다.

유형원 사후의 기록을 살핀다면, 유형원은 그 스스로 자신의 한계를 일깨우고 새로운 경지를 열어준 스승이 없어 시간을 많이 낭비했는데, 나이가 들어 독서 하면서 그 맛을 조금 알게 되니 몸이 쇠약해지고 일이 많아져 뜻대로 되지 않는다고 한탄하고 있었다.[116] 유형원은 명문의 스승을 찾아 종유하며 수업하지 못했다. 그를 이끈 것은 도(道)에 대한 믿음이었다. “도는 나의 몸에 갖추어져 있고 그 구체적인 내용은 모두 책에 적혀 있다. 이를 성심으로 추구하면 스스로 얻지 못할 게

이익이 작성한 이원진의 「太湖公行錄」(贊曰先生之學 源於太湖 太湖授之以博 先生濟之以世務 據始要終)이나 「磻溪柳先生傳」(五歲通籌數 甚有記性 讀書不過數遍 終身不忘 其舅李監司元鎭 世所稱太湖先生者也 博學多聞 先生從而受業 未成童 已有偉器之稱) 에서도 이원진의 역할이 강조될 뿐 김세렴의 모습은 보이지 않는다. 현대의 이원진 연구자들은 많은 경우 이 자료에 따라 이원진과 유형원의 관계를 정리하고 있는데, 편향적이라 할 수 있다.

116 이런 한탄은 초기에 작성된 유형원 행장에 나타난다(金瑞慶, 「磻溪柳先生行狀」, 『澹溪遺稿』, “常日 吾少時 不得賢師 枉費工夫 年來讀書 漸知其味 而衰病浸尋 人事漸廣 有不得如意者”). 유형원의 행장은 시간을 달리하여 모두 3종이 만들어졌다.

없다."[117]는 태도로 스스로 자신의 세계를 만들어 나갔다.

유형원의 성장에 큰 도움을 준 또 다른 이로는 그와 동년배 친구들이 있었다. 유형원은 관직 생활을 하지 않았기에 관직을 통해 얻은 우인(友人), 지인(知人)은 존재하지 않았다. 그런 까닭에 혈연과 지연, 학연을 통해 맺어진 친구들은 그지없이 소중한 존재들이었다. 유형원은 이들과 교유하며 생각을 나누고 의지를 다졌으며 여러 경험을 공유했다. 유형원과 교유한 친구들은 몇 무리로 구분할 수 있다.

우선 고모부 김세렴과 관계가 있는 친구들이다. 김세렴의 아들인 김익상(金翊相)[118]과 김필상(金弼相), 김준상(金儁相), 김세렴의 사위인 이가우(李嘉雨), 신향(申晑)[119]이 그들이다. 서로 내외종 간이었던 이들은 비슷한 또래였기에 성장기에는 늘 붙어 다녔다. 김세렴의 임지를 찾아 같이 여행을 떠나거나 또 동반해서 전국의 명산대천을 유람하는 모습을 여러 자료에서 목도할 수 있다.

이 가운데 이가우는 요절하여 유형원과 일찍 헤어졌지만 유형원에게 특별한 기억을 남겼던 인물로 보인다. 그는 대북계 관료 이경항(李慶恒)[120]의 아들로, 문장에 뛰어난 재주가 있고 수술(數術)에 능통하며 풍수에 조예가 밝았다고 한다. 유형원과 함께 전국의 산천을 즐겨 유

---

117 金瑞慶, 「磻溪柳先生行狀」, 『澹溪遺稿』.

118 『반계유고』 제1부, 文川別外弟翊相.

119 申翊聖의 다섯 번째 아들이다. 申晑의 위 형으로 申冕, 申昇, 申炅, 申最 등이 있다.

120 『仁祖實錄』 권19, 인조 6년 12월 25일[辛亥], "李慶恒爲刑曹佐郎 慶恒初學於任叔英, 後背叔英, 出入爾瞻之門 反正初, 削名儒籍, 其族李曙以書脅館儒解之, 遂得登第, 士論憤之"

람했다.[121] 이가우의 동생으로는 이서우(李瑞雨)가 있다. 이서우는 유형원과 직접 교유하는 사이는 아니었지만 17세기 남인 시맥(詩脈)의 종장이라고 평가받을 정도로 서울·경기 지역 남인 시단에서 큰 비중을 차지했다.[122]

유형원의 또 다른 우인으로 서울에서 사귄 비슷한 연배의 유자(儒者)들이 있었다. 권수(權脩), 정동익·정동직·정동룡 형제, 이수경, 배상유(裵尙裕), 박자진(朴自振) 등을 꼽을 수 있다. 권수는 북인 훈신 권진[123]의 아들로 허후에게서 배웠고 정동익·정동직·정동룡 형제는 허목의 동문인 정희성(鄭希聖)의 아들이었다.[124] 정동익은 유형원의 존재를 허목에게 알린 장본인이다. 유형원은 허목을 알게 된 후 그에게 글씨를 요청하거나 김세렴의 행장, 문집의 서문[125]을 부탁하기도 했다. 이수경은 광해~인조 대에 활동했던 이덕형의 손자이자 이행원(李行遠)의 아들로 당색은 북인에 속했다. 배상유는 경상도에 살았으며 유형원의 아들 유하(柳昰)를 사위로 맞아들였다. 박자진은 유형원과 동국지지

121 『磻溪先生年譜』, 1644년(23세)조.

122 여기에 대해서는 윤재환(2012), 『조선후기 근기남인 시맥의 형성과 전개』, 문예원, 104~105쪽.

123 권진에 관한 실록의 평가는 다음과 같다. "縉少有幹辨之才 爲人兇險貪鄙 癸丑之獄 擔當鉤距 以媚主意 交結宮禁 顯行賄賂 王惑之 故有是命 蓋李冲李溟之類而特論與爾瞻大同而少異矣(『光海君日記』[중초본] 권101, 광해 8년 3월 16일 丙戌)". 인조반정 후 권진은 경상도 양산으로 유배되었다가 경상감사 閔聖徵에게 죽음을 당하였다(『仁祖實錄』 권2, 인조 1년 5월 6일[乙未]; 『仁祖實錄』 권4, 인조 2년 2월 26일[庚戌]; 『記言』 권40, 權判書墓碑).

124 『記言』 別集 권11, 鄭君兄弟字說.

125 『記言』 別集 권8, 東溟金學士遺卷序 丁未, "不佞年老 索居漣上 柳君馨遠寄示東溟金學士遺文六卷 仍屬之"

(東國地誌)의 내용을 두고 깊이 이야기를 나누는 사이로[126] 광해군 때 영의정을 지내다 인조반정(1623)이 일어나자 자결한 박승종(朴承宗)의 당질(5촌 조카)이고 홍인우의 증손인 홍유형(洪有炯)의 사위이기도 했다. 유형원이 이들과 사귀는 과정은 분명하지 않으나, 유형원이 부안으로 내려가 살기 전에 그 만남이 시작되었으며, 그 우의(友誼)는 부안에서도 지속되고 아들 대로 이어지기도 했다.

벗들 가운데 가장 인상적인 관계를 맺었던 인물은 권수, 정동직, 정동유, 배상유였던 것으로 보인다. 유형원은 이들과 '고인(古人)을 좇고 경세(經世)의 술책을 찾으려' 서로 의기를 같이했고,[127] 이기설·인심도심설에 대해 의견을 주고받았으며,[128] 『반계수록』을 두고 생각을 나누기도 했다.[129]

정동직은 허목과 유형원의 만남을 가교했다. 원래 허목과 유형원은 안면이 없었으나 유형원은 정동직을 소개로 그와 인연을 맺었다.[130] 유형원은 『반계수록』이 거의 완성되던 무렵에도 허목과 많은 이야기를 나누는데, 이 만남 이후 허목은 유형원이 왕정(王政)을 보좌할 재주를 가진 인물이라고 높게 평가하였다.[131]

---

126 『반계유고』 제2부, 與朴進士自進論東國地志.

127 세 사람 사이에 주고 받은 시 여러 수가 『반계유고』에 실려 있다. 『반계유고』 제1부, 酬永叔 『반계유고』 제1부, 權永叔寄來憶兩友詩 和其韻 酬永叔 兼寄鄭文翁; 『반계유고』 제1부, 有所思一首 寄權永叔鄭文翁; 『반계유고』 제1부, 酬永叔 兼柬文翁.

128 『반계유고』 제2부, 與鄭文翁東稷論理氣書; 『반계유고』 제2부, 又論人心道心書.

129 『반계유고』 제2부, 答鄭伯虞問隨錄書; 『반계유고』 제2부, 答裵公瑾論學書.

130 『記言』 別集 권8, 東溟金學士遺卷序 丁未.

131 1694년 盧思孝 등이 유형원에게 褒賢之典을 내려달라고 상소문을 올릴 때, "若

유형원 공부의 폭은 넓었고 또 독자적이었다. 독서와 사색, 친구들과의 활발한 토론을 통하여 그는 큰 학자로 성장했다. 서가에 만권의 서책이 꽂혀 있었다고 하니 접할 수 있는 지식의 양 또한 적지 않았을 것이다. 이 과정에서 유형원은 서경덕 학문의 틀을 벗어나는 변화를 이루었다.[132] 이는 유형원이 서경덕계 학통에서 성장하고 그 분위기를 향수(享受)했으되, 그 한계 속에 갇히지 않는 면모를 보이는 점이라고 정리할 수 있다.

유형원은 이(理)와 기(氣)의 관계를 '기의 리' 차원에서 이해한 서경덕의 이론을 인정하지 않았다. 공부 초기에 그는 서경덕의 설명에 크게 끌렸으나, 시간이 지나면서 이같이 보게 될 경우 많은 무리가 생긴다고 생각했다.[133] 그는 기와 분리되지 않으면서도 실제로는 기에 종속되지 않는 '실리(實理)' 개념을 주희(朱熹)를 통해서 확인하고, 이를 전면적으로 수용하였다. '기의 리' 체계에서 보이는 기를 중시하는 사고에서 리를 중시하는 방식으로의 대전환이 일어난 것이다.[134] 이러한

此而不崇奬其人 不表章其書 豈非聖世一大欠典也哉 若其稟質之粹美 見識之絕卓 篤志修行之懿 好學信道之微 又不可縷述而藻陳 故先正臣許穆 嘗以王佐之才 稱之"(『磻溪隨錄』 附錄, 京外儒生進士盧思孝等疏 甲戌三月 封進)라고 하여 허목의 발언을 거론했다.

132 동시에 그는 서경덕 학통의 선배 학자로부터 새로운 사유를 접하며 자신의 견해를 세울 수 있었다. 극복과 전승의 양상이 병행하여 일어났다.

133 여기에 대해서는 『반계유고』 제2부, 與鄭文翁東稷論理氣書 참고.

134 유형원의 성리학적 사유는 '實理論'과 연관하여 이해되고 있다(李佑成(1988), 「초기 실학과 성리학과의 관계-磻溪 柳馨遠의 경우」, 『東方學志』 58; 김준석(2005), 앞 책, 제2장의 Ⅱ). 필자는 유형원이 초기에는 氣一元論에 경도되어 있다가 훗날 '실리론'으로 변화한 것으로 이해한 바 있다(정호훈(2004), 앞 책, 211쪽). 근래 '실리론'에 대한 기존 연구를 비판적으로 검토한 신혜연의 글은 유형

전환은 그 개인에게서 일어난 사건이자 서경덕계 학통 내에서의 큰 변화였다.

이의 독존성, 이의 절대성을 확인하는 일은 결국 윤리 도덕의 영역에서 천리(天理)와 인욕(人欲)의 대립 구도를 명확하게 하는 것에 다름 아니었다. 천리 추구가 분명한 목표가 되므로 이를 위해 인욕을 억제하는 일 또한 강렬한 의미를 지니게 되었다. 유형원은 그 누구보다도 강하게 천리의 실현을 고민하는 학자로 변화하고 있었다.

유형원에게서 이러한 사고의 전환은 명나라의 멸망, 청나라의 중국 및 조선 지배를 천리가 무너지고 인욕이 지배하는 상태에서 초래된 사태로 이해하고, 그 사태를 돌이키기 위해서는 인욕을 배제하고 천리를 회복하기 위한 노력을 치열하게 경주해야 한다는 의식과 맞물려 있었던 것으로 보인다.[135] 그것은 곧 이 치욕은 오랜 폐단에서 온 것이니 근본을 궁구하여 폐단을 제거하지 않으면 올바른 상태로 되돌이킬 수 없다는 사고이기도 했다. 칠흑의 암흑 속에 있는 세상을 벗어남에 천리의 절대 도덕률은 어둠을 밝히는 환한 등불로 다가왔을 것으로 여겨진다.

유형원에게서 일어난 사유의 전환 과정은 주자학에 대한 치열한 공부 위에서 이루어진 것으로 보인다. 기에 구애되지 않는 실리는 주자

원 사상의 이해에 큰 도움을 준다.(신혜연(2022), 「'유형원의 실리론' 분석-실리의 강조는 '주리'적 사유로의 轉回인가-」, 『東洋哲學』 57)

135 『磻溪隨錄』 권26, 書隨祿後, "念自王道廢塞 萬事失紀 始焉因私爲法 終至戎狄淪夏 至如本國 則因陋未變者多 而加以積衰 卒蒙大恥 天下國家 蓋至於此矣 不變廢法 無由反治 顧弊之爲弊也 其積漸數百千年 以謬襲謬 仍成舊規 繆錯相因 有如亂絲 不究其本而祛其棼 無以救正"

학의 핵심 개념인바, 유형원은 주자학의 여러 문헌을 읽으면서 이 관념을 탄탄하게 세울 수 있었던 것이다.[136] 현전하지는 않지만, 부안 시절 그가 정리한 『주자서찬요(朱子書纂要)』 15권,[137] 『이기총론(理氣總論)』 1권은 그러한 공부의 과정을 담은 결과물로 보아 좋다.

주자학의 학습을 바탕으로 '실리'가 중심에 서는 이기설을 확립하며 유형원은 종래 주위에서 느껴볼 수 있던 지식 세계를 넘어서게 되었다. 그러나 유형원은 서경덕계의 학문 전통을 완전히 부정하거나 벗어나지 않았다. 오히려 새로운 사유의 모형·근거를 그 전통 내에서 찾아내었다. 그의 생각을 사로잡은 것은 한백겸(韓百謙)의 학문 성과였다. 한백겸은 유형원이 발견한 최고의 학자, 최고의 모델이었던 것으로 보인다. 한백겸이 제기한 몇 가지 주장을 그는 최대한 긍정하며 끌어안았다.

'기전설'을 긍정하고 이를 『반계수록』 토지제의 근거로 활용한 사안은 가장 중요한 점이다.[138] '유형원이 보기에 '전자형' 토지는 옛 성인의 제도이며, 현실적으로 쉽게 실현할 수 있는 법제라는 장점을 지니고 있었다.

---

136 유형원이 '실리'를 중시하게 된 것은 이황의 '주리론'을 수용한 결과라는 견해가 지배적이다. 그러나 유형원의 실리에 대한 이해는 그 스스로 주희의 사유를 정리한데서 온 것으로 보는 것이 온당하다는 생각이다. 유형원이 자신의 사유를 정리해가는 과정은 『磻溪雜藁』, 與鄭文翁東稷論理氣書의 다음 구절이 잘 보여준다. "至於朱子之說 則直是可疑者多 思之反復……更聚集繫辭傳及朱程之書 從容以觀 覦然似有覺得 蓋理氣渾融無間 雖氣外無理 然理非因氣而有也……"

137 1667년 46세 때에 완성했다(柳發 草綠·安鼎福 修輯·李家源 校, 『磻溪先生年譜』, 1667년 조).

138 정호훈(2017), 「조선후기 새로운 국가구상의 전통과 『경세유표(經世遺表)』-『반계수록』 이래 남인(南人)의 전제론(田制論)과 결부하여-」, 『東方學志』 180.

> 한구암(韓久菴—구암은 한백겸의 호)의 「기전도설(箕田圖說)」을 살피면, 평양의 기자전(箕子田)은 70무(畝)를 1구(區)로 하고 4구를 1전(田)으로 했다. 〈곧 기자형(田字形)이다〉 구를 경계 짓는 길은 넓이가 1무이고, 전을 경계 짓는 길은 넓이가 3무이다. 그러므로 4구를 1단(段)으로 삼는 것은 또한 옛 성인의 제도이다.[139]

유형원은 또한 한백겸의 심의설(深衣說)을 『반계수록』의 속편 '의관(衣冠)' 조에서 전면 수용하였다. 의관은 중국의 제도를 따르는 것이 적절하다고 보았던 유형원은 공복(公服), 부인복(婦人服), 관리복(官吏服)을 제시하고, 심의는 한백겸의 심의설을 따르면 된다고 하며[140] 그 내용을 도설(圖說)로 소개했다.[141]

한백겸의 인심도심설에 대한 이해 또한 유형원은 긍정했다.[142] 이황, 이이가 인심도심에 대한 견해를 제시하기도 있지만 인심도심의 의미를 가장 정확하게 이해하는 사람은 한백겸이라는 것이 그의 판단이었다.

요컨대, 유형원의 새로운 사유는 서경덕계 학통의 연원에 대한 비판 위에서 전개되었다. 유형원은 주자학에 대한 깊은 학습 위에서 서경덕의 이기론을 벗어났다. 세계와 인간을 이해하는 기본적인 사유가

139 『磻溪隨錄』 권1, 田制 上.

140 『磻溪隨錄』 권25, 續篇 上, 衣冠, "深衣 依韓氏說"

141 한백겸 심의설의 성격에 대해서는 정혜경 외(1989), 「조선시대 심의 유형에 관한 연구」, 『한국의료학회지』 13-1; 고영진(1995), 『조선중기 예학사상사』, 한길사, 제4장 참고.

142 이우성 편, 1990, 『磻溪雜藁』, 又論人心道心書, "人心道心之說 惟近來韓久菴之言 最明白得聖賢本旨 但其圖說分配 似有未盡當者 未知如何."

이기론이었으므로 유형원이 펼쳐갈 '경국제시(經國濟時)'[143]의 방식 또한 이전과는 크게 달라질 수 있었다. 유형원은 그러면서도 한백겸이 이루어놓은 고대의 제도, 고대의 예법에 대한 성과를 버리지 않았다. 선대 학자들 그 누구보다 그는 한백겸을 주목하고 중시했다.

유형원이 만들어 나간 새로운 사회 새로운 국가의 구조는 그가 읽고 사유하고 경험한 여러 사실들을 촘촘하게 직조하며 이루어졌지만, 그 출발은 어찌 보면 서경덕 학문—학통에 대한 이러한 전환과 전승 위에서 가능했다고 할 수 있을 것이다.

2) 『반계수록』의 정치론: 천리 · 인욕의 법제론과 국가구상

『반계수록』은 유형원이 나이 30세 되던 해 착수하여 49세에 완성되었다.[144] 경기도에 거주하던 중 집필을 시작했다가 부안으로 거처를 옮긴 뒤 마무리했으니, 20여 년이 걸린 긴 여정의 산물이라 하겠다. 이 기간 그는 경세제민의 큰 뜻을 품고 경서를 탐구하고 중국과 조선 학자들의 정론을 정리했으며, 환자(還上) · 대동법과 같은 조선의 법제를 깊이 분석했다. 『반계수록』은 역대의 이념 정수와 조선의 현실이 유형원의 체험 속에서 어울리며 만들어진 책이었다.[145]

143 『磻溪隨錄』 附錄, 京外儒生進士盧思孝等疏 甲戌三月 封進, "學可以經世 才可以濟時"

144 유형원의 생애는 柳發 草綠 · 安鼎福 修輯 · 李家源 校(1990), 『磻溪先生年譜』, 여강출판사에 자세하다.

145 이하 『반계수록』의 서술은 「반계수록과 18세기 조선의 정치사상」, 『국제적 시각에서 본 반계 유형원의 실학사상』(정호훈(2017), 한국실학학회), 「조선후기 새로운 국가구상의 전통과 『경세유표(經世遺表)』 – 『반계수록』 이래 남인(南人)의 전

총 26권으로 구성된 『반계수록』에서 다루는 법제는 토지제를 비롯한 경제제도, 정치제도, 군사제도, 인재 선발 및 양성제도, 신분제도 등 국가 전 영역을 포괄하고 있다. 유형원은 새로운 법제 구상, 그리고 그 구상을 뒷받침하는 경전·역사적 근거 두 요소를 축으로 『반계수록』을 구성하며, 이들 법제의 실제와 역사적 현실적 근거를 세세히 제시했다.[146] 첫 머리의 「전제」(총 4권)를 비롯, 「교선지제(敎選之制)」(2권), 「임관(任官之制)」(1권), 「직관지제(職官之制)」(2권), 「녹제(祿制)」(1권), 「병제(兵制)」(2권)와 「속편(續篇)」(2권), 미완성의 「군현제(郡縣制)」[147]가 법전적 구상의 핵심이라면, 「전제고설(田制攷說)」(4권), 「교선고설(敎選攷說)」(2권), 「임관고설(任官攷說)」(1권), 「직관고설(職官攷說)」(2권), 「녹제고설(祿制攷說)」(1권), 「병제고설(兵制攷說)」(2권) 등은 『반계수록』을 만들며 열람했던 자료를 집성해 둔 자료집이다.

『반계수록』에서 형태상 드러나는 최고의 특징은, 기존 연구에서 대체로 언급한 대로, 공전제를 중심에 두고 국가를 구상한 점이다.[148] 공

제론(田制論)과 결부하여-」(정호훈(2017), 『東方學志』 180) 두 글을 주로 참고했다.

146 『반계수록』은 1770년에 간행된다. 현재 남아 있는 간본의 구성은 크게 두 형태를 보이는 것으로 보인다. 그러나 두 간본 간 내용 차이는 없다.
가. 버클리대본: 磻溪隨錄序(李瀰) 부록(傳, 行狀, 京外儒生進士盧思孝等疏, 承旨梁得中疏), 隨錄序, 隨錄總目, 권1 田制~권26 續篇下. 목판으로 10행 20자.
나. 규장각본: 磻溪隨錄序(李瀰), 隨錄序, 隨錄總目, 권1 田制~권26 續篇下, 부록(傳, 行狀, 京外儒生進士盧思孝等疏, 承旨梁得中疏). 목판으로 10행 20자.

147 「郡縣制」는 『磻溪隨錄』에 포함되어 있지 않으며, 1783년(정조 7)에 후손 柳明渭가 주도하여 『隨錄補遺』란 이름으로 별도로 간행했다.

148 이에 대해서는 김준석(2003), 앞 책; 최윤오(2001), 「반계 유형원의 정전법과 공전제」, 『역사와 현실』 42; 최윤오(2012), 「반계 유형원의 公田·私田論과 公田

전제 실행안을 담은 「전제」를 『반계수록』의 제일 처음에 배치한 것도 이 때문이었다. 공전제는 개개인이 소유하고 있는 토지를 국가가 몰수하고 이를 다시 신분·직역에 따라 차등적으로 재분배하여 운영되도록 기획되었다. 지주전호제가 지배하는 현실을 해체하는 법제였다.

공전제는 『반계수록』 국가상의 기본 전제였다. 유형원은 이 제도를 『주례』 『맹자』 등에 거론된 정전법을 모범으로 삼아 구상했다. 왕도정치를 구현한 삼대 사회의 제도를 조선에서 실현한다는 지향이었다. 물론 과거의 법제를 그대로 모방하지는 않았다. 정전법이 공전(公田)과 사전(私田)으로 구성되어 운영되었다면[1대 8의 구성], 공전제 구상에서 사전은 빠지고 온전히 공전만 존재했다. 과거의 사유와 방법을 새롭게 재해석한 『반계수록』만의 개성이었다고 할 수 있겠다. 『반계수록』의 공전제는 토지의 분배 방식, 공전 구획 방식에서 구체적으로 다음과 같은 내용을 갖는다.

우선, 토지의 분배방식이다. 『반계수록』에서는 모든 토지를 공전으로 삼고 사전은 허용하지 않는 원칙에서, 농민에게 1경(頃)을 지급하고, 사대부에게는 최대 12경을 지급하도록 했다.[149] 대부·사로부터 농민·상인에 이르기까지 모든 신분·직역에 토지를 분배하되, 사족은 우대하여 다른 직역보다 재분배의 면적을 크게 잡는 방안이었다. 여기서 무당·박수·광대·승도(僧徒) 등에게는 토지 지급을 인정하지 않

制 계보」, 『梨花史學硏究』 46; 최윤오(2013), 「반계 유형원의 봉건·군현론과 공전제」, 『東方學志』 161 등에서 자세히 살필 수 있다.

149 농민에게 지급하는 농지 지급 면적을 1頃으로 한 것은 농민 1家(5-8口)의 유효노동력과 지급 가능한 토지가 최대 1경에서 일치한다고 보았기 때문이었다(김준석(2003), 앞 책, 155쪽).

았다.[150]

다음, 공전의 구획 방식이다. 이것은 공전제의 운영과 직접 연결되는 사안이었는데, 『반계수록』에서 공전의 토지는 100무(畝)를 1경으로 하고, 4경을 1전(佃)으로 하여 하나의 단위를 이루도록 했다. 경 사이에 작은 경계를 두고 매 전 사이에는 큰 경계를 두어 도로와 수로(水路)를 내도록 구상했다. 1경은 1명의 농부가 지급 받아 경작하는[占受] 토지이며, 1전은 4명의 농부가 경작했다. 이때 농부 4명은 1인의 군병(軍兵)과 3인의 보인(保人)으로 짝을 맞추어 군사적인 일까지 맡도록 했다.[151] 공전제에서 세금은 소출의 1/20을 내도록 규정했다.

이 법 체제 속에서 모든 토지는 공전 곧 국가적 토지로 존재하나 사전 곧 개인 소유지 혹은 개인 경작지는 존재하지 않았다. 『반계수록』의 공전제는 사전의 존재를 상정하지 않았다. 유형원에게서 공전제 시행이야 말로 제대로 된 정치를 위한 최고의 방법이었다.

> 공전의 법은 지극히 순리적이고 안전하며 간단하고 긴요하니, 무엇을 꺼려 실행하지 않는가? 제왕이 천하 국가를 다스릴 때 이것 외에는 달리 다른 법이 없다. 후세에 끝까지 행하지 못한다면 끝내 제대로 다스려지는 사회를 기대할 수 없을 것이다. 영명한 군주가 단행한다면 고금(古今)도 상관 없고 화이(華夷)도 무관하니, 본래 행하지 못할 것이 없다.[152]

공전제적인 토지개혁, 그리고 그에 기반한 국가 법제의 구축은 쉬운

150 『磻溪隨錄』 권1, 田制 上, "凡巫覡優倡僧道之類 不得受田"
151 『磻溪隨錄』 권1, 田制 上, 分田定稅節目.
152 『磻溪隨錄』 권2, 田制 下.

일일 수 없었다. 역사적으로 이와 유사한 논의들이 지속되어 왔지만, 실제 현실화하지 못했다. 이상적인 사상이 정책으로 구현되기에는 적지 않은 어려움이 있었던 것이다. 공전제를 최고의 제도로 내세우고 이를 실현 가능성이 있다고 여기는 『반계수록』의 태도는 그런 점에서 특별했다. 여기에는 유형원이 판단한 바, 공전제에 대한 이념적인 자신감, 역사현실적인 실현 가능성이 밑받침되어 있었다.

우선 들 수 있는 점은 이 제도에 내함된 절대 정당성이었다. 유형원은 신국가 법제의 당위를 삼대의 고법·고제로부터 구하였다. 이때 그는 고대와 현재의 법제를 천리와 인욕의 개념으로 구분하여 그 성격을 따졌다. 현재의 법제는 인욕을 담고 있는 제도이고 삼대의 고제는 천리를 실현하고 있으므로, 국가를 제대로 다스리기 위해서는 삼대의 법제가 필요하다는 인식이었다.

> 삼대의 법은 모두 천리(天理)를 제도화한 것이고 후세의 법은 모두 인욕(人慾)을 제도로 만든 것이다. 인욕의 제도를 시행하면서 국가가 다스려질 것이라 생각하니, 천하에 어찌 이런 이치가 있겠는가?[153]

> 삼대의 제도는 모두 천리를 따르고 인도(人道)를 좇아서 만들었으니, 그 요체는 만물이 그 자리를 얻지 못하는 일이 없게 하여 사령(四靈: 기린 등 태평성대를 상징하는 네 동물)이 반드시 이르게 함에 있다. 후세의 제도는 (중략) 옛 법제와는 정반대이다.[154]

153 『磻溪年譜』, 答鄭伯虞(東益)問隨錄書.

154 『磻溪隨錄』 권26, 書隨錄後.

여기서 천리 개념은 인욕과 함께 주자학의 핵심을 이룬다. 앞 절에서 본 바, 이(理)의 절대성을 받아들인 그의 사고가 새로운 국가의 바탕이 되었음을 알 수 있다. 삼대 이래의 제도를 천리와 인욕 개념으로 구분하고, 천리의 제도를 복원할 것을 주장하는 의식은, 천리·인욕의 도덕적 가치를 법제·제도와 연관하여 통일적으로 파악하려는 태도였는데, 이러한 생각은 무엇보다 변법 개혁의 당위·필요성을 '천리'의 절대 가치와 결합함으로써 극대화하고자 하는 의미를 지닌다고 할 수 있을 것이다. 『반계수록』의 법제는 천리의 절대성을 전제한 제도, 그런 까닭에 이 제도는 그 어떤 요인도 방해하지 못하는 최고의 정당성을 지니고 있는 셈이었다.

유형원이 가졌던 또 다른 자신감은 이 제도의 실현 가능성을 역사적으로 보증 받을 수 있다는 점이었다. '전자형' 토지 구획과 토지 분배로 구현되는 『반계수록』의 방식은 공전 1구와 사전 8구 형식으로 토지를 구획하였던 정전법과는 형태상 일치하지 않았다. 『반계수록』에서는 공·사전 구분 없이 공전으로 일원화되어 있었다.

정전법의 토지 구획 방식은 아무리 평평한 들이라 할지라도 적지 않은 공력을 필요로 했다. 역사상 정전법을 고대 성인의 제도로 여기면서도 시행하기 어려움을 문제 삼는 것은 대체로 '정전(井田)' 형식으로 구획하는 것이 쉽지 않기 때문이었다. '전자형'의 토지 구획은 이에 비하면 비교적 단순하여 공정이 그렇게 어렵지 않을 수 있었다. 정전법에 비한다면 '전자형' 구획법은 실현 가능성이 상대적으로 큰 편이었다.

그러나 이 제도가 가지는 문제는 삼대 성인(聖人)의 전제와 직접적인 상관이 있는가 하는 점이었다. 앞서 본대로 유형원은 삼대 성인의 제도는 천리를 구현하는 절대성을 가지고 있다고 인식하고 있었다. '전자형' 토지 구획이 그 정당성을 보증 받으려면 성인의 법제와 연관되어야 했다. 유형원은 그 근거를 한백겸의 기전설에서 구하였다. "4구를 1단(段)으로 삼는 것은 옛 성인의 제도"였다.[155]

『반계수록』에서 공전제는 단순히 토지제도에 머물지 않았다. 국가의 모든 법제를 이 제도와 연관하여 구성하자는 것이 『반계수록』의 방법이었다. 공전제와 연계하여 부세제의 틀을 잡고 병역(兵役)을 운용하며, 토지 분급의 정도와 귀천의 신분·직역제를 일치시키고자 했다. 백성의 삶이 안정되고 풍속이 순후하여 교화가 실행될 수 있는 것도 모두 공전제와 연관되어 있다는 것이 『반계수록』의 관점이었다. 다음 언급은 『반계수록』의 일부 모습을 드러낼 뿐이지만, 이 책 구성상의 특징을 선명하게 보여준다.

> 공전제가 한번 실행되면 백 가지 제도가 따라서 해결될 것이니, 빈부(貧富)가 절로 균평해지고 분수(分數)가 절로 정해지고 호구(戶口)가 절로 밝혀지고 군오(軍伍)가 절로 정리된다. 오직 이와 같이 된 다음에야 교화(敎化)가 이루어질 것이다.[156]

『반계수록』에서 구상하는 국가의 구조는 근본적으로 이 공전제에 규정된다고 할 수 있을 것이다.[157] 그렇다면 공전제의 구상과 실현을

155 『磻溪隨錄』 권1, 田制 上.

156 이우성 편(1990), 『磻溪雜藁』, 여강출판사, 125쪽.

157 여기에서는 공전제 외 『반계수록』에서 펼치는 여러 법제의 구체적인 내용에 대해서는 언급하지 않는다. 정치제도를 비롯한 여러 구상에 대해서는 기존의 여러 연구들을 참고할 수 있다. 金武鎭(1985), 「磻溪 柳馨遠의 郡縣制論」, 『韓國史研究』 49; 金駿錫(1993), 「柳馨遠의 政治·國防體制 改革論」, 『東方學志』 77

두고 드러나는 문제의식은 이 새로운 국가의 운영에 작동하는 정치사상의 핵심이기도 했다. 『반계수록』의 문제의식, 그리고 정치사상은 다음 몇 가지로 정리할 수 있다.

첫째, 법제(法制)의 구현을 통한 덕치의 실현을 지향했다. 법제가 천리와 인욕과 연관한다는 사고는 천리·인욕의 도덕적 가치를 법제·도와 연관하여 통일적으로 파악하려는 태도였는데, 이러한 생각이 갖는 근본 특성은 법제·제도와 천리·인욕의 도덕성을 분리하여 생각하지 않는 점이었다.[158] 그의 생각은 천리·인욕의 이원 대립항에 기초하여 인간의 행위를 판단하고 규율하려는 주자학과 비교해본다면, 그렇게 큰 차이가 나는 것은 아니었다.[159] 하지만 『반계수록』의 방식은 주자학에서 정치의 기본 원칙과 방향을 군주를 비롯한 치자(治者) 일반의 도덕성 확립에서 구하고자 한 점과는 크게 달랐다.

『반계수록』의 정치론이 가지는 주된 특징은 여기에 있었던 것으로

·78·79 합집; 白承哲(1998), 「磻溪 柳馨遠의 商業觀과 商業政策論」, 『韓國文化』 22; 백승철(2000), 앞 책, 제3장; 오영교(2001), 앞 책, 제5장.

158 유형원의 생각은 제도·법제 그 자체에 강한 도덕성을 부여함으로써 본질상 가치우위론의 성격을 지니고 있었다. 儒家에서 공통으로 설정하는 바, 삶의 대의를 법제화를 통하여 실현하려는 사고였다. 이 점에서 그의 생각이 근본주의, 원리주의적 성격을 지니고 있음을 확인할 수 있다(정호훈(2004), 앞 책, 220~221쪽 참고).

159 그러나 그의 생각은 한편으로 道德의 실현 여부와 法制와의 관계를 부차적 종속적 측면에서 대립적으로 파악해온 주자학의 논리를 뛰어넘는 측면이 있었다. 柳馨遠 법 이론이 의미 있는 것은 이점이었다. 주자학은 현실의 제반 관계를 절대理의 理念으로 규율하고 규제하는 가운데 유지 존속시켜 가고자 하는 측면이 강했다. 현실의 변화와 기존 질서의 붕괴가 빠르면 빠를수록 그 대응으로서 도덕명분의 강화가 강조되었다. 이념이 현실을 능가하며 도덕이 법제에 우선하는 사고였다 할 것이다.

판단된다. 『반계수록』의 사유는 여기서 한 걸음 더 나아가, 도덕의 정치를 법제를 통하여 실현한다는 점에서 볼 때 '법치(法治)'의 방식과 그렇게 다르지 않았다. 물론 여기서의 법치는 한비자(韓非子)·이사(李斯)류의 법치와는 엄격히 구분된다.

둘째, 국가의 법제 제정과 운영에서 국가의 적극적 역할을 중시하는 사고를 구체적으로 드러내었다. 천리-인욕론과 국가 법제를 통일시키고자 한 『반계수록』의 정치론은 개인의 경제 영역에 대해 국가가 간여(干與) 혹은 개입하는 방식을 통해 변화를 만들고 또 그 질서를 유지하는 점을 중시하는 성격을 지니고 있었다. 지주전호제와 같은 사적인 경제 영역을 철폐하고 공전제로 바꾸어 시행해야 한다는 생각도 결국은 사유·사유제에 대한 국가의 간여와 개입, 그것을 바탕으로 변혁을 이루어야 함을 극대화하는 사고였다. 이 점에서 본다면 『반계수록』은 정치와 법제 운용상 강한 힘을 갖는 국가를 전면화한 새로운 형태의 정론서였다.

셋째, 사유제의 전면 부정과 공유제의 절대 긍정 의식이다. 『반계수록』에서는 사회가 제대로 다스려지고 구성원들을 행복하게 하는 조건은 공전에 있다고 보아, 사전이 가진 성격과 극단으로 대비하며 그 특성을 드러내었다. 이 시기 농업·농민 문제, 나아가 사회 문제의 근간을 사유제에 기반한 경제 제도에서 구하는 사고이다.

> 공전(公田)은 공변되고 균등하며, 사전(私田)은 사적이고 편중되었다. 공(公)이 되면 백성의 산업은 항상성을 유지하고 인심은 안정되며 교화가 이루어지고 풍속이 두터워지며 모든 일이 자기 분수를 얻지 못하는 경우가 없다. 사(私)는 일체 이와 반대이다.[160]

『반계수록』은 당대 조선에서는 찾아볼 수 없던 몇 가지 중요한 정치사상적 문제를 담은 저술이었다. 이 책에서의 국가 구상은 '경국대전체제'와는 사뭇 달랐고, 여기서 제시하는 정치사회 운영론 또한 일반적인 의견을 벗어나 있었다. 집필된 시점에 『반계수록』의 새로운 내용은 그렇게 드러나지 않았지만, 그의 사후 조선 사회에 이 책이 알려지면서 학계 사상계 일각에서는 적지 않은 충격을 받았다. 무엇보다, 오랜 역사 속에서 형성된 사유재산제를 일거에 혁파하여 공유제로 전환하여 운영하는 것이 가능한가 하는 점이었다. 『반계수록』의 구상이 실현된다는 것은 조선의 혁명적 변화를 재래(齎來)하는 일이었기에, 그 이상에 심정적으로 동조한다 할 지라도 실제 그 방식대로 추진하는 것은 그렇게 간단하지 않았다. 그의 사유가 삼대의 이상론, 왕도론(王道論)에 근거하고 있었지만, 그 사실이 반드시 혁명적 구상을 현실화하는 힘으로 작용할 수 있는 것은 아니었다. 그런 만큼 조선 학계에서 『반계수록』을 이해하고 또 그 책으로부터 영향 받아 만들어 가는 정치적 사유는 『반계수록』이 제기한 앞의 문제들을 어떻게 소화할 것인가 하는 점과 밀접히 연관되어 있었다.

4. 맺음말

유형원과 『반계수록』의 학문·사상 연원을 서경덕계 학맥에 있던 인물들과의 교류와 연관하여 살펴보았다. 이들 서덕경계 학맥의 구성원

160 『磻溪隨錄』 권2, 田制 下.

들은, 이황·이이 학통과 마찬가지로, 학적인 사승 관계, 친인척 관계, 정치적 관계를 통하여 서로 교류하고 연결되며 일종의 세력 집단을 형성하고, 개성 있는 사유체계를 세워나갔다. 필자는 유형원 이전 서경덕계 학맥의 변화를 3단계로 나누어 보았다. 이들이 성장하는 과정에는 당쟁 속에서 일어난 사건을 해결하려는 움직임, 당대의 학문적 문제를 풀어가려는 학술적 고민, 전쟁 후의 위기에 처한 사회를 수습하려는 방도에 대한 모색 등 다양한 요소가 계기로서 작용하며 사람들을 연결 짓고 결집시켰다. 그러한 움직임 속에서 뛰어난 감성, 학문적 능력, 열정을 가진 인물들이 우뚝 솟아나 과거를 결산하고 미래를 열어가는 사유를 세우는 성취를 보이기도 했다.

본문에서 살폈듯이, 서경덕에서 연원한 학통의 구성원들은 당색으로는 동인[남인-북인]에 속한 경우가 많았고, 이(理)보다는 기를 더 중시하는 경향을 지니고 있었다. 또한 '박학'으로 이야기될 정도로 다양한 성격의 학문·사상에 관심을 기울였다. 시간이 흐르면서 학통 내부에서는 많은 성과들이 출현하고 체계화되었는데, 그중에서도 2세대의 한백겸, 3세대의 허목은 고대의 법제, 고대의 사유에 대해 깊이 연구하는 개성을 보였다.

한백겸은 '고대의 법제와 문화'를 조선의 시간과 공간 속에 생생하게 재현하여 많은 사람들에게 영감을 주었고, 허목은 학문의 중심을 선진유교(先秦儒教), 육경의 세계에 두는 가운데 다양한 사상·학문을 포섭하려 했다. 앞선 세대에게서는 볼 수 없던 광범위한 지식 교류와 학문 성취를 허목은 수행하고 있었다.

서경덕계 학통 내부에서의 큰 변화는 병자호란을 거치면서 일어났다. 조선의 법 체제와는 다른 새로운 국가구상을 담은 유형원의 『반계수록』은 그 변화를 담은 성과였다. 유형원은 기를 중시하는 서경덕계의 사유를 떠나 이(理) 중심의 사유 체계를 마련하고 이를 바탕으로 공전제에 근거한 새로운 국가를 설계했다.

유형원은 신국가는 천리(天理)를 실현할 수 있는 법제를 구축해야 한다고 생각했으며, 그 천리를 담고 있는 법제의 표본으로 한백겸이 재발견한 '기전'을 수용했다. 『반계수록』의 밑 바닥에 자리 잡고 정치적 사유에 한백겸의 학술은 절대 배제할 수 없는 비중을 지니고 있었다.

이와 같이 살피고 보면, 유형원의 사상과 『반계수록』은 서경덕 학통의 사유에 연원 하되 이를 지양하는 지점에서 만들어지고 발전했다고 할 수 있다. 그런 점에서 『반계수록』과 그 정치론은 서경덕 학통의 전통적 사고가 가지는 성과와 한계를 모두 포괄하면서도 새로운 전망을 여는 개성을 가지고 있었다.

참고문헌

1. 원전

『磻溪隨錄』『隨錄補遺』『磻溪先生年譜』『磻溪雜藁』

『花潭集』(초간본-5간본)『退溪集』『栗谷全書』『恥齋遺稿』『白湖全書』『愚伏集』

『慕堂集』『記言』『水色集』『谿谷集』『愚得錄』『象村集』『久菴遺稿』『芝峯集』『省菴集』『惺所覆瓿藁』『東溟集』『澹溪遺稿』『星湖全集』

『警民編』『松都記異』『芝峯類說』『大東野乘』

2. 저역서

고영진(1995), 『조선중기 예학사상사』, 한길사.

김승대(2020), 『반계 유형원 새로운 조선을 꿈꾸다』. 흐름.

김준석(2003), 『조선후기 정치사상사연구』, 지식산업사.

김태영 외(2013), 『반계 유형원 연구』, 사람의 무늬.

朴仁鎬(1996), 『朝鮮後期 歷史地理學硏究』, 이회.
백승철(2000), 『조선후기 상업사 연구』, 혜안.
신병주(2000), 『남명학파와 화담학파 연구』, 일지사.
오영교(2001), 『조선후기 향촌지배정책 연구』, 혜안.
윤재환(2012), 『조선후기 근기남인 시맥의 형성과 전개』, 문예원.
정호훈(2004), 『조선후기 정치사상연구－17세기 북인계 남인을 중심으로－』, 혜안.
최윤오(2006), 『조선후기 토지소유권의 발달과 지주제』, 혜안.
황광욱(2003), 『화담 서경덕의 철학사상 : 화담 철학과 그 문인의 사상』, 심산.
핸드릭 하멜·김태진 번역(2003), 『하멜표류기』, 서해문집.
임형택 외(2017), 『반계유고』 창비.

3. 논문

金駿錫(1987), 「許穆의 禮樂論과 君主論」, 『東方學志』 54·55·56 합집.
金駿錫(1993), 「柳馨遠의 政治·國防體制 改革論」, 『東方學志』 77·78·79 합집.
金武鎭(1985), 「磻溪 柳馨遠의 郡縣制論」, 『韓國史硏究』 49.
白承哲(1998), 「磻溪 柳馨遠의 商業觀과 商業政策論」, 『韓國文化』 22.
송양섭(2013), 「반계 유형원의 '公' 이념과 이상국가론」, 『조선시대사학보』 64.
송양섭(2022), 「유형원 연구의 시각과 『반계수록』 읽기의 방향」, 『韓國實學硏究』 43.
신혜연(2022), 「'유형원의 실리론' 분석–실리의 강조는 '주리'적 사유로의 轉回인가–」, 『東洋哲學』 57.
尹熙勉(1987), 「韓百謙의 學問과 東國地理誌 저술 동기」, 『震檀學報』 63.
이동인(2019), 「조선중기 화담학파의 계보학과 민순의 문인 양성」, 『서울학연구』 76.
李佑成(1988), 「초기 실학과 성리학과의 관계－磻溪 柳馨遠의 경우」, 『東方學志』 58.
鄭求福(1987), 「韓百謙의 史學과 그 影響」, 『震檀學報』 63.
鄭玉子(1979), 「眉叟 許穆 硏究」, 『韓國史論』 5.
丁垣在(1990), 「徐敬德과 그 학파의 先天學說」, 서울대학교 대학원 석사학위 논문.
정혜경 외(1989), 「조선시대 심의 유형에 관한 연구」, 『한국의료학회지』 13-1.
정호훈(2017), 「조선후기 새로운 국가구상의 전통과 『경세유표(經世遺表)』－『반계수록』 이래 남인(南人)의 전제론(田制論)과 결부하여－」, 『東方學志』 180.
정호훈(2018), 「이수광의 학문관과 정치론」, 『韓國實學硏究』 35.
정호훈(2018), 「조선후기 《花潭集》 간행의 推移와 성격」, 『韓國文化』 84.

천관우(1952·3), 「磻溪 柳馨遠 研究 (上·下)－實學 發生에서 본 李朝社會의 一斷面」, 『歷史學報』 2·3.
최윤오(2001), 「반계 유형원의 정전법과 공전제」, 『역사와 현실』 42.
최윤오(2012), 「반계 유형원의 公田·私田論과 公田制 계보」, 『梨花史學研究』 46.
최윤오(2013), 「반계 유형원의 봉건·군현론과 공전제」, 『東方學志』 161.
한영우(1992), 「이수광의 학문과 사상」, 『韓國文化』 13

반계 유형원의 학문과 사상의 연원 탐색*

–조선중기 북인계 근기남인

신혜연
전북대학교 철학과 강사

1. 머리말

조선 중기 이황(李滉, 1501~1570, 退溪)·이이(李珥, 1536~1584, 栗谷)의 사상을 계승하면서도 그것의 적용과 시행에서 견해를 달리하는 학자들이 대두하였다. 오늘날 우리가 이른바 '조선 후기 실학'이라고 칭하는 학풍을 촉발시킨 일군의 학자들이다.[1] 조선 초기 성리학이 통치 원리로 채택된 후, 16세기에 이르면 성리학은 불교와 도교를 적극적으로 배척하고 사상계를 완전히 지배하는 모습을 보인다. 이때부터는 성리학 내부에서도 '호발설(互發說)', '칠포사(七包四)', '인물성동이(人物性同異)' 등의 문제와 예학에 관한 문제가 정치(精緻)하게 논의되

* 이 글은『강원문화연구』제41집(강원대학교 강원문화연구소, 2020)에 게재한 내용을 수정 보완한 것이다.

1 이들을 연대별로 나열해보면 유형원(1622~1673), 박세당(1629~1703), 이익(1681~1763), 이중환(1690~1756), 신경준(1712~1781), 안정복(1719~1791) 등의 대표적 인물들을 들 수 있다. 하우봉(2013), 305면 참조.

면서 점차 한국 성리학의 독자성이 정립되기에 이른다.[2] 그러는 가운데에서도 두 번의 왜란과 호란을 겪은 조선 사회 내부적인 요소와 양명학, 고증학, 서학 등 새로운 학풍의 영향을 받아 기존의 성리학과는 방법을 달리하는 새로운 학문적 풍토가 싹을 틔우고 있었다. 현실의 모순을 극복하고, 전란으로 파괴된 국가를 재건하기 위해서는 추상적 공론이 아닌 실제적인 학문의 필요성이 절실했기 때문이다.

반계(磻溪) 유형원(柳馨遠, 1622~1673)은 바로 각종 제도개혁에 관한 방대한 저작, 『반계수록(磻溪隨錄)』을 저술함으로써 실제성 추구를 하나의 '학문'으로 체계화한 선구자이다. 그의 『반계수록』 26권은 토지[田制], 교육 및 관리 선발[敎選], 관리임용[任官], 관직[職官], 관리의 봉급[祿制], 군사[兵制], 노예·국가의 예제[續篇]에 걸쳐 전반적인 국가 제도의 개혁을 적극적으로 제시하고 있다. 이전의 개혁 논리가 학연·파당이나 현실적 이해관계를 극복하지 못한 부분적인 개혁론, 혹은 경장안에 그쳤다면 『반계수록』은 조선왕조 집권체제의 기본 법제에 대한 근본적이고, 전면적인 개혁안을 제시하고 있다. 그는 실사를 중시했으며, 학문하는 방법도 박학(博學)으로써 일상·현실적 실제성을[3] 추구하였다. 그의 실학적 선구성을 높이 산 정인보는 그를 가리켜 '실학의 제 일조(第一祖)'라고[4] 평가하였고, 일찍이 반계 실학 연구의

---

2 이 시기가 '조선성리학의 만개기'로 간주된다. 윤사순(1996), 21면.

3 이를 이현일은 "經世有用之學"이라고 하였으며(임형택 외 편역(2017), 624면, 「遁庵柳公隨錄序」), 이익은 "국초 이래로 경세의 재목을 논할 때는 모두 선생을 으뜸이라고 일컫는다(蓋國初以來, 論經世之才, 皆以先生稱首.)"고 하였다(李瀷, 『星湖全集』 권68, 「磻溪先生傳」).

4 정인보(1955), 71면.

지평을 연 천관우는 그를 '실학의 비조(鼻祖)'로[5] 명명한 바 있다. 양란 후 그 엄혹했던 성리학 단일 이념의 통제 속에서 실학의 싹을 틔운 유형원의 학문과 신념은 무엇으로부터 연유한 것이었을까. 본고는 이러한 단순한 의문에서 시작되었다. 특별한 사승관계가 없었던 유형원에게 실학이라는 학문의 방향성을 갖게 해 준 근원은 무엇이었을까.

유형원은 서울의 북인 명문가에서 태어났지만 아버지 유흠(柳欽, 1596~1623)이 유몽인(柳夢寅, 1559~1623) 역모사에 연루되어 옥사하자 외숙 이원진(李元鎭, 1594~1665)과 고숙 김세렴(金世濂, 1593~1646)의 영향 하에 학문을 시작하였다. 그의 두 스승 역시 북인 명문가에서 태어난 근기남인 관료 출신들이었다. 유형원은 생애의 절반가량을 조상이 하사받은 사패지(賜牌地)가 있었던 부안 우반동에서 살았으나[6] 그의 학문적·사상적 토대는 소북계 남인으로서 성장하며 다져졌다고 볼 수 있다.

이글의 목표는 반계 유형원의 사상과 학문의 연원을 살펴보는 것이다. 이를 수행함에 있어 본고는 광해·인조대에 남인에 통합·흡수된 북인계에 주목한다.[7] 앞서 언급했다시피 이른바 조선 후기 실학의 비

5 천관우(1952), 129면.

6 유형원은 32세에 부안 우반동으로 완전히 이거한다. 그는 16세 때부터 조부가 살고 있던 부안 땅에 왕래했다. 임형택 외 편역(2017), 486면, 「반계선생연보」.

7 북인계 남인에 대한 연구는 사학계에서 성과를 내었다. 일찍이 역사학자 신병주는 17세기 북인 관료들에 관한 연구와 그들의 영향을 받은 남인 학풍을 소개한 바 있다. 이어 정호훈에 의해서 북인계 남인에 대한 연구가 본격화되었는데, 그는 '조선 후기 정치사상'을 연구하면서 근기 남인의 학문적·사상적 연원이 북인의 사상에서 근원하고 있음을 밝혀내고 북인계 남인의 존재를 부각시켰다. 논문으로는 신병주의 「17세기 중·후반 근기 남인 학자의 학풍」, 「17세기 전반 북인관료의 사상-김신국, 남이공, 김세렴을 중심으로」와 정호훈의 「17세기 북인계 남인학자의 정

조 유형원과 중조 이익(李瀷) 그리고 집대성자 정약용(丁若鏞, 1762~1836) 등이 북인계 남인의 후예들이었거나 그들을 계승한 청남계 남인이다. 이들은 근본 철학으로 성리학을 계승·발전시키면서 동시에 조선후기 실학적 요소를 강하게 보여주고 있다. 이글에서 조선 후기 실학의 문을 연 유형원의 사상과 학문의 선하(先河)를 북인계 근기남인의 학문과 그 특징을 살펴봄으로써 확인해보고자 하는 것이다.

2. 근기남인近畿南人의 성립

1) 동서분당東西分黨과 근기남인

선조 대에 김효원(金孝元, 1532~1590)과 심의겸(沈義謙, 1535~1587)의 이조정랑 추천을 두고 벌어진 대립으로 촉발된 동서분당은 시간이 지날수록 권력투쟁의 양상을 띠며 동인은 남인과 북인으로, 서인은 노론과 소론으로 분화하며 더욱 첨예한 대립으로 치달았다. 인조반정은 북인의 몰락을 가져오고, 서인 노론과의 정쟁에서 열세를 보인 남인은 경상도 지방에 토착적 기반을 가진 영남남인과 중앙관료로서 서울과 그 부근의 향리에 근거지를 두는 근기남인으로 나뉘게 된다. 이 근기남인에 광해조의 실질적 집권당이었던 북인의 생존자와 그 후예들이 대거 합류한다.[8] 인조반정 후 북인들은 대부분 처형·폐출되었고 북인

치사상」, 「조선후기 북인의 학문 전통과 정치이념」 등이 있다.

8 김낙진(2009), 321면 참조. 김낙진은 광해군 정권에 참여한 바 있는 소북의 인물들이 인조반정 이후 대거 남인에 합류한다는 사실을 남인당파 인물들의 철학 사상이 다양할 수밖에 없었던 이유로 분석하였다.

의 자손들은 정치적 고초를 겪었다. 이들 중 반정 이전에 북인 진영을 이탈했거나, 남인화(南人化)한 사람들이 살아남았다. 폐모논의 때 북인에 등을 돌려 남인화한 윤선도(尹善道, 1587~1671), 김세렴과 북인의 후손이었지만 남인화한 이지완의 아들 이원진, 윤효전의 아들 윤휴(尹鑴, 1617~1680) 그리고 유흠의 아들 유형원 등이 그들이다.[9] 영남남인은 사족으로서의 체통을 유지하면서 이황의 학통을 고수하였다. 근기남인들은 관료로써 서인 정권에 참여하기도 하고, 서울 근처의 향리에 정착하기도 하였는데 이들 중 일부는 북인과 남인의 학문을 고루 취하여 새로운 학풍을 개척해 나갔다.

근기남인이란 지역적으로 서울과 경기 및 일부 강원지역이 포함된 서울 부근의 향리지역을 학문 권역 혹은 생활 근거지로 하고 정치적 당색은 남인에 속하는 학자들을 가리킨다. 근기남인이라는 명칭이 쓰이는 것은 지역색과 당색이 결합되어 타 지역·타 당색과 구별되는 특징이 형성되어있다는 의미일 것이다. 당색은 정파를 의미하고, 조선시대에 정파를 가르는 데 있어 학통과 학파 비중이 컸으므로, 근기남인이라는 명칭에는 이들을 하나의 학파로 묶을 수 있는 학맥과 사상적 공통점이 있다는 뜻이다.

사실 근기남인을 하나의 학파로 규정할 수 있는가의 문제는 논란이 있을 수 있다. 근기남인 학자들이 가진 사상의 다양성도 문제려니와, 사제 간의 학문적 사승관계를 살펴 볼 때 일정한 학통을 제시할 수 있느냐는 부분 때문이다.[10] 근기남인들의 도통관은 청남계 남인 채제공

9 정호훈(2000), 67면 참조.

10 김낙진(2009), 320~321면 참조.

(蔡濟恭, 1720~1799)에 와서야 그가 쓴 성호 이익의 묘갈명에서 이황에게서 시작하여, 정구(鄭逑, 1543~1620), 허목(許穆, 1595~1682), 이익으로 이어지는 도통관이 표방되면서[11] 영남남인이 배제된 근기남인의 학통이 세워지게 된다. 동인의 남북 분당을 선조21~22년(1588~1589)으로 본다면 두 세기가 지나서야 제시되고 있는 셈이다. 여기서도 이익과 허목이 실제적 사승관계는 아니라는 점이 지적된다.[12] 정구의 애매한 위치와[13] 숙종이 두 번씩 반려하면서 만들어진 정구의 문인록[14] 등도 논란을 더한다. 또한 이렇게 세워진 학통에는 드러나지 않

11 李瀷, 『星湖全集』 부록 제1권, 「墓碣銘(蔡濟恭)」, "퇴계는 우리 동국의 夫子이다. 그 도를 한강[鄭逑]에게 전했고 한강은 그 도를 미수[許穆]에게 전했고, 선생은 미수를 사숙한 분이다. 미수를 배워 퇴계의 도통을 접맥하였으니, 후대의 학자는 斯文이 대대로 도통을 계승하여 속일 수 없는 점이 있다는 것을 안 연후에 지향점을 잃어버리지 않을 수 있을 것이다(退溪我東夫子也, 以其道而傳寒岡. 寒岡以其道而傳眉叟. 先生私淑於眉叟者. 學眉叟而以接夫退溪之緒, 後之學者知斯文之嫡嫡相承, 有不誣者, 然後庶可不迷於趣向.)."

12 이익이 허목에게 직접 사사를 받은 것이 아니라 사숙하여 학통을 이어받은 것이라 할 수 있다. 허목 또한 정구에게 직접 사사를 받은 것이 아니라 정구의 문인인 茅溪 文緯 문하에 출입하여 학문을 닦았다. 강경원(2012), 49면.

13 한강 정구는 남명학파와 퇴계학파 모두가 자파의 적전제자로 간주하고 있다. 경북 성주 출신인 정구는 지역적으로나 교유관계 등을 고려하면 남명계에 가깝고 성리설에 대해서는 이황의 영향을 많이 받았다. 제자백가, 역사, 의약, 복서, 풍수지리 등에 깊은 관심을 가지면서 서경덕과 조식학파가 추구하였던 박학의 전통을 계승했다. 신병주(1979), 160~161면 참조.

14 숙종은 장현광이 모두에 올라온 정구의 문인록을 두 번이나 반려하며 허목을 정구의 제1 제자의 위치에 놓여지게 하였다(정구의 문인록 『檜淵及門錄』 서문 참조). 이에 장현광의 제자들이 반발하는 과정에서 한강 정구와 여헌 장현광의 제자 간에 한려시비가 발생하였다. 한려시비는 이황과 정구의 학맥이 근기와 영남 두 지역으로 나누어 전개되는 과정 속에서 벌어진 도통논쟁이었고, 여기에 국왕인 숙종이 개입하여 근기학맥의 정통성을 공인해 준 사건이었다. 우경섭(2011), 72~73면 참조.

는 중요한 부분이 있으니, 바로 근기남인에 흡수된 북인 학자들이다. 북인들은 서경덕과 조식의 문인이 주축을 이루었고, 학연의 순수성이 다소 떨어지고 그 구성원이 다기(多岐)하여[15] 학문적 다양성 자체가 그들의 정체성을 내포하고 있다. 자연 남인에 흡수된 그 후손들도 학문적으로 사상적으로 다양성을 드러낼 수밖에 없었고 이것은 하나의 학통을 제시하기가 어렵다는 것을 뜻한다. 그럼에도 불구하고 이러한 학통이 제시된 데에는 영조대 이후의 근기남인 후계자들이 학문적·정치적 정통성을 강화하려는 의도에서 이황에까지 소급한 부분도 감안해 보아야 할 것이다.[16]

2) 북인계 근기남인의 형성

조선 중기에 벌어졌던 잦은 역모사, 반정, 예송논쟁과 환국 등 끝없이 계속된 정치적 변란은 자파의 정치적 헤게모니 장악을 위해 타 정파·학파에 대한 배척과 탄압을 주저하지 않는 권력투쟁의 산물이다. 그러나 지연과 학연, 혈연으로 맺어진 이들 붕당들의 정쟁은 동시에 특정한 사유체계와 정치사상을 실현시키기 위한 현실적 공간을 확보하려는 노력이기도 하였다. 즉, 권력투쟁인 동시에 이념투쟁인 것이다. 자연 정치적 계파인 붕당은 학문적 맥락과 이념을 공유하는 학파일 수밖에 없었다. 기호지역의 이이 학파, 경기지역의 서경덕(徐敬德, 1483~1546, 花潭) 학파, 영남지역의 이황 학파와 조식(曺植, 1501~1572, 南

15 신병주(1992), 131면.

16 이들의 실제적인 성향은 조식·서경덕이었지만 이황에 잇대어 그들의 정통성을 확인하고 있는 것이라는 견해가 있다. 김낙진(2009), 302~303면.

冥) 학파는 하나의 학파이면서 동시에 하나의 정파로서의 기초를 이루었다.

초기 북인 집단을 형성하는 데 주축이 되었던 학파는 남명(南冥)학파와 화담(花潭)학파였다. 남인은 단일하게 이황의 학통을 계승하였지만, 북인은 조식의 문인과 서경덕의 문인이 중심이 되었다. 남인에 비해 학연적인 결속력이 약하며, 사상적으로 정통 성리학과는 거리를 두었고, 노장사상이나 양명학에 일부 경도되었다는[17] 지적도 있다.

동인의 남북은 선조21년 대 서인에 대한 강경, 온건적 태도에서 시작하여 다음해 기축옥사로 확연히 갈라진다.[18] 기축옥사로 북인은 정치적 탄압을 받았지만 임진왜란에 조식의 문하에서 의병장을 다수 배출하면서 재기하게 되어 선조대 후반은 북인이 정치의 중심에 선다. 선조 후반 후계자 계승을 둘러싸고 북인 내부에 분열이 일어나 대북과 소북으로 갈라지는데, 광해왕의 즉위로 대북세력이 정권을 잡게 된다. 대북정권은 경상우도의 정인홍과 중앙의 이이첨 세력을 중심으로 운영되었다. 북인의 학문적 연원인 조식의 문묘종사 운동은 이언적과 이황의 문묘 출향(黜享)이 제기되면서 정인홍의 이름을 『청금록(靑衿錄)』에서 삭제하는 남북 대결 양상을 보였다. 양 학맥의 학문적·정치적 정당성과 주도성 확보와 관련된 문제였기 때문에 서로에게 깊은 상처를 입혔다.

이와같이 북인과 남인의 갈등이 깊어지는 와중에 북인과 남인의 영

---

17 신병주(2011), 45면.

18 유성룡을 중심으로 한 이황학파는 서인의 옥사 처리를 두고 관명하거나 소극적인 태도를 취하여 북인의 불만을 크게 사게 되는데 이 사건을 계기로 상호 그 정치·학문적 특성을 명확하게 하게 되었다. 정호훈(2000), 17면.

향을 고르게 받으며 새로운 학풍을 키워나가는 세력이 등장하였다. 이들은 남인의 당색을 가지고 남인들과 연대하며 활동했으나 그 정치·학문의 연원과 관련해서는 북인에 뿌리를 두고 있었다. 이들은 대체로 근기지역을 근거지로 활동하였으며, 북인과 남인의 학문을 지양하여 북인이나 남인과는 다른 새로운 학풍을 개척해 나갔다. 곧 북인계 근기남인이었다. 초기 한백겸(韓百謙, 1552~1615)과 이수광(李睟光, 1563~1625), 그 다음 세대인 이민구·이성구 형제, 김세렴과 이원진 그리고 유형원과 윤휴 등이 그들이다.[19]

초기 북인계 근기남인의 형성에 중심적인 역할을 한 인물로는 한백겸과 이수광 등을 들 수 있다. 이들은 서경덕·민순계 학통에 영향을 크게 받고 북인과 가까이 지냈지만, 이황이나 유성룡 혹은 영남지역의 남인들에게 배우거나 교류한 사람들이었다. 비교적 자유롭고 폭넓게 학문활동을 하였다.

한백겸은 북인계 가문에서 성장하였다. 그는 서경덕의 제자 민순에게 수학하였다. 그는 역학에 밝아 선조 27년 정구, 홍가신 등과 함께 『주역전의』의 교열 작업에 참여하기도 한다. 그의 아버지 한효윤은 서경덕의 제자인 박민헌에게 역학을 익혔으며, 동생 한준겸, 숙부 한효전도 모두 역학에 밝았다.[20] 그는 이수광과 사상교류가 매우 활발하였다. 한백겸은 북인의 학통을 계승하면서도 영남의 남인과도 긴밀하였다. 그는 이언적, 이황을 사숙하였으며, 유성룡의 제자들과 긴밀히 교

19 정호훈(2000), 66-67면 참조.

20 鄭經世, 『愚伏集』 卷18, 「通政大夫戶曹參議韓公墓碣銘」의 내용과 윤희면(1998), 121~124면 참조.

류하였고, 그의 동생 한준겸은 정구와 사제관계이다.[21] 그의 학문은 「기전설(箕田說)」, 「인심도심설」, 『동국지리지』 등에서 면모를 볼 수 있다. 「기전설」은 유형원이 성인의 제도로 높이 평가했으며[22] 그의 「인심도심설」, 『동국지리지』에 대해서도 유형원은 전폭적으로 인정하고 있다.[23]

왕가의 후손인 이수광[24]은 북인, 영남남인, 서인들과 폭넓게 교류했다. 특히 허균과는 매우 절친했는데 동서지간이기도 했다. 허균의 집안은 당대 북인계에서 자치하는 학문 정치상의 비중은 매우 컸다. 허균의 아버지 허엽은 서경덕의 학문을 깊이 접했던 사람이었고, 그의 형 허성, 허봉 등도 모두 그 영향을 받았다. 그는 또 이원진의 조부 이상의(李尚毅, 1560~1624)와의 교분도 매우 컸다. 『지봉유설』은 그의

21 이외에도 한백겸이 교유했던 인물들로는 金宇顒, 宋琂, 鄭經世, 鄭逑, 洪可臣, 吳澐 등 당색을 초월한 폭넓은 교유를 보인다. 지금완(2014), 19면.

22 柳馨遠, 『磻溪隨錄』 卷5, 「田制上」, '分田定稅節目', "또 한구암의 기전도설을 상고하건대 평양의 기자전은 70묘로써 1구를 삼고, 4구로써 1전을 삼고, 즉 田字의 형이다. 구를 분계한 길은 그 넓이가 1묘요, 전을 분계한 길은 그 넓이가 3묘라 하니 그런즉 4구가 일단이 되는 것은 또한 이것이 옛 성인의 제도이다(又按韓久庵箕田圖說, 平壤箕子田, 以七十畝爲一區, 四區爲一田, 卽田字形. 界區之路, 其廣一畝, 界田之路, 其廣三畝, 然則四區爲一段者, 亦是古聖人之制也.)."

23 임형택 외 편역(2017), 229면, 「별지1」, "인심과 도심에 대한 학설은 오직 근래 구암 한백겸의 말이 가장 명백하여 성현의 본 뜻을 얻었다(人心道心之說, 惟近來韓久庵之言, 最明白得聖賢本旨)."; 272면, 「與朴進士自振論東國地志」, "동국의 한사군과 삼한설은 구암 한백겸이 이미 변증을 하였는데, 그 뒤 역대의 여러 서적들을 상고해보면 하나하나 들어맞으니 우리 동방의 도지에 있어 한구암에게 공이 있다고 평가할 수 있다(東國四郡三韓之說, 韓久庵已有辨. 其後歷考諸書, 節節符合. 於東方圖志, 久庵可謂有功矣)."

24 그의 先系는 태종과 孝嬪金氏 사이에 태어난 敬寧君부터 시작된다. 종친이어서 벼슬길이 막혀있다가 부친인 李希儉가 처음 출사하였다. 어머니는 文化 劉氏이다.

학문이 폭넓고 다양하다는 사실을 보여주는데 이 책은 그후 그의 후손들과 유형원, 윤휴, 이익과 같은 후학에게 깊은 영향을 미치며 이들이 새로운 사유체계를 성립하는 토대가 되었다.

한백겸·이수광을 중심으로 한 북인계 남인들의 학문 활동은 다음 세대인 이수광의 아들 이성구·이민구, 김효원의 손자인 김세렴, 이상의의 손자인 이원진, 윤선도 등을 중심으로 전개된다고 할 수 있다. 이들은 인조반정 후 서인이 남인을 포섭하는 상황에서[25] 서인정권에 참여하거나 향리에 칩거하여 학문에 몰두하였다. 그리고 다음 세대인 유형원, 윤휴 등에게 그것을 전하였다.[26]

이상에서 살핀 바와 같이, 조선 중기 시기에 활동하며 북인계 남인의 학문적 연원을 이루었던 인물들은 초기의 북인계 인맥과 밀접한 연관을 맺고 있었고, 당쟁이 격화되는 과정에서 영남의 이황학파와 돈독히 교류하였다. 광해조에 대북계의 전횡이 강화되자 그들과 거리를 두었다.[27]

25 인조반정 후 영상에 제수된 이는 남인 이원익이었다. 반정 일등공신 李曙는 반정 직후의 상황을 "갑자기 광해군을 폐출하고 새 임금을 세웠다는 소식을 들은 나라 사람들은 새 임금이 성덕이 있는 줄 알지 못했으므로 상하가 놀라 어쩔 줄 몰랐다. 성패가 확실하지 않은 터에 위세로써 진압할 수도 없어서 지극히 어려운 사정이 있었다. 오리 이원익이 전 왕조 때의 원로로서 영상에 제수되어 여주로부터 입조하자 백성들의 마음이 비로소 안정되었다"고 말하였다(이덕일(1997), 141~142면). 남인의 도움이 절실했던 상황으로 보인다.

26 정호훈(2000), 72면 참조. 유형원은 김세렴과 이원진에게, 윤휴는 이수광의 둘째 아들 이민구에게 수학한다.

27 한백겸은 서호의 작은 농장으로 은퇴하여 경전을 탐구하다가 별세했으며, 이수광도 폐모논의가 본격화되자 출사를 거부하였다. 김세렴 역시 폐모에 반대하는 상소를 올려 대북계와 결별했다. 정호훈(2000), 74면.

2. 유형원의 두 스승

2세에 부친을 잃은 유형원은 고모부인 김세렴과 외삼촌인 이원진에게서 수학하였다. 유형원은 다른 학연이나 사승관계가 드러나지 않으며, 본인 주장하듯이[28] 자득의 학문관을 가지고 있었다. 따라서 그의 사상과 학문에 가장 큰 영향을 미친 사람은 어릴 때부터 스승이 되었던 김세렴과 이원진일 것이다.

1) 동명東溟 김세렴金世濂

유형원의 고모부이며 스승인 김세렴은 선산(善山) 김씨로 자는 도원(道源), 호는 동명(東溟)이다. 그의 조부가 바로 동서분당의 중심인물이었던 성암(省庵) 김효원(金孝元)이다. 김효원은 이황과 조식의 문하에서 공부하였다. 김세렴의 외가는 양천 허씨(許氏)로 외조부는 김효원과 같은 동인이었던 하곡 허봉(許篈, 1551~1588)이다. 허봉의 아버지 허엽은 화담 서경덕의 문인이었고, 퇴계 이황에게서 사사받았으며, 동인의 중심인물이었다. 허봉의 동생은 허균으로 김세렴과는 사돈이자, 고모부이기도 했다. 허균이 김효원의 사위이기도 하였기 때문이다. 혼인으로 맺어진 두 집안간이 친밀하게 교류하였음을 알 수 있다. 허균은 두 번 결혼했는데, 첫 번째 부인과의 관계로 지봉 이수광과는 친구이자 동서지간이었다.

---

28 『磻溪遺稿』, 「與鄭文翁東稷論理氣書」, "도는 내 몸에 구비되어 있고 성현의 서책에 모두 갖추어져 있다. 진정 스스로 구하면 구하지 못할 이치가 있겠는가(道備於吾身, 而聖賢方册俱存, 苟自救之, 自無不得之理.)."

김세렴과 가장 절친하게 교류했던 인물이 이수광과 그의 아들들이었다. 조선후기 실학에서 유형원이 선두에 서서 하나의 학문으로 체계화하기 전에 양명학, 고증학, 서학 등의 새로운 학풍의 영향을 받아 그 학문적 호기심을 실학의 새로운 사조로 싹틔운 하나의 그룹을 한백겸, 김육, 이수광이라고 본다면[29] 이수광이 그의 아들들과 김세렴에게 미친 영향의 성격 또한 추정할 수 있다.[30] 김세렴은 유형원의 조부인 유성민(柳成民, 1569~1651)의 사위가 되어 유형원의 부친 유흠과는 친구사이이면서 처남 매부사이가 된다. 유흠의 죽음의 원인이 되었던 유몽인과도 깊이 교유하는 관계였다.

김세렴은 인조대에 활동한다. 북인인 그가 인조대에도 등용될 수 있었던 것은 폐모론에 반대하였다는 이유도 있었지만 그의 사회·경제적 실무능력 때문이었다. 광해왕대에 적극적으로 추진되었던 대동법, 주전론(鑄錢論) 등의 중요 정책들은 인조대에도 계속되어야 할 정책들이었고, 국방과 군제의 문제도 방치할 수 없는 국가적 사안이었다. 이것은 전문가 관료가 필요한 일이었으며, 그러한 측면에서 광해조 때의 실무자들이 유임될 수 있었다. 애초 북인의 학문적 성향은 이러한 전문성을 담보하고 있었다. 북인의 학문 연원으로 소급할 수 있는 서경덕의 기 중심 사고와, 남명 조식의 하학중심의 실천적 측면에 중점을 두는 학문태도, 그리고 북인계열의 무(武)와 병법중시 경향[31] 때문이다.

29 하우봉(2018), 227면 참조.

30 정호훈(2000), 72~73면 참조. 지봉 이수광은 북인, 영남남인, 서인들과 계파를 가리지 않고 폭넓게 교유했다. 이수광에 의해서 영남의 이황 학문과 서울의 북인계 학문이 구체적으로 결합하는 양상을 보인다.

31 신병주(1992), 130~140면 참조.

김세렴은 북인계 명문가에서 성장했으며, 그들이 가진 학문 사상적 특성을 가학의 형태로 전수 받았다.[32] 그는 시와 문장에 능했고[33], 정치는 무엇보다 법제·형벌의 시행을 중시해야 한다는 생각을 가지고 있었다. 다음 글은 이를 잘 드러내고 있다.

> 형벌을 엄수함으로써 대중을 가지런히 하고, 교화를 밝힘으로써 풍속을 개선한다. 형벌이 세워지면 교화가 행해지니 교화가 이루어지면 형벌을 그만둔다. 비록 덕을 숭상하고 형벌을 숭상하지 말라고 말하지만, 어찌 한쪽만 폐할 수 있겠는가.[34]

김세렴은 목민관의 임무에 대한 격언 30여 개를 조목별로 기록해 놓은 「거관잡기(居官雜記)」에서 이렇게 교화를 위한 형벌의 필요성을 밝히고 있다.

---

32 조부 김효원이 이황과 조식의 문하에서 수학하였고 외증조부 허엽이 서경덕의 문인이었음을 고려해본다면 김세렴이 가학으로 익힌 학문의 범위와 다양성을 짐작할 수 있다. 김세렴의 첫 스승이 허엽의 조카 水色 許穡이었다(『水色集』 卷4, 「次金道源韻以爲寄」, "名世濂, 卽再從兄荷谷之外孫, 初受學於余."). 김세렴이 유배에서 돌아와 허적에게 「俠客行」이라는 시를 지어 보내고 허적이 步韻하여 화답시를 보내는 것을 보면 둘 사이가 친밀했던 것으로 보인다.

33 허목은 『記言』에서 김세렴의 문장을 관중과 굴원, 순자에 비견하고 있다. "문장을 지음은 예로부터 일컬어졌으니, 관씨는 「지원」을 지었고, 왕후는 「저희」를 지었으며, 굴원은 「이소」와 「천문」을 지었고, 순경은 「비상」을 지었습니다. 이제 그대는 평소 풍자시를 지어 마음대로 유희하였지만 권면하고 경계하여 욀 만한 것이 많으니, 백대 뒤에도 전해져 없어지지 않을 것입니다(自古稱之. 管氏作地員. 王詡作抵巇. 屈原作離騷, 天問. 荀卿作非相. 今君平作詩諷, 得意遊戲, 多勸戒可誦, 足以傳之百代而不沒)." 許穆, 『記言』 卷5, 「東溟哀悼文二百一十」.

34 金世濂, 『東溟集』 卷6, 「居官雜記」, "修刑罰以齊衆, 明教化以善俗. 刑罰立則教化行矣, 教化成而刑罰措矣. 雖曰尙德而不尙刑, 顧豈偏廢哉."

김세렴은 인조대 이후 이수광, 이민구, 이성구, 허목 등과 함께 북인계 남인의 학통을 세우는 데 중요한 역할을 하였다. 서인정권 아래서 북인계 인물들이 남인으로 자리잡게 되는 데는 그의 역할이 적지 않았다. 그는 인조반정 이후에 병조좌랑, 헌납, 부교리, 지방 관찰사를 역임하였으며 가도(椵島)사건[35] 때 명(明)에 문안사(問安使)[36], 일본에 통신부사[37] 등 외교업무도 수행하였다. 또한 호서지방, 호남지방, 충청지방 암행어사로 염찰의 업무도 수행하였다. 그는 인조에게 올린 「진폐상소」[38]에서 당시 논의되고 있었던 청천강 이북 지역의 포기를 강력히 반대하며 강화도의 축성과 3남지방의 민원해결을 통한 민심 수습과 군액정리, 평북의 관문인 의주의 갑병과 양속완비(糧粟完備)를 제시하고 청천강 이북지방의 사수를 주장하였다. 이 주장은 곧 수용되어 강화도에 군사를 모집하고, 축성을 계획하고, 삼남지방에 어사를 파견하는 등의 조치가 내려졌다. 그가 함경도 관찰사 시절 향약과 대동법을 실시하였으며, 다시 중앙의 호조판서가 되었을 때에는 공물과 방납

35 조선 인조 원년(1623)에 가도를 둘러싸고 조선, 명나라, 후금 세 나라 간에 얽힌 외교적 사건. 명의 遼東都司 모문룡이 후금의 공격에 쫓겨 평안도 서해의 섬에 진을 치고 후금과 대결하는 바람에 중간에서 조선의 입장이 난처하였다.

36 金世濂, 『東溟集』 附錄 「資憲大夫戶曹判書兼弘文館提學世子左副賓客贈謚文康公金公行狀」에 "칠월 명을 받들어 가도에 가서 도독관아에 머물렀다(七月奉命如椵島, 起居于都督衙門.)"고 하였으며, 『承政院日記』, 仁祖 9年 8月 25日에 "황도독문안관 김세렴과 백유격접반관 이경상이 들어왔다(黃都督問安官金世濂, 白遊擊接伴官李慶相, 入來.)"는 기록이 있다. 황도독은 가도의 도독 黃龍을 가리킨다.

37 金世濂, 『東溟集』 卷4, 「槎上錄」, "숭정 병자년 팔월 일본통신부사로써 명을 받고 출국하였다(崇禎丙子八月, 以日本通信副使, 受命出國門.)."

38 金世濂, 『東溟集』 卷7, 「陳弊上疏」. 『동명집』에는 「陳弊上疏」 하단에 상소가 수용되어 조치가 이루어진 내용까지 언급되어 있다.

의 폐단을 엄금하는 조치를 내리는데 이는 모두 다양한 외직 경험에서 오는 현실성에 기반한 정책으로 볼 수 있다.

김세렴의 평안도 및 함경도 관찰사 시절, 유형원은 그와 함께 기거하며 각지를 답사하였다. 유형원은 이 시기 관서(關西)·관북(關北)의 산천을 마음껏 살펴보고 돌아왔다고 밝히고 있다.[39] 그의 주유산수는 단순한 행락이 아니었던 듯하다. 유형원은 행선지마다 지세, 도로의 원근, 유사시 방비 등을 자세히 기록하였으며, 돌아올 때는 다른 길을 택했다.[40] 이는 김세렴의 영향으로 추정할 수 있는데,[41] 김세렴은 1639년 일본에 사신으로 갔을 때 사행의 모든 것을 세세히 기록한 『해사록(海槎錄)』을 남긴 바 있다. 유형원은 5세 때부터 김세렴에게서 수학하였으며, 15세 병자호란이 나자 조부와 모친, 그리고 고모의 가족들과 원주 김세렴의 본가로 피난할 만큼 줄곧 그의 영향 아래에서 소년기, 청년기를 보냈다. 유형원은 김세렴 사후에 당시의 남인 대학자 허목을 찾아가 비문과 『동명집』의 서문을 청하기도 하였다. 허목은 한강 정구의 문인으로 사상적으로 북인의 학문과 맥이 닿고 있으며, 경상우도의 사림과도 가까웠다.[42] 김세렴은 국방·경제에 대해서 해박한

39 임형택 외 편역(2017), 687면, 「磻溪先生年譜」, "往邦東溟金先生于咸興. 時東溟爲北伯, 尋授關西伯. 先生此行, 縱關西北山川而歸." 이때 유형원은 북방의 실상을 접하였다. 유형원의 실사구시의 주유산수는 답사를 통한 실증적 방법으로 지세에 맞는 치세를 강구하게 하였고, 이것을 하나의 정책으로 제시하는 작업이 『반계수록』의 집필이라고 볼 수 있다.

40 임형택 외 편역(2017), 691면, 「磻溪先生年譜」, "先生留意於本國地勢, 凡往來之際, 別取他路而行, 歷覽山川, 要識其道里遠近關防夷險."

41 안재순(2009), 63면 참조. 유형원의 또 하나의 스승 이원진 역시 1653년 제주목사 재임시 제주도의 풍속, 지리 등을 종합적으로 기록하여 『탐라지』를 편수한 바 있다.

지식을 가진 실무관료였다. 이 같은 지식과 경험이 제자이며 처조카였던 유형원에게 계승되었던 것이다.

2) 태호太湖 이원진李元鎭

유형원의 외숙이며 스승인 이원진은 조선후기 근기남인계열의 대표적 가계인 여주이씨가 사람이다. 이원진의 조부 이상의는 65세 일기의 대부분을 관직에서 보냈는데, 선조 18년(1585)에 벼슬길에 나아가 선조의 의주로 피난 갈 때 선조와 함께 임진에 머물렀고, 광해왕대에는 임진왜란 때 광해군을 호송한 공으로 위성공신(衛聖功臣)에 책록되어 공조판서가 되었으며, 이후 좌찬성에 올랐고, 영의정을 추서받았다. 그의 장남 이지완이 이원진의 부친이며, 그의 딸이 유흠에게 출가하여 유형원을 낳았다. 이상의의 막내아들 이지안이 이하진(李夏鎭)을 낳았고, 이하진의 막내가 성호 이익이다. 이원진은 유형원의 외숙이며, 이익의 종숙이다.

이익의 글에 의하면[43] 이원진은 자는 정경(鼎卿), 호는 태호(太湖)로, 이익의 부친 이하진의 종형제 중 가장 나이가 많았다. 이원진은 아버

42 허목은 고문경전과 6경을 중시하는 학문경향과, 도가적 취향을 가지고 있었다. 가풍의 영향으로 볼 수 있다. 허목의 아버지 許喬는 박지화의 문인이며, 박지화는 서경덕의 문인 중에서도 도가적 성향을 가장 잘 계승한 인물로 알려져있다. 허목은 아버지의 스승 박지화를 김시습에서 시작되는 朝鮮 道家의 계보에 넣었다. 한영우(1985), 48~49면 참조.

43 이원진에 관한 기록은 星湖의 「從祖叔父太湖公行錄」에 의한다(『星湖全集』 卷67). 현재 이원진의 문집으로 확인할 수 있는 것은 한국학중앙연구원 소장 목활자본 『太湖續稿』와 임형택 소장 목활자본 『太湖詩藁』, 두 종류인데 이들은 詩만으로 이루어진 시집이다.

지 이지완과 전주이씨 이결(李潔)의 딸 사이에서 2남 2녀의 장남으로 태어났다. 그는 어려서부터 총명을 드러내어, 이항복이 그를 보고 "큰 인물이 될 것"이라고 했다고 한다. 19세 때인 광해왕 4년(1612), 진사시에 합격하고 성균관에 입학하였다. 이후 대북의 폐모론에 반대하다가 귀양을 가서 인조반정 후에 풀려났다. 인조대에 정시에 급제한 후 평안도 도사, 동래부사, 강원감사 등을 역임했다. 58세가 되던 효종 2년(1651) 제주목사에 부임했다. 제주목사로 있을 때에는 하멜 등 네덜란드인 30여 명이 제주에 표류해오자 이를 조정에 보고하고 처리하였으며, 제주의 지리와 풍속, 민요를 채집하여 『탐라지』[44]를 찬술하기도 하였다. 이원진은 42년 동안 관직 생활을 하였다.

인조반정이 일어나기 전까지 이상의의 가문은 당시 정치권의 중심에서 활동하고 있었다. "선조에서 광해왕에 걸쳐 22년 동안 문과나 중시 합격자가 11명, 진사·생원시 합격자가 18명, 무과 합격자가 4명이 나와 33의 합격자가 그의 가문에서 나왔다"[45]는 기록이 보인다. 그러나 이 가문에서 주목되는 부분은 유달리 많은 사행의 경험이다. 이원진의 6대조 때부터 한 세대에 두 번 이상 사신을 가기도 하여 모두 6세대가 연이어 중국에 다녀왔기 때문이다. 이러한 특별한 경력은 다음

44 李瀷, 『星湖全集』 卷67, 「從祖叔父太湖公行錄」, "又察其地理, 採其風謠, 纂成耽羅志."

45 李瀷, 『星湖全集』 卷53, 「登科記」, "경인년(선조23, 1590)부터 신해년(광해3, 1611)까지 22년 동안 문무 대과와 소과의 절차에 이름이 드러난 사람이 문과나 중시는 도합 11인, 진사와 생원은 도합 18인, 무과는 4인, 합계 33인인데 이름이 거듭 나온 7인을 제외하면 26인이 된다(自庚寅至辛亥二十二年之間, 文武大小榜節次著名. 其文科及重試合十一, 進士及生員合十八, 武科四, 合三十三人. 除疊出七人, 爲二十六人.)."

세대에 전해져 후손들의 학문 세계에 영향을 미쳤을 것이 분명하다. 그의 6대조 이계손은 성종 때 고명주청사(誥命奏請使)의 부사·정조진하사(正朝進賀使)로, 고조 이사필은 명종 때 천추사의 서장관으로, 증조 이우직이 선조 때 사은사로, 조부 이상의가 선조때 진위사의 서장관으로, 또 광해왕 때 동궁고명 면복 주청사의 정사로, 종조부 이상신이 선조 때 동지사로, 부친 이지완이 선조 때 서장관, 광해왕 때 공성왕후책봉주청사로, 그리고 본인 이원진은 인조 18년, 세자시강원 필선으로 소현세자를 수행하기 위해 심양에 갔다. 그리고 종제 이하진은[46] 숙종 때 진위겸진향사로 중국을 다녀왔다.

사행의 경험은 사행자 개인의 입장에서 봐도 새로운 지식을 습득하여 이를 당시 사회에 전파하는 선도자 역할이 주어진다. 이러한 경험이 한 가문에 지속되었다면 그 가문이 가질 선진적 특성은 짐작이 가능하다. 이와 같은 사행 경험은 자연히 다음 세대에 전해지고 그것은 후손들의 학문과 사상에 영향을 미쳤을 것이다. 특히 이지완의 외손 유형원과 이하진의 아들 이익이 조선을 한 번도 벗어난 적이 없었음에도 중국의 문물에 대해 폭넓은 이해를 가지고 있었고, 다양한 서적들을 접할 수 있었던 것은 이러한 가문의 사행경험이 역할을 하였을 것

46 이하진은 성호 이익의 부친으로 司饔院直長, 成均館典籍, 司憲府監察, 禮曹佐郎, 兵曹佐郎 등의 중앙 관직에서 활동했고, 正郎兼賑恤廳監과 황해도 관찰사직을 맡기도 했다. 許穆과 尹鑴의 출사를 강력하게 건의하였고, 이들의 정국 운영에 동조했다. 당시 淸南과 濁南 사이에서 남인의 융화를 위해 노력했지만 청남계열에 가까웠다. 50세가 되던 숙종 3년(1677) 進香正使를 맡아 중국에 사신으로 갔다. 使行을 총괄하였으며, 되돌아 올 때는 전례에 따라 하사해 준 饋賜銀으로 수천 권의 고서를 사 가지고 왔다. 李瀷, 『星湖全集』 卷67, 「先考司憲府大司憲府君行狀」 참조.

으로 볼 수 있다.[47]

이원진의 소박하나 호방한 기질과 학문적 성취와 기량은 이익의 다음 글에 잘 나타나 있다.

> "달밤에 배 띄우고 도롱이 차림으로 어부들 사이에서 함께 지내니 전에 벼슬살이한 적이 전혀 없는 듯하였다……한가롭게 지낼 때 술 한 잔을 청해 거문고를 타고 시 읊기를 그치지 않았다."[48]

> "기량이 웅대하고 풍채가 사람을 감동시켰으며, 行義는 독실하고 정돈되었고 재학(才學)은 박학하고 통달하였다. 경전, 자사(子史)에 두루 통하여 꿰뚫지 않은 것이 없고 성률, 음양, 병진, 복서, 천문, 지리, 서예, 활, 계수(計數) 등도 각각 신묘한 경지에 이르렀다. 일찍이 말하기를, '육예 중에 어(御)는 대대로 익히지 않은 것이고 그 나머지는 내가 모두 할 수 있다' 하였다. 심지어 조수와 초목의 이름, 기타 부수적인 것까지 아는 것이 많았다."[49]

북인계열의 도가적 풍류와 상무적 특성, 그리고 박학·실용성이 잘 드러나 있다. 특히 그는 스스로 '육예 중 기마술만 익히지 않았고, 그

47 윤재환(2010), 197면 참조.

48 李瀷, 『星湖全集』 卷67, 「從祖叔父太湖公行錄」, "月艇雨蓑, 混迹於漁釣間, 一似不曾有官…每燕居超然, 命酒一觴, 彈琴一曲, 諷誦不休, 韶顏華髮, 望之若神仙中人."

49 李瀷, 『星湖全集』 卷67, 「從祖叔父太湖公行錄」, "器宇宏偉, 神彩動人, 行義敦修, 才學博達. 經傳子史, 無不旁通午貫, 凡聲律陰陽兵陣卜筮星經地理書射計數之類, 各極臻妙. 嘗曰六藝惟御非世習也, 其餘吾皆能之. 至於鳥獸草木之名, 緒餘多識."

나머지는 모두 능하니 조수나 초목의 명칭에 이르기까지 그 나머지 것들에 대해서는 폭넓게 안다'고 한 것으로 보아 그 스스로도 박학에 상당히 자부하고 있었다고 보인다.

유형원은 서울 정동의 외가 이원진의 집에서 태어났다. 5살이 되던 1626년부터 김세렴과 이원진에게 글을 익히기 시작하였으니 그때가 이원진이 33살이었다. 이원진은 동 세대에서 가장 연장자로 1628년에 태어난 이하진보다 34세가 많았다. 이하진도 이원진에게 학문을 익혔는데 유형원과는 6살 차이여서 그 시기 서로 친밀한 관계를 형성했다고 보인다. 이 시기 이하진과 유형원의 교분은 다음 세대 이익의 학문을 형성하는 하나의 바탕이 되었다고 볼 수 있다. 이하진은 종형 이원진에게 상당한 영향을 받았고[50] 이하진의 나이 38세에 이원진이 별세했다는 점에서 그에게 끼친 이원진의 영향은 일생 동안 지속되었을 것으로 보인다.[51] 북인계의 이상의와 그의 아들 이지완, 손자 이원진과 그에게 수학하였던 이하진과 외손 유형원, 그리고 다음 세대 이익에까지 가계 내 수수관계가 이들에게 학문의 맥을 형성하고 있다.

50 이원진과 이하진의 관계는 성호의 다음 글에도 나타난다. "공의 종형인 太湖公은 명덕으로 당시 사람들의 존경을 받았다. 평소 남을 잘 인정하지 않았는데, 유독 공에 대해서는 칭찬을 아끼지 않고, 일이 생기면 대소를 막론하고 반드시 찾아와 자문하였다(公從兄太湖公名德尊一世, 平生靳許可, 獨於公裒然稱賞, 事無大小, 必咨訪焉.)." 李瀷, 『星湖全集』 卷67, 「先考司憲府大司憲府君行狀」.

51 윤재환(2010), 210면 참조.

4. 북인계 근기남인의 학문적 특징

조선 중기의 북인계 근기남인들은 서경덕, 조식, 이황의 학문을 두루 접하여 다양하고 폭이 넓었다. 이들의 학문적 특징은 첫째로 '박학'이다. 이들의 학문·사상은 잡학·박학의 풍모를 띠며 다채롭고 풍부하였다. 이들은 주자학의 영향 하에 있으면서도 주자학 밖의 사상에도 주의를 돌려 천문, 지리, 산술, 병갑 등과 같은 영역까지도 천착하는 바가 있었다. 예를 들어 한백겸은 황노학의 저술인 『음부경(陰符經)』의 의미를 적극 평가하였으며,[52] 이수광은 『지봉유설』에서 제자백가를 긍정적으로 소개하여 노자, 장자, 열자, 관자 등을 초록하여 싣고 있다.[53]

그들은 소옹의 상수학에도 관심을 보였다. 황노학과 소옹에 대한 그들의 관심은 자연주의적 경향성을 갖게 하였다. 한백겸은 자연계에 일어나는 현상이나 법·제도의 성격을 대체로 상수학의 견지에서 이해하였다.[54] 이수광 역시 『지봉유설』에서 소옹의 관물론을 빌어서 자신의 사물인식의 방식을 드러낸다.[55] 자연주의란 자연의 객관적 질서에 절

52 韓百謙, 『久菴遺稿』 上, 「題陰符經後」에서 황노학의 저술인 『陰符經』에 대해 논평하고 있다.

53 李睟光, 『芝峯類說』 卷6, 「經書部二」, '諸子', '諸史' 등에서 『회남자』, 『태현경』까지 다양하게 언급했다.

54 예를 들어 바닷가의 조수간만 현상을 소옹의 우주 호흡현상으로 해석하고자 하였다(韓百謙, 『久菴遺稿』 上, 「潮汐辨」, "唯康節邵先生有云, 潮汐, 地之喘息."). 평양에서 확인한 箕子井田도 상수학의 원리로 이해하였다. 즉 田字 모양의 농지를 선천방도를 모방하여 그 원리를 갖추고 있다고 여겼다(「箕田遺制說」, "四田, 四象之象耶. 八區, 八卦之象耶…其法象, 正類先天方圖.").

55 李睟光, 『芝峯類說』 卷5, 「儒道部」, '心學'편에는 소옹의 『황극경세』를 자세히 인

대적 의미를 부여하는 사고방식이다. 소옹의 사유체계는 객관적 자연 세계의 질서와 변화를 기준으로 자연뿐만 아니라 인간과 사회의 질서와 변화를 해석하는 관점을 가진다. 리(理)같은 초월적 진리가 아니라 자연 질서에 내재한 객관의 법칙에 기초하는 것이다.[56] 이 같은 사고에서는 도덕규범도 천지자연이 가진 질서의 규칙성에서 연역된다. 유형원에게서 보여지는 객관주의적 규범론 역시 이러한 사고방식의 전개이다. 그가 주장하는 '물지리(物之理)', '기외무리(氣外無理)' 등은 '원리는 현상에서 드러난다는 것'을 강조하는 언급들이다. 그는 "종종 소강절의 책을 읽어본 바 나도 모르게 기쁜 마음이 생겨 조리가 서는 것 같았다"고[57] 고백한 바 있다.

그들은 또 법치형정을 중시하는 경향이 있었다. 앞서 김세렴의 『거관잡기』를 인용하면서 설명하였듯이 그들은 정치에서는 법치형정이 '인의의 덕'보다 우선하다고 보았다. 그들은 법제를 인의에 종속시키지 않고 자연 질서로부터 연역된 도(道)의 구체적 형태로 여겼다. 인간의 도덕규범도 자연의 질서 그 자체에 있을 뿐이다. 따라서 법제의 실행은 치국의 요체가 된다. 이수광의 '인의(仁義)의 가르침으로 하여금 법제 가운데 머무르게 하여야 법이 행해지고 인의 역시 행해진다'는[58] 말이나 앞서 제시했던 김세렴의 '형벌이 세워지면 교화가 행해진다'는 말

용하며 자신의 사물 인식 방식을 설명하고 있다.

56 정호훈(2000), 81면 참조.

57 柳馨遠, 『磻溪雜藁』, 「與鄭文翁東稷論理氣書」, "往往讀康節之書, 自不覺其可喜, 似有秩然者."

58 李睟光, 『芝峯集』 卷22, 「雜著」, '條陳懋實箚子', "使仁義之敎, 寓於法制之中, 法行而仁義亦行."

들은 이러한 의식을 드러내는 예이다. 유형원의 제도 중시 이념과 제도개혁의 구상이 어떻게 탄생했으며, 어떤 자양분을 받고 성장했을지 추정 가능하다. 제도의 중요성에 대한 유형원의 주장을 살펴보자.

> “무릇 제도라는 것은 장인의 승척과 같고, 대장장이의 주형과 같다. 이른바 승척이 승척답지 못하고, 주형이 주형답지 못하면 비록 천하의 재주꾼이라도 집 한 칸, 그릇 한 개도 만들지 못한다.”[59]

유형원은 당시 성리학자들이 일반적으로 소홀히 취급하고 있던 기(器), 곧 현실적 제도의 중요성을 역설하고 있는 것이다.

한백겸은 기전설을 통해 성인의 이상을 담고 있는 법제를 상수학의 원리로 설명하였다. 삼대(三代)의 법제인 정전제가 상수학의 원리로 설명되는 것은 그것이 자연의 법칙에 의거한 것이라는 뜻이다. 한백겸의 「기전설」이 이끌어 낸 ‘삼대의 법제’는 이후 사회개혁을 꿈꾸던 이들에게 매우 유용한 근거가 되었다. 유형원의 전제개혁론이나 삼대의 고법으로 돌아가자는 주장이 여기에 영향을 받았음은 물론이다.

국가 경영에서 법의 실행을 핵심에 두게 되면 기존의 정주학에서 보이는 군주의 도덕 완성이 치세의 근본이 되는 사고와는 다른 길을 가게 된다. 수기(修己)가 치인(治人)에 앞서 완성되어야 할 제왕의 조건이 아니라는 것이다. 국가 경영은 법과 제도로써 완비된 국가와 그를 실행하는 국왕이 중심이 된다. 따라서 군주와 국가 자체의 권위가 강조

59 柳馨遠, 『磻溪隨錄』 卷4, 「田制後錄下」, ‘國朝名臣論弊政諸條附’, “大抵法者, 猶匠人之繩尺也, 猶冶人之模範也. 所謂繩尺非繩尺, 所謂模範非模範, 雖有天下良工, 無以成一間室一箇器.”

된다. 이러한 면이 반영되어 나타난 것이 역사지리학의 발달이다. 역사지리학은 역대 왕조의 역사와 강역, 인구, 도읍의 변화 등을 다루는 학문이다. 한백겸의 『동국지리지』, 정구의 『역대기년』 등의 역사지리서들이 저술되었다. 다음 세대 유형원의 『동국여지지』 역시 이러한 작업 중의 하나이다.

유형원의 학문과 사상에 영향을 준 북인계 근기남인의 학문적 특징은 다음과 같이 정리될 수 있을 것이다. 그들은 자연주의적 사고방식으로 자연계에서 일어나는 현상뿐 아니라 법·제도 등 사회 현상도 객관화할 수 있다고 생각하였다. 인간의 규범 역시 천지자연의 법칙에 의한 것이므로 그 법칙을 인식하고 실천하는 일은 천지자연의 질서를 따르는 일이 될 것이다. 따라서 천지자연의 법칙에 준한 제도나 규칙은 도(道)의 구체화된 형태이다. 천지자연의 법칙에 준한 제도나 규칙은 어떻게 분별이 가능할까? 성인의 제도가 그것이다. 유형원이 "삼대의 제도는 모두 천리와 인도를 따라 만든 것이니, 그 요점은 만물로 하여금 제 있을 곳을 얻게 하고 온갖 상서로움이 다 이르도록하는 것"[60]이라고 말하였듯이 성인이 일으켰다고 간주되는 삼대의 고법(古法)은 현실을 변화시킬 모범이었다.

5. 맺음말

유형원은 당시 조선 최고의 환경에서 태어났다. 당색으로는 북인에

60 柳馨遠, 『磻溪隨錄』 卷26, 「書隨錄後」, "三代之制, 皆是循天理, 順人道, 而爲之制度者. 其要使萬物, 無不得其所, 而四靈畢至."

속했으며, 그의 친가와 외가가 모두 북인 명문가로서 사회적으로나 경제적으로나 최상위 계급에 속했다. 그의 친가는 조상 유관(柳寬, 1346~1433)이 조선 개국공신이었다. 그 집안이 하사받은 사패지는 정치적 몰락 후에도 경제적 안정을 가져다주었다. 외가는 여주이씨 가문이었다. 서울 정동에 살았으므로 정동가라고도 불리며, 훗날 성호 이익으로 인하여 성호가라고도 불린다. 외증조부는 광해조 북인의 주요 구성원이었던 이상의였으며, 외조부는 이지완이었다. 이지완은 대북의 실력자 이이첨의 아들을 사위로 맞아 사돈지간이었다. 이지완의 큰아들 이원진은 유형원의 스승이었으며 외숙부였다.

또 유형원의 가문은 허엽, 김효원 가문과도 혼맥으로 맺어져 있었다. 허엽과 김효원은 동인의 실력자였으며, 그 자손도 대부분이 학자, 정치가로 활동하고 있었다. 유형원은 고모와 김효원의 손자인 김세렴이 결혼하면서 이 집안의 일원이 된다. 고모부 김세렴은 유형원의 스승이자 후견인이 된다. 김세렴은 또 허엽의 외증손자였기 때문에, 유형원도 허엽의 가문과 인척이 되었다.

유형원의 학문에 가장 큰 영향을 준 것은 그의 가문이 속해있던 북인의 학풍이었으며 학문을 열어준 두 스승 김세렴과 이원진이었다. 특별한 사승관계가 보이지 않는 유형원에게 5세 때부터 글을 가르쳤던 두 스승은 절대적이었을 것으로 보인다.

김세렴은 북인계 가학을 익혔고, 경제와 국방, 외교에도 밝은 실무관료였다. 그는 이수광과 그의 두 아들 이성구, 이민구와 절친했다. 이수광은 서인, 남인, 북인 모두와 교류하였고, 서경덕 계열의 한백겸·허균과도 깊은 교유관계를 가지고 있었다. 한백겸은 이황을 사숙하였으며, 동생은 정구의 문인이었다. 김세렴을 통해서 이들의 사상과 학문적 경향이 모두 유형원에게 수렴되었다고 볼 수 있다.

유형원의 또 하나의 스승 이원진의 집안은 인조반정 전까지 최고의 명문가였던 여주이씨 가문이었다. 그 집안에 내려오는 중국 사행의 경험은 그의 학문적 시야를 넓혀주었고, 남다른 현실 인식을 갖게 하였다. 그의 박학함은 경전, 문집, 역사에 두루 통하여 꿰지 않는 것이 없었으며 성률과 음양, 복서, 천문, 병진, 지리, 서예, 활, 계수 등의 실용적 학문에 문무를 겸비한 인물이었다. 유형원은 이익의 부친 이하진과 함께 이원진에게 수학하였다. 이원진의 경험과 시야는 유형원의 학문과 사상을 정립시키는 또 하나의 자양분이 되었다.

유형원은 이수광이나 한백겸과 직접 교유하지는 않았지만 초기 북인계 남인의 학문 경향과 사상을 충분히 소화하고 있었다. 북인계 남인의 비교적 초기 세대라 할 수 있는 이수광과 한백겸의 학문과 사상은 김세렴과 이원진을 거쳐 유형원에게 전해졌으며 이들이 유형원 실학의 사상적·학문적 경향성을 규정하는 토대와 자양분이 되었다.

참고문헌

柳馨遠, 『磻溪隨錄』, 명문당, 1994.
柳馨遠, 『磻溪雜藁』, 여강출판사, 1990.
金世濂, 『東溟集』, 한국고전종합DB, 한국고전번역원, 1992.
李睟光, 『芝峯類說』, 을유문화사, 1972.
李睟光, 『芝峯集』, 한국고전번역원, 2015.
李瀷, 『星湖全集』, 한국고전종합DB, 한국고전번역원, 1997.
鄭經世, 『愚伏集』, 민족문화추진회, 2006.
許穆, 『記言』, 민족문화추진회, 1978.
許穡, 『水色集』, 한국고전종합DB, 한국고전번역원, 1991.

韓百謙, 『久菴遺稿』, 열화당, 1972.
『承政院日記』, 仁祖(9年 8月 25日), 국사편찬위원회DB. 2015.

강경원(2012), 『이익』, 성균관대출판부.
안재순(2009), 『조선 후기 실학의 비조 유형원』, 성균관대학교출판부.
이덕일(1997), 『당쟁으로 보는 조선 역사』, 석필.
김낙진(2009), 「실학적 경세치용학의 대두–기호남인학파」, 한국사상사연구회 편, 『조선유학의 학파들』, 예문서원.
신병주(1979), 「17세기 중·후반 근기 남인 학자의 학풍」, 『한국문화』 19, 서울대학교 규장각 한국학연구원.
신병주(1992), 「17세기 전반 북인관료의 사상–김신국, 남이공, 김세렴을 중심으로」, 『역사와 현실』 8, 한국역사연구회.
신병주(2011), 「북인 학파의 연원과 사상, 그리고 현실인식」, 『한국철학논집』 32, 한국철학사연구회.
우경섭(2011), 「한강 정구의 학문 연원과 도통적 위상」, 『남명학연구원총서』 5, 남명학연구원.
윤사순(1996), 「실학 의미의 변이」, 한국사상사연구회, 『실학의 철학』, 예문서원.
윤재환(2010), 「少陵家의 使行 경험과 시적 형상화–少陵 李尙毅·太湖 李元鎭·梅山 李夏鎭을 中心으로」, 『동양한문학연구』 31, 동양한문학회.
윤희면(1998), 「한백겸」, 『한국사 시민강좌』 제22집, 일조각.
임형택 외 편역(2017), 『반계유고』, 창작과 비평사.
정인보(1955), 「다산 선생의 생애와 업적」, 『담원국학산고』, 문교사.
정호훈(2000), 「17세기 북인계 남인학자의 정치사상」, 한국연구재단 연구보고서.
정호훈(2001), 「조선후기 북인의 학문 전통과 정치이념」, 『동방학지』 113, 연세대학교 국학연구원.
지금완(2014), 「한백겸의 『구암유고』 역주」, 성균관대대학원 박사논문.
천관우(1952), 「반계 유형원 연구(上)–실학발생에서 본 이조사회의 일단면」, 『역사학보』 2, 역사학회.
하우봉(2013), 「반계 유형원과 호남실학」, 『건지인문학』 10, 전북대학교 인문학연구소.
하우봉(2018), 「호남실학의 전개양상과 성격」, 『한국실학연구』 36, 한국실학학회.
한영우(1985), 「허목의 고학과 역사인식–『동사』를 중심으로」, 『한국학보』 11권 3호, 일지사.

‘유형원의 실리론’ 분석*

–실리의 강조는 ‘주리’적 사유로의 전회(轉回)인가

신혜연

전북대학교 철학과 강사

1. 머리말

반계(磻溪) 유형원(柳馨遠, 1622~1673)은 ‘실학의 제 1조(祖)’[1]로 평가되는 조선 후기 실학의 선구자이다. 그는 『반계수록(磻溪隨錄)』 26권을 저술하여 조선의 정치, 사회 전 분야에 걸친 전면적이고도 근본적인 개혁을 주장하였다. 그가 제시한 국가 제도 개혁안은 그 규모의 방대함이나 내용의 진보성·치밀성에서 볼 때 전례를 찾기 힘든 것이었다. 『반계수록』을 통해 펼쳐놓은 객관성 추구의 규범론, 능력주의, 균등정신 그리고 직분적 신분제 구상 등의 근대지향적 성향은 그를 실학자로 평가하기에 충분하다. 하지만 그의 성리철학에 대해서는 그 전모를 명확하게 파악하기가 어려운 게 사실이다. 첫째는 무엇보다도 그

* 이 글은 『동양철학』 제57집(한국동양철학회, 2022)에 게재한 내용을 수정 보완한 것이다.

1 정인보(1955), 71면.

의 성리 저술이 남아있지 않았기 때문일 것이다. 『리기총론(理氣總論)』, 『논학물리(論學物理)』, 『경설(經說)』, 『주자찬요(朱子纂要)』 등을 지었다는 행장과 연보의 기록이 있지만 현재 한 권도 남아있지 않아 그 내용을 알 수가 없다. 다행히 안정복(安鼎福, 1712~1791)이 초록해 두었던 몇몇 자료가 발굴되어 『반계잡고(磻溪雜稿)』로 영인되었고, 이를 통해 유형원의 리기론을 엿볼 수 있게 되었지만 그것마저도 논란을 불러일으켰다. 그 글 중에는 유형원이 자신은 일찍이 기(氣) 중심적 견해를 가지고 있었으나 리(理)에 대한 새로운 견해가 생겼음을 알리는 편지글이 포함되어 있었기 때문이다. 37세의 유형원은 절친에게 리의 초월적 지위를 강조하는 '실리론(實理論)'으로의 전회를 고백하고 있었다. 논자의 견해로는 이것이 그의 성리철학의 전모를 명확하게 파악하기 어려워진 두 번째 요인이다.

이 시기를 기점으로 하여 그 이전을 반주자학적 경향을 갖는 시기로, 그 이후를 주자학으로 돌아서는 경향을 보이는 시기로 해석한 학자들은 그가 결국은 리 중심적 사유를 하는 주리론자이며, 주희의 실리 개념을 그대로 사용하였기에 그의 실리론은 주리적 사고의 본령을 찾아가는 것일 뿐이라고 결론을 내렸다. 그의 성리론은 정주학의 범주를 벗어나지 않으며 그것도 정주학을 존신하는 성향을 가지고 있었고, 조선 성리학사에서는 퇴계학통에 포함시킬 수 있는 학자라는 것이었다. 그의 성리에 대한 담론이 명백히 실리를 강조하며, 주리적 사유를 전개하고 있다는 점이 지적되고, 또한 유형원 자신이 스스로 주리적 사유로의 전향을 밝히고 있다는 점이 강조되었다.[2]

---

2 김낙진, 서영이, 정도원, 문석윤, 이봉규 등을 들 수 있다. 이들은 유형원 자신이

그러나 일찍이 유형원의 경세론에 주목했던 학자들은 실학과의 연계 속에서 그를 현실 중심의 기론·경험론자로서 평가하였다. 실학자들의 입장이 대체로 실사구시의 현실론자들이기 때문에 리보다는 기를 중시하는 경향이 있으며, 실학의 개조인 유형원 역시 이 범주에 포함될 수 있다는 것이었다.[3] 나아가 그의 박학, 실용·실증의 학문 방법이나 경세치용학의 성과 등은 성리학과 분명 구분되는 실학적 특성이

'실리'를 강조하였고, 무엇보다 스스로 리의 실체를 인정하는 본체론적 사고로의 회귀를 인정했다는 점을 간과할 수 없다고 보았다. 따라서 유형원 철학의 탈 성리학 가능성에 회의적이다. 김낙진은 우리가 성리학과는 다른 철학관을 가진 실학자를 찾고자 한다면, 그것은 유형원 이후에나 가능할 것이라고 말하였다(김낙진(1993), 207~215면). 서영이는 유형원의 실리론이 리의 본원성을 강조한다는 점에서 정주학의 회의와 극복이 아닌 계승이라고 말하였다(서영이(2008), 3면). 정도원은 유형원 자신이 분명히 이황을 따르고 주자학을 존숭하고 있음을 밝히고 있다는 점을 지적하였다(정도원(2000), 249면). 문석윤은 유형원이 유교 이상국가를 향한 이상주의적 지향을 강하게 지닌 것으로 보았다. 즉, 주리로의 전향으로 상징되는 '실리'가 그의 '이상'의 표현라는 것이다(문석윤(2013), 94면). 이봉규는 유형원과 이익의 유학에 대한 관심은 성리학의 이념 자체에 대한 재검토가 아니라 그 이념을 실현하는 방식에 있다고 지적하고, 그의 제도론은 유교적 이념의 사회적 실천 수단인 禮制를 기층 민중에게까지 확대하기 위한 개혁 추구로 봐야 한다고 하였다(이봉규(2001), 5면). 이외에도 주리적으로 보는 견해는 이우성(1987), 사학계의 김준석(1992), 김태영(2009), 천관우(1972) 등 다수의 연구자들이 있다.

3 반계의 리기론을 기 중심 사고로 파악하는 견해도 상당하다. 윤사순은 실학의 철학적 입장이 주기론이 '대표적 경향'임을 주장하며(윤사순(2008), 482면), 반계가 이황의 理發而氣隨之와 氣發而理乘之를 '竝立雙行', '各具理氣'하는 폐단을 지닌다고 비판한 것을 들어 그의 리기설은 이미 '주기'로 기울었음을 확인할 수 있다고 말한다(463면). 안재순은 유형원의 성리설이 리기의 不離不雜之妙를 말하면서도 현실적으로 리기불상리의 측면을 강조하고 있다고 보았다(안재순(2009), 114~115면). 정병련은 반계의 리기론에서 리기가 각기 주체성을 지니고 있지만 리는 그 기능성이 탈각된 것으로, 양자의 관계에 있어서는 리란 '기의 리'로 귀결된다고 보았다(정병련(1992), 6면).

있으며, 또한 『반계수록』에서 제도로써 제시한 수많은 진보적 대안들은 그의 성리철학의 실천적 측면이기에, 따라서 조선 후기의 탈 성리학의 단초는 미약하나마 그에 의해 제시되었다는 것이다.[4] 그러나 이것은 앞서 밝혔듯이 유형원 그 자신이 스스로 주리적 사유로의 전향을 밝히고 있다는 지적 앞에서는 다소 무력해질 수밖에 없었다.

이글에서는 그의 실리론의 내용과 성격을 분석해 봄으로써 논자 역시 이러한 논란에 참여하고자 한다. 그의 37세 때의 전향 고백을 액면 그대로 받아들여야 하는 것일까? 그의 전향은 과연 어느 정도의 경도를 가지는 것일까? 전향의 계기나 목적은 무엇일까? 그의 성리학과 개혁사상은 정합적인가? 등의 많은 의문에 대한 답을 얻고 싶기 때문이다. 길지 않은 두 세 편의 편지글만 가지고 유형원의 성리설을 이해하기는 쉽지 않은 일일 것이다. 그러나 실학자로서 그토록 방대하고 진보적인 개혁구상이 어떻게 가능하였는지 그의 철학을 논하지 않고서는 이해할 수 없는 일이기에, 빈약한 자료에 기대어서나마 그의 성리설을 논해보고자 한다.

4 안재순, 정병련, 추제협 등을 들 수 있다. 안재순은 유형원 철학에 경험적 현실을 중시한 현실 인식의 바탕 위에서 전통적 주자학 자체를 변용시켜 가려는 기틀이 서서히 마련되어가고 있었다고 보았다(안재순(1983), 543면). 정병련은 유형원의 리기심성론이 성리학적인 리기심성론에 회의를 가지면서 현실을 긍정하는 실리와 실사의 바탕 위에 새로운 철학적 기반을 마련하는 독자적인 노선을 시도하고 있다고 보기 때문에, 실학이 성리학적 리기관을 근저로 하는 사상이라는 사고는 재고되어야 한다고 주장하였다(정병련(1992), 278면). 추제협은 실리가 강조되면서 존리가 약화되는 점을 지적하고 기존의 주자학과 구별되는 이러한 차별적 측면이 실학적 단초가 되었다고 보았다(추제협(2011), 190면).

2. '주리'로의 전향 과정

유형원의 리기론은 오랜 시간의 사유와 고민 속에서 정립되었다. 19년 동안의 『반계수록』 작성 과정에서 점진적으로 틀이 갖추어진 듯하다. 그사이 한 차례 큰 전환도 있었다. 유형원은 『반계수록』의 집필을 시작한지 7년째 되던 해에 그의 친구이자 사돈인 정동직[5]에게 보낸 서한에서 자신의 리기론을 피력한다. 그리고 기외무리(氣外無理)와 리지시기지리(理只是氣之理)의 기 중심적 경향이 짙었던 종전의 자신의 견해가, 리의 초월적 지위를 강화하는 방향으로 일대 전환이 이루어졌음을 상세히 밝힌다. 먼저 그의 전향 표명 이전의 사고 경향을 살펴보자.

> 천지 사이에 가득 찬 것은 기(氣) 아닌 것이 없다고 마음속으로 생각했다. 오고 가고[往來] 오르고 내리고[昇降] 닫히고 열리고[闔闢] 모이고 흩어지는[聚散] 것은 기이며, 그렇게 오고 가고, 오르고 내리고, 닫히고 열리고, 모이고 흩어지는 까닭[所以]이 리(理)이다. 비록 기를 리로 여겨서는 안 된다 하더라도, 기 밖에 리가 있을 수는 없다. 요컨대 리는 기의 리이다. 종전의 나의 견해가 한결같이 이와 같아 물(物)에서 징험해 본 바 더욱 그러함을 볼 수 있었다.[6]

천지 사이에 가득한 것이 기이고, 만물이 기 아닌 것이 없다고 생각

5 鄭東稷(1623~1658). 자가 文翁이다. 부친은 鄭希聖으로 허목과 함께 수학하였다. 유형원과는 친구이자 사돈 관계이다. 그가 허목에게 유형원을 소개하였다.

6 柳馨遠, 『磻溪雜藁』, 「與鄭文翁東稷論理氣書」, "心以爲盈天地之間者莫非氣也. 其往來升降闔闢聚散者氣也, 其所以往來闔闢升降聚散者理也. 雖不可認氣爲理, 然氣外無理. 要之理只是氣之理也. 從前所見一向如此, 或驗之於物上, 愈見其然."

한 유형원은 기 밖에 리가 있을 수 없고[氣外無理], 리는 단지 기의 리[理只是氣之理]일 뿐이라고 보았다. 그는 이같이 리는 곧 '기의 리'라는 사고를 견지하고 있었다. 기외무리는 서경덕(徐敬德, 1489~1546) 리기론의, 리지시기지리는 나흠순(羅欽順, 1465~1547) 리기론의 핵심어구이다.

서경덕은 「리기설」에서 주자학에서 주장하는 기에 대한 리의 선재성을 부정하며 '기외무리'를 주장하였다. 그에 의하면 '기밖에 리가 따로 있는 것이 아니다. 리가 기를 주재한다는 것은 바깥에서 주재하는 것이 아니라, 기의 작용에 능히 그 소이연의 정(正)을 잃지 않음을 가리킬 뿐이다. 또 리는 기에 선재하는 것이 아니기 때문에, 기가 시작이 없으면 리도 진실로 시작이 없는 것이다.'[7] 유형원이 기외무리를 수용했다는 것은 서경덕의 기론, 즉 리선기후(理先氣後)를 인정하지 않으며, 리를 기에 내재하는 조리로 보고 리의 독립성을 인정하지 않는다는 뜻이다.

그의 또 다른 어구 '리지시기지리'는 그에게 미친 명대 성리학자 나흠순의 영향을 주목하게 한다. 나흠순은 『곤지기(困知記)』에서 '리는 단지 기의 리일 따름이며, 기가 돌고 바뀌는 점에서 살펴볼 때, 그것이 어떻게 그런지는 알지 못하지만 그렇게 되고 있고, 마치 주재하는 어떤 것이 그렇게 하는 듯하는데 이것이 리라는 이름이 생겨난 까닭'[8]이

7 徐敬德, 『花潭集』 卷2, 「雜著·理氣說」, "氣外無理. 理者氣之宰也. 所謂宰, 非自外來而宰之, 指其氣之用事, 能不失所以然之正者而謂之宰, 理不先於氣, 氣無始, 理固無始."

8 羅欽順, 『困知記』 續錄 卷上38, "理只是氣之理, 當於氣之轉折處觀之…有莫知其所以然而然, 若有一物主宰乎其間而使之然者, 此理之所以名也."

라고 말하였다. 리라는 실체가 따로 있는 것이 아니라 기의 운행 속에서 리를 살펴볼 수 있다고 하는 것이 그의 사상의 핵심이다. 리가 기능적으로 기의 운동을 지배하지만 리가 기와 대대(對待)하는 또 다른 실체는 아니라고 본 것이다. 그렇게 되면 리는 형이상학적 실체가 아니라 기 운동의 조리가 된다.

나흠순이 조선의 학자들 사이에서 적극적인 검토의 대상이었다는 점을 볼 때[9] 유형원 역시 나흠순의 사유체계를 충분히 검토했을 가능성이 크다. 유형원은 나흠순의 『곤지기』 중 일부를 「잡록(雜錄)」이라는 편명으로 따로 발췌해 놓고 있다.[10] 유형원이 발췌해 놓은 나흠순의 다음 글은 앞서 제시한 유형원의 글과 비교해보면 그들의 견해가 상당히 유사하다는 것을 알 수 있다.

> 대개 천지에 통하고 고금에 뻗쳐서 하나의 기 아님이 없다. 기는 본래 하나이지만, 한 번 동하고 한 번 정하며, 한 번 가고 한 번 오며, 한 번

---

9 나흠순의 『困知記』가 조선에 전래된 이후 이황을 비롯한 많은 학자들이 나흠순 철학에 관심을 보였다. 그와 관련한 저술에는 노수신의 「人心道心辨」과 「困知記跋」, 기대승의 「論困知記」, 이현익의 「困知記辨」, 한원진의 「羅整菴 困知記辨」, 이항로의 「困知記錄疑」 등이 남아있다. 조선의 유학자들 사이에서 리기론, 인심도심론, 심성론, 리일분수 등 나흠순 학설의 많은 부분이 논변의 대상이었다. 이황은 전면적인 배척과 비판으로 일관했고, 이이는 부분적으로 비판하지만 대체를 긍정하고 호의적인 태도를 보였다. 그 밖의 정시한, 이현일, 장유, 윤휴, 김창협, 오희상, 임성주 등의 학자들이 나흠순 학설과 관련된 논설들을 남겼다. 조남호(1999) 참조.

10 柳馨遠, 『磻溪雜藁』, 「雜錄」; 「잡록」은 전편이 나흠순의 『곤지기』를 발췌한 글이다. 「잡록」에는 『곤지기』 上, 75; 11; 『곤지기』 續錄上, 35; 『곤지기』 上, 14의 일부가 순서대로 실려있다. 유형원은 「雜錄」 冒頭에 '羅整菴曰'이라고 출처를 명확히 밝히고 있다.

> 닫히고 한 번 열리며, 한 번 오르고 한 번 내리며, 순환이 그침이 없다. 미미함이 쌓이면 드러나고, 드러나면 다시 미미하게 되어 사시의 온량한서(溫涼寒暑)가 되고, 만물의 생장수장(生長收藏)이 되며, 백성의 일용이륜(日用彝倫)이 되며, 인사의 성패득실이 되니 천 가지 가닥 만 가지 실마리가 어지럽게 뒤섞여 있지만 혼란스러울 수 없다. 그렇게 되는 까닭을 모르지만 그런 것이 이른바 리이다.[11]

천지고금을 통하여 하나의 기가 아님이 없으며, 따뜻하고, 서늘하고, 춥고, 더운 온량한서와 나서, 자라고, 거두어, 저장되는 생장수장의 자연 현상뿐만 아니라 인사의 성패득실과 일상에서의 사람이 당연히 지켜야할 도리인 일용이륜까지도 일기(一氣)의 작용과 운동으로 설명하고 있다. 아울러 그러한 기의 작용과 운동이 천만가닥이어도 어지럽지 않고 질서 있음을 보고, 그 이유는 알지 못하지만 그 질서 있음을 리라고 간주한다는 것이다. 유형원의 '천지 사이에 가득 찬 것은 기 아닌 것이 없으며, 운동하고 변화하는 일체의 것은 기이며, 그렇게 되는 까닭이 리이므로 리는 단지 기의 리'[12]라는 주장과 매우 유사하다. 이것을 우연이라고 볼 수 없을 것이다. 실리론을 피력한 이후에도 유형원은 나흠순을 비판할 때 그의 리기론이 '틀렸다'가 아니라 '리의 본원에 투철하지 못한 곳이 있다'[13]고 지적한다.

---

11 柳馨遠, 『磻溪雜藁』, 「雜錄」, "蓋通天地, 亙古今, 無非一氣而已. 氣本一也, 而一動一靜, 一往一來, 一闔一闢, 一升一降, 循環無已. 積微而著, 由著復微, 爲四時之溫涼寒暑, 爲萬物之生長收藏, 爲斯民之日用彝倫, 爲人事之成敗得失. 千條萬緒, 紛紜膠轕而卒不可亂. 有莫知其所以然而然, 是即所謂理也(羅欽順, 『困知記』卷上, 11)."

12 주6) 인용문 참조.

유형원이 제도개혁을 통한 현실개혁을 꿈꾸는 데 있어, 서경덕의 '기외무리'와 나흠순의 '리지시기지리'는 그의 현실 이해에 중요한 개념이다. 기외무리와 리지시기지리의 리기관에 의하면 기는 시공을 초월한 우주만물의 근원이 되며, 리는 단지 기가 운동 변화하는 일정의 조리, 질서가 된다. 비록 기를 리로 여겨서는 안된다 하더라도 현실에서 리는 오직 기를 통해 드러나고, 리는 기의 조리로써의 역할을 하는 것이다. 유형원이 나흠순의 '기를 리로 여겨서는 안된다[認氣爲理便不是]'[14]를 '비록 그렇다 하더라도[雖不可認氣爲理]'라는 양보의 절로 받고, 이어서 '그래도 기밖에 리 없다[然氣外無理]'라고 덧붙인 것을[15] 주목해본다면 그의 기 중심적 관점은 나흠순보다 더 강력하였다고 할 수 있을 것이다.

유형원의 기 중심적 사고를 촉진시킨 것은 서경덕, 나흠순 외에도 소옹(邵雍, 1011~1077)이 있었다. 유형원이 소북계 남인이었다는 것을 고려해본다면 북인계 학자들이 가졌던 소옹과 서경덕의 학문에 대한 관심이 그에게 전해진 것은 자연스러운 일이다.[16] 그의 기 중심적 사고를 촉진시킨 것은 이 세 사람이었다고 추정할 수 있다. 유형원은 정동직에게 보낸 서한에서 소옹, 서경덕, 나흠순을 한꺼번에 거론하며

13 柳馨遠, 『磻溪雜藁』, 「與鄭文翁東稷論理氣書別紙」, "羅整菴之論, 亦非以氣爲理者, 然於理之本原, 有所未透."

14 羅欽順, 『困知記』 卷下35, "理須就氣上認取, 然認氣爲理便不是."

15 柳馨遠, 『磻溪雜藁』, 「與鄭文翁東稷論理氣書」, "雖不可認氣爲理, 然氣外無理."

16 북인들은 唯氣論의 세계관에 큰 영향을 받았으며 그 사유에 기초하여 정치·사회 운영을 모색하려 하였다. 그들은 소옹, 서경덕, 조식의 영향을 가장 크게 받았다. 북인의 학문과 정치에 관해서는 정호훈(2000) 참조.

다음과 같이 말한다.

> 소강절의 책을 읽어본 바, 나도 모르게 기쁜 마음이 생겨 조리가 서는 것 같았다. 나정암과 서화담의 이론에 대해서는 의심이 없을 수 없었으나 꼭 그렇지 않은 이유도 밝혀낼 수 없었다. 주자의 설에 이르러서는 곧장 의심스러운 곳이 많았다.[17]

소옹과 나흠순과 서경덕에 대한 언급은 매우 간단하지만 이들이 주자보다는 덜 의심스러웠다고 밝히고 있다. 그가 거론한 이 세 사람의 공통점은 그들이 대체로 구체적인 현실과 사물의 세계에 초점을 맞추고 있다는 점이다. 유형원은 소옹의 학문을 '물을 관찰하여 그 이치를 알고, 물을 음미하여 그 묘리를 얻는다'[18]고 평가하였다. 그의 학문을 물리의 학문으로 본 것이다. 그는 또 나흠순 철학에 대해서도 앞서 언급했듯이 『곤지기』를 발췌해 놓고 탐독할 만큼 깊은 관심을 가지고 있었다. 서경덕에게는 '스스로 터득한 묘리가 많았고 남을 뛰어넘는 자질이 있었으며, 식견과 지취(志趣)가 높아 다른 묵객(墨客)이 미칠 수 있는 바가 아니다'[19]고 평가하였다. 유형원이 이 세 사람을 한꺼번에 거론한 것은 그의 학문적 관심, 나아가 그의 사유가 지향하던 바가 무엇이었는지 추측 가능하게 한다.

---

17 柳馨遠, 『磻溪雜藁』, 「與鄭文翁東稷論理氣書」, "往往讀康節之書, 自不覺其可喜, 似有秩然者. 於整菴花潭之論, 不能無疑, 而亦未明其不然. 至於朱子之說, 則直是可疑者多."

18 柳馨遠, 『磻溪雜藁』, 「與鄭文翁東稷論理氣書別紙」, "觀物而知其理, 玩物而得其妙."

19 임형택 외 편역(2017), 399~400면, 「반계선생언행록」.

소옹의 상수학은 자연주의적 사고를 가지고 있다. 자연 질서에 내재한 객관의 법칙에 기초하여 존재와 관계를 이해하는 방식이다. 서경덕과 나흠순은 기를 중시하는 공통점이 있다.[20] 서경덕과 나흠순은 둘 다 리 본체를 실체로서 인정하지 않고 기 속에서 파악하는 것, 곧 리의 본원성보다는 실제성을 중시하는 것이다. 즉, 셋의 공통점은 눈앞에 드러나는 현실에 입각하여 원리를 찾는다는 점이다. 구체적인 현실과 사물의 세계에 초점을 맞추는 방식은 유형원의 학문 방법론이다. '기 또한 도다'[21]는 그의 발언에서도 확인되지만, 그는 일찍이 "도는 먼 곳에 있지 않고 날마다 쓰는 사람 사이에 있는데, 사람들은 그것을 탐구하지 않는다"[22]고 말하며 학문하는 방법을 비근한 일상에서 찾을 것을 충고한 바 있다. 그는 또 "대체로 학문하는 방도는 실제에 의거해서[形據上] 공부를 해야 할 것"[23]이라고 말하며, "사물 밖에서 이치를 구하

20 서경덕(1489~1546)과 나흠순(1465~1547)은 동시대 인물이다. 서경덕의 학문은 자득한 것으로 유명한데 그의 리 개념은 나흠순과 유사하다. 그는 리를 기가 분화, 운동하는 과정에서의 조리 혹은 주재, 즉 기가 운동하고 작용할 때 내재하는 규칙 정도로 이해했다. 다만 기의 운동이 어떤 특별한 힘에 의해서가 아니라 기 자체가 가진 힘에 의해 자연적으로 이루어지므로 기가 만물의 근원자로서 인식된다는 기일원론적 논리를 가지는 점이, 기를 본체로 인정하지 않는 나흠순과 다르다; 서경덕은 기의 작용을 다음과 같이 표현하였다. "누가 그렇게 만든 것일까? 스스로 그렇게 할 수 있었던 것이고 또한 스스로 그렇게 되지 않을 수가 없었던 것이니 이것을 理의 때라 한다…움직임과 고요함 닫힘과 열림이 없을 수가 없는데, 그것은 무슨 까닭인가? 기틀이 스스로 그러할 뿐이다(孰使之乎, 自能爾也, 亦自不得不爾, 是謂理之時也…不能無動靜, 無闔闢, 其何故哉. 機自爾也.)." 徐敬德, 『花潭集』 卷2, 「雜著·原理氣」.

21 柳馨遠, 『磻溪雜藁』, 「與鄭文翁東稷論理氣書別紙」, "則又器亦道之意."

22 임형택 외 편역(2017), 375면, 「반계선생언행록」.

23 柳馨遠, 『磻溪雜藁』, 「答梁退叔」, "大抵爲學, 須從有形據上做工夫."

면 얻을 수 없다"[24]고 말하였다. 이것은 분명 리를 초월적 실체로 삼고, 고원한 천리를 깨치는 공부 방법론과는 다른 길이다.

유형원은 분명 이 세 사람에게 경도되어 있었지만 그러나 그에게는 기외무리와 기지리, 그리고 상수학으로는 채워지지 않는 부분이 있었다. 그는 이것을 '여러 경서를 읽어 증험해 봄에 합치되지 않는 점을 발견하지는 못했지만 그럼에도 불구하고 끝내 흡족하지 못했다'[25]고 밝히고 있다. 『반계수록』의 집필을 시작하여 꽤 오랜 시간이 흘러가고 있었지만 리기 문제에 있어서 자신의 명확한 견해가 확립되어있지 않았던 것이다. 그의 의심스런 상태는 지속되고 있었으며, 이를 해결하기 위하여 '반복해서 사고'[26]하는 과정을 거친다. 그리고 그의 사고 전환이 이루어진다. 기외무리와 리지시기지리에서 한발 물러나 리의 독자성과 주재성을 강조하게 된 것이다.

> 대개 리와 기는 혼합이 되어 틈이 없으니 비록 리가 기의 밖에 있는 것은 아니더라도, 그 리는 기로 인해서 있는 것도 아니다.[27]

> 기를 떠나서는 다시 리가 있을 수 없다. 그러나 리는 스스로 실리요, 기로 인해서 있게 되는 것은 아니다.[28]

---

24 柳馨遠, 『磻溪雜藁』, 「答梁退叔」, "故外事物求理不得也."

25 柳馨遠, 『磻溪雜藁』, 「與鄭文翁東稷論理氣書」, "以此讀諸經書, 未見其不合而終未浹洽."

26 柳馨遠, 『磻溪雜藁』, 「與鄭文翁東稷論理氣書」, "思之反覆."

27 柳馨遠, 『磻溪雜藁』, 「與鄭文翁東稷論理氣書」, "蓋理氣, 渾融無間, 雖氣外無理, 然理非因氣而有也."

28 柳馨遠, 『磻溪雜藁』, 「又論人心道心書別紙」, "離了氣, 更無理, 然理自是實理,

만약 리가 단지 기의 리일 뿐이라고 한다면 이것은 기를 주재자로 삼은 것이며, 리가 주재자가 되지 않는다.[29]

리의 독자성과 주재성, 즉 리는 기라고 하는 구체적 존재에 의해 비로소 있게 되는 것이 아니라 그 이전에 독자적으로 존재해왔으며 현실 세계는 리가 주재하고 있다는 것이다.[30] 현실 세계는 기의 세계이다. 리 역시 기와 결합되어 있다. 그렇지만 여기서 강조하고 있는 실리는 스스로 기와 같은 실재성을 지니고 있다고 본다.

물(物)을 이연(已然)으로부터 보면 리는 다만 기의 리일 따름이요, 기 밖에 리가 있지 않다. 물을 본연(本然)으로부터 본다면 이 리가 있기 때문에 이 기가 있는 것이다. 기가 한 번 가고 한 번 오며 한번 닫히고 한번 열리는 것은 필히 소이연이 있어서이다. 이것이 이른바 리이다.[31]

非因氣而後有也."

29 柳馨遠, 『磻溪雜藁』, 「與鄭文翁東稷論理氣書」, "若但曰理只是氣之理而已, 則是以氣爲主, 而理不爲宰也."

30 정동직에게 보낸 편지글에 포함된 리의 위상을 강조하는 표현 몇 가지를 더 제시해 보면 다음과 같다. "주자가 '태극이란 동해서 양이 되고, 정해서 음이 되도록하는 본체'라고 말하였는데 더할 나위 없는 말이다…이것이 이른바 리의 본연이다(朱子曰, 太極者所以動而陽, 靜而陰之本體也, 可謂盡矣…斯所謂理之本然也.)"; "물을 본연으로부터 본다면 이 리가 있기 때문에 이 기가 있는 것이다(自其本然者而觀之, 則以其有此理, 故有此氣也.)." 柳馨遠, 『磻溪雜藁』, 「與鄭文翁東稷論理氣書別紙」; "대체로 조화가 조화됨은 모두 실리이다(凡造化之爲造化, 皆實理也.)." 柳馨遠, 『磻溪雜藁』, 「與鄭文翁東稷論理氣書」.

31 柳馨遠, 『磻溪雜藁』, 「與鄭文翁東稷論理氣書」, "自物之已然者而觀之, 則理只是氣之理氣外無理. 自其本然者而觀之, 則以其有此理, 故有此氣也. 氣之一往一來一闔一闢, 必有所以然, 是則所謂理也."

리는 기로 인하여 있는 것이 아니며, 리가 있음으로 해서 기가 있는 셈이다. 본연은 사물의 원천적인 상태를 말하며, 이연은 사물이 이미 만들어진 상태를 말한다. 본연이란 사물의 세계가 본래 그러할 수밖에 없다는 것이다. 이 세계가 선험적 원리에 의하여 법칙적으로 나타난 것임을 주장하는 것이다. 여기서 본연이라는 말이 핵심이 된다. 물의 세계, 즉 기의 세계에 질서가 있음은 '본연'이 그렇다는 것이며, 어떤 초월적 원리가 있다는 것이다. 다양한 세계를 만들어내는 기 작위 너머의 질서의 원리로서 리의 위상이 정립되었다. 그는 이어서 리의 진실성과 실제성, 이로 인한 보편성을 강조한다.

> 대개 상천(上天)의 일은 무성무취(無聲無臭)하지만 지극히 참되고 지극히 실제적이다. 본체로부터 말하면 도(道)라 하고, 그 진실로부터 말하면 성(誠)이라고 하고, 총회로부터 말하면 태극이라고 하고, 조리로부터 말하면 리(理)라고 하지만 그 실은 하나이다. 이 리가 밝게 드러나 상하를 관철하고 물마다 바탕을 이루어 남기지 않으니, 천지가 자리한 까닭이 이 때문이요, 일월이 밝은 것이 이 때문이요, 귀신이 그윽함은 이 때문이요, 인물이 사는 것이 이 때문이다. 성명, 인의, 예악, 형정이 이것이 아님이 없다.[32]

유형원은 천지, 일월, 귀신뿐만 아니라 성명, 인의, 예약, 형정까지

32 柳馨遠, 『磻溪雜藁』, 「與鄭文翁東稷論理氣書」, "蓋上天之載, 無聲無臭, 而却至眞至實, 自其本體而謂之道, 自其眞實而謂之誠, 自其總會而謂之太極, 自其條理而謂之理, 其實一也. 此理昭著, 貫徹上下, 體物不遺, 天地之所以位者此也, 日月之所以明者此也, 鬼神之所以幽者此也, 人物之所以生者此也, 性命, 仁義, 禮樂, 刑政無非此也."

모든 사물의 본원으로서의 리를 상정한다. 그에 의하면 천지가 자리잡고, 일월이 밝게 빛나고, 귀신을 은밀하게 하고, 인간과 사물을 생존하게 하는 것과 같이 기의 운동으로 구현되는 자연의 모든 현상들뿐만 아니라, 인의, 예악, 형정이라고 하는 도덕·사회·정치적 현상까지 그 근본에는 리가 있다. 그래서 그 리가 자연, 인간, 도덕, 사회, 제도 등 현실의 모든 존재와 모든 가치 세계를 성립시켜주고 실재하게 하는 원인이 된다. 리는 세계 내의 모든 실재하는 존재물들 속에서 그것들이 그렇게 있게 되는 근거로서 구체적으로 존재하고 있으며 그것들 속에서 분명하게 드러나 있다는 것이다.

> 사물은 본디 이 리가 있기 때문에 물에는 반드시 소이연이 있고, 일에 있어서 반드시 소당연이 있다. 이 이치는 지극히 실하여 하늘이 하늘이 되고, 땅이 땅이 되며, 사람이 사람이 됨에 있어 실리 아님이 없다.[33]

> 리를 단지 기의 리일 뿐이라고 하여도 안 될 것은 없다. 그러나 기의 리라고만 한다면 끝내 리의 본원을 덮어 가리고 말아 사람들로 하여금 성명의 근원을 보지 못하게 한다.[34]

소이연·소당연으로서의 리가 천·지·인, 즉 만물과 인사를 조화하는 근원이 된다. 그런데 경험의 세계에서 물의 리는 다만 기의 리로써 추론된다. 그러나 기를 위주로 보는 경우 기가 리의 본원을 덮어 가리

33 柳馨遠, 『磻溪雜藁』, 「又論人心道心書別紙」, "以其本有是理, 故在物必有所以然, 在事必有所當然. 此理至實, 天之爲天, 地之爲地, 人之爲人, 無非實理也."

34 柳馨遠, 『磻溪雜藁』, 「又論人心道心書別紙」, "謂理只是氣之理, 亦無不可. 然才謂氣之理時, 終是氣邊意思, 便重掩了理之本原, 令人見不得性命之原."

고 말아 만물과 인사의 본 면목을 볼 수가 없다. 따라서 본연으로부터의 사유가 필요하고, 그 본연으로부터 사유해야만 성명의 근원을 볼 수 있다.

이상으로 본다면, 유형원은 리 실체를 인정하는 본체론자로서 리기 개념으로 세계를 설명하는 전형적인 정주학자이며, 리의 독립성과 주재성을 강조하는 '주리론자'인 것 같다.

3. 실리의 강조는 '주리'적 사유로의 전회인가

1) 몇 가지 문제

이렇듯 유형원은 그의 실리론을 피력함으로써 본체로서의 리의 위상을 높이고, 그 역할을 강조하였다. 그러나 그의 실리론이 '주리'로의 사상적 전회를 의미하는 지는 더 살펴볼 필요가 있을 것 같다. 다음에 제시할 몇 가지 이유 때문이다.

첫째는 그가 리선기후(理先氣後)를 결코 인정하지 않았다는 것이다. 주희가 제자의 질문에 "요컨대 먼저 리가 있다고 해야 할 것이다. 오늘 이 리가 있고 내일 이 기가 있다는 식으로 볼 수는 없지만 모름지기 선후는 있어야 한다"[35]라고 대답한 것에 대하여 유형원은 다음과 같이 비판하였다.

---

35 朱熹, 『朱子語類』 권1, "朱子曰, 要之也先有理, 只不可說今日有是理, 明日却有是氣也, 須有先後."

그러나 성인의 말씀은 이와 같지 않아서 다만 한 번 음(陰)하고 한 번 양(陽)하는 것을 일러 도(道)라 하고, 형이상, 형이하로 구분했을 따름이다.[36]

주자의 언설에 대하여 성인의 말씀은 이와 같지 않았다고 부정하는 것이다. 유형원은 리를 분명하게 독립적인 실재로 구분하였다. 그리고 본체로서의 리의 우월성을 언급하였다. 그럼에도 그는 리기의 선후 문제에 있어서는 리선기후로 보지 않았다. 리가 사물의 원인 혹은 근거라고 한다면 당연히 그러한 관점에서는 리선기후를 생각해볼 수 있다.

이 리가 있기 때문에 이 기가 있다고 하는 이 말 또한 선후로 보아서는 안 된다. 리는 본디 시작이 없으며, 기도 또한 시작이 없다.[37]

유형원은 리기의 선후를 부정한다. 그 대신 그가 채택한 리기관계를 가장 잘 나타내주는 개념은 '리기의 형이상과 형이하의 관계'이다. 그는 리기를 선후가 아니라 형이상과 형이하의 관계로 볼 것을 요구한다.

대개 리와 기는 선후로 논할 수 없으며, 반드시 분합(分合)으로 논할 필요도 없다. 오직 형이상과 형이하만이 가장 완벽하니, 묵묵히 살펴보면 참으로 오묘하다.[38]

36 柳馨遠, 『磻溪雜藁』, 「與鄭文翁東稷論理氣書別紙」, "然聖人言之不如此, 只說一陰一陽之謂道, 形而上形而下而已."

37 柳馨遠, 『磻溪雜藁』, 「又論人心道心書別紙」, "有此理, 故有此氣, 此語亦不可以先後看. 理本無始, 氣亦無始."

그는 리기의 작용을 선후가 아니라 상하관계로 구분하였다. 물(物)에서 형이상과 형이하로 떨어질 수 없이 결합되어 있다는 뜻이다. 상하 개념으로 리의 본연성에 우월한 위치를 갖게 하면서도 선후나 분합의 논리에서 오는 불필요한 논란을 불식시키고 있다.

두 번째는 실리의 선언 이후에도 유형원의 성리학에서 리기혼융무간(理氣混融無間)과 기지리(氣之理) 모두 강력하게 긍정되고 전제되고 있다는 점이다. 유형원은 주희의 리선기후뿐만 아니라 리기이물(理氣二物)[39]에 대해서도 적극 동조하지 않았다. '리기가 서로 뒤섞일 수 없는 실상임은 지극히 분명하다'[40]고 말하면서도 '리기는 분합으로 논할 필요가 없다'[41]고 주장하는 것이다. 그의 다음과 같은 글도 역시 분명 주희의 리기분리를 의식한 진술이었다고 볼 수 있다.

> (리기를) 일물(一物)이라고 한다면 분명 일물이 아니요, 이물(二物)이라고 한다면 이물이 될 수 없다. 그러나 일물이라고 할 때 바야흐로 합일의 묘를 볼 수 있지만 이물이라고 하면 둘이 되는 실상을 얻을 수 없다.[42]

유형원에게도 리기 불리·부잡의 문제는 기본 명제였다. 정동직에게

---

38 柳馨遠, 『磻溪雜藁』, 「又論人心道心書別紙」, "蓋理氣不可以先後論, 不必以分合論. 惟形而上形而下最盡, 默而觀之, 其妙矣乎."

39 朱熹, 『朱子大全』 卷46, 「答劉叔文」, "所謂理與氣, 此決是二物."

40 柳馨遠, 『磻溪雜藁』, 「與鄭文翁東稷論理氣書」, "渾然之中, 不相夾雜之實, 至爲分明."

41 柳馨遠, 『磻溪雜藁』, 「又論人心道心書別紙」, "蓋理氣, 不可以先後論, 不必以分合論."

42 柳馨遠, 『磻溪雜藁』, 「與鄭文翁東稷論理氣書」, "以爲一物, 則明是非一, 以爲二物, 則不成爲二, 然一之方見合一之妙, 二之未得爲二之實."

보내는 편지에서 그는 줄곧 리기 불리·부잡의 문제를 거론한다. 그는 리기가 하나의 물건도 아니요, 두 개의 물건도 아니라고 하면서도 하나라고 했을 때 '합일의 묘'를 볼 수 있다고 말한다. 그가 가진 리기 부잡에 대한 확신이 불리를 능가할 만큼은 아니었다고 보여지는 대목이다. 실리로의 전회를 고백하는 중에도 그는 여전히 기외무리와 기지리를 고수하고 있었던 것이다. 그는 같은 편지글에서 이러한 생각에 확실한 쐐기를 박는다. 그는 정동직에게 다음과 같은 말로 자신의 기지리(氣之理)의 신념이 손상되지 않았음을 알린다.

> 전에 리는 기의 리라고 했던 말도 본래 옳지 않은 것은 아니다. 그러나 천도의 본연과 성인의 본뜻은 이렇게 하지 않으면 오직 사람들의 소견이 도에 밝지 못해서 뜻이 막히는 데가 있는 까닭에 이와 같이 말했을 따름이다.[43]

기지리가 본래 옳지 않은 것은 아니라고 밝히고 있다. 그의 실리론이 '기지리라고 생각했던 자신의 과거의 사고'를 완전한 오류로 인정하고 새로운 사고로 전회를 알리는 것은 아닌 것이다. 기지리가 옳지만 소견이 도에 밝지 못한 사람들에게 잘못된 영향을 줄까 염려하여 그러한 우려를 불식시키기 위해 진술을 바꿨다는 고백에 다름 아닌 것이다. 다음 글을 보자.

43 柳馨遠, 『磻溪雜藁』, 「與鄭文翁東稷論理氣書」, "若向所謂理是氣之理者, 固無不可. 然天道本然聖人本意, 不如是, 正惟人之所見未明乎道, 而意有所滯, 故說來自如此爾."

형이상의 것을 도(道)라 하고 형이하의 것을 기(器)라 한다고 했으니 이 몇 마디 어구는 리기의 서로 분리될 수 없고, 서로 섞일 수도 없는 묘리를 더할 수 없이 다 말했다고 하겠다.[44]

유형원은 리기의 선후나 분합 문제의 거론을 피하고자 하였다. 그래서 그는 그것을 도기로 환치하여 설명하고자 한다. 첫째는 애초 분별은 있지만 분리되어 실재하지는 않는다는 것을 강조하기 위해서이다. 형이상의 도와 형이하의 기는 공간적 상하를 의미하지 않는다. 이것은 형상을 기준으로 하여, 형상을 넘어서는 도의 우월성을 상(上)으로 표현하는 것이다. 주희 역시 형이상의 도와 형이하의 기에 대해 언급하며,[45] "기(器)를 가리켜 도(道)라고 하면 사실 옳지 않지만, 기가 도에서 분리되는 것 역시 옳지 않다"[46]고 말하고, "무릇 형상을 가지고 있는 것은 모두 기(器)이다"[47]고 설명하였다. 주희는 형이상자를 도라고도 하고, 리라고도 말하며 섞어 사용하기도 하지만,[48] 유형원에게는 도기(道器)로 말해지는 순간 이미 선후 문제가 사라지고, 형상의 기준이 적용되어 유물유칙(有物有則)[49]에 따라 분리될 수 없는 것이 된다.

---

44 柳馨遠, 『磻溪雜藁』, 「與鄭文翁東稷論理氣書別紙」, "形而上者謂之道, 形而下者謂之器, 此數語理氣之不相離不相雜之妙, 可謂一言盡矣."

45 朱熹, 『朱子語類』 卷62, 「中庸一」, "形而上爲道, 形而下爲器."

46 朱熹, 『朱子語類』 卷75, 「易十一」, "指器爲道, 固不得, 離器於道, 亦不得."

47 朱熹, 『朱子大全』 卷36, 「答陸子靜」, "曰凡有形有象者, 皆器也."

48 朱熹, 『朱子語類』 卷95, 「程子之書一」, "形而上者, 無形無影是此理, 形而下者, 有情有狀是此器."

49 有物有則은 『詩經』, 「大雅·烝民」편에 실려있다. "하늘이 백성을 낳음에 물이 있으면 법칙이 있게 하였다(天生烝民, 有物有則.)"; 유형원은 사물이 있으면 법칙이 있는데, 道가 법칙이라고 말하였다. 그는 인은 사물이고, 도는 법칙이라고 말하며

두 번째는 그가 기(氣)를 굳이 기(器)로 표현함으로써 기(氣)가 갖는 추상성을 희석시키려 했다는 점이다. 주자학에서 형이상의 도는 원리이고, 형이하의 기는 그릇, 즉 구체적인 사물이다. 기(器)는 구체적인 현상과 속성을 갖는 사물을 지칭한다. 기(氣)보다는 기(器)가 구체성을 띤다. 그의 도기론은 그가 이 세계를 바라보는 시선이 형거상(形據上)에 있다는 것을 보여준다. 반복하자면 형(形)이 기준이다. 형을 기준 삼아 상하로 나누는 것이다.

세 번째로는 물지리(物之理)를 들 수 있다. 이것은 그의 추상적 의미의 기지리가 구체성을 띤 물지리로 한 발 더 진전하였음을 나타낸다. 그는 리를 기지리가 아니라 물지리로 보는 관점을 제시하였다.

> 기라고 하는 것은 물(物)이 그로 말미암아 이루어지는 것이며, 리라고 하는 것은 물이 그것에 근거하여 이루어지는 것이다… 인의가 사람의 리라면, 리는 마땅히 물의 리라고 해야지 기의 리라고 하면 옳지 않다.[50]"

리기의 관계를 이미 형성된 물을 거점으로 하여 물에서의 형이상과

(所謂有物有則者, 可以一言蔽之…人是物, 道是則也. 柳馨遠, 『磻溪雜藁』, 「又論人心道心書」), 밖에 있는 것이 표준이 되는 것이 아니요, 내면에 있는 것이 표준이며, 무릇 물의 법칙이 모두 그렇다고 하였다(則非在外之准也, 只在裏面, 凡物之則亦皆然. 柳馨遠, 『磻溪雜藁』, 「又論人心道心書別紙」); 유물유칙에 대한 설명은 '有事則必有理이지만, 有理則未必有事이다'는 표현이 매우 적절하다. 물(사)이 있는 곳에는 반드시 리가 있다. 리의 선험성과 관계없이 물(사)은 현상계에서 아직 실현되지 않을 수도 있지만, 이미 실현된 곳에는 반드시 리가 있을 수밖에 없는 것이다. 황갑연(2011), 244면 주23) 참조.

50 柳馨遠, 『磻溪雜藁』, 「又論人心道心書別紙」, "氣也者物之所由成者也, 理也者物之所以成者也…仁義卽人之理, 則理當爲物之理, 不當爲氣之理."

형이하의 관계 즉, 도(道)와 기(器)의 관계로 논하자는 것이다. 물을 전제로 한다는 것은 리가 기를 타거나 기를 주재하는 리가 아니라 각 사물의 속성·본질을 규정하는 리로써 역할을 한다는 것을 의미한다. 세계의 시원, 사물현상을 관통하는 보편원리로서의 리가 아니라 자연 현상, 사회 정치제도 등 개별 사물 저마다의 존재원리로서의 리이다.[51] 유형원이 직접 분수지리(分殊之理)라는 표현을 하지는 않았지만[52] 물지리는 분수지리가 된다. 분수지리는 물을 기준으로 인식되는 리이다. 이것은 눈앞에 실재하는 물(物) 속에서만 찾을 수 있다. 그의 실리로서의 물지리는 현실에 바탕한 리일 수밖에 없다. 그의 실리론이 '기외무리'를 부정하지 않고 성립할 수 있는 이유이다. 그의 리를 수식하거나 서술하는 형태로 자주 등장하는 실의 의미가 진실무망의 성실성 외에도 실제성의 의미를 갖게 되는 연유이기도 하다. 그는 실리의 속성에 자연(自然), 필연(必然) 외에 실제 상황을 의미하는 실연(實然)의 의미를 부여했다.[53]

> 이른바 도라고 하는 것은 모두 사(事)와 물(物)이 마땅히 실행하여야 할 리이므로 사와 물을 제쳐 놓고서는 리를 구할 수 없다.[54]

---

51 김준석(1992), 100면 참조. 김준석은 이것을 사물 현상을 관념 사변의 세계로부터 현실 경험의 세계로 이끌어내 온 것이라고 평가했다. 종래 리와 기의 분개에 의해 사변 추론 중심으로 이루어지던 사물의 이해 방식은 지양되고 실사의 현상과 본질을 실리라는 차원에서 관찰 분석하는 방식으로 전환해가게 되었다고 말한다.

52 유형원은 萬殊에 대하여 말하였다. "리일인 까닭에 만수가 될 수 있다(理一, 故能萬殊.)." 柳馨遠, 『磻溪雜藁』, 「與鄭文翁東稷論理氣書別紙」.

53 柳馨遠, 『磻溪雜藁』, 「與鄭文翁東稷論理氣書別紙」, "自然而不能已, 當然而不可違, 實然而不可泯. 理非至實, 安能如此."

유형원은 실리를 기의 차원이 아니라 사와 물의 차원에 두었다. 이로써 소당연의 측면은 사와 물의 맥락에서 강조된다. 이는 제도론의 탐색에도 정당성을 부여하였다. 사와 물의 맥락에서 소당연은 현실 세계에서 사와 물의 존재 원리에뿐만 아니라 행동 준칙에까지도 준거가 된다. 행동 준칙을 담보하는 제도에 대한 탐색은 소당연의 실리의 탐색과 다름이 없다. 유형원이 리의 초월적 지위를 살려냄으로써 『반계수록』을 통해 담아내던 그의 제도론도 소당연의 당연지칙으로 간주될 수 있는 길이 생기게 되었다. 리는 초월적 본원이면서 제도에 투사된 인도(人道)의 성격을 갖게 되는 것이다. 다음 글을 살펴보자.

> 도는 처음부터 천인(天人)의 구별이 있었던 적이 없었으니, 사람의 백성이 곧 하늘의 물이며, 사람의 사업이 곧 천지조화의 공이다.[55]

사람이 하는 사업이 천지조화의 공이며, 그것은 또한 자연의 조화와 다름이 없다. 유형원은 리에 대한 탐색이 그러한 물과 사, 즉 인간과 사회를 떠난 추상적 개념으로써 공허하게 이루어져서는 안 되며 그들 형체를 지닌 물과 사 위에서 그를 근거로 하여 논하여야 한다고 주장하는 것이다.[56]

이상에서 살펴보았듯이 앞에 제시한 세 가지 이유로 유형원의 실리

---

54 柳馨遠, 『磻溪雜藁』, 「答梁退淑」, "所謂道者, 皆是事物當行之理, 故外事物求理不得也."

55 柳馨遠, 『磻溪雜藁』, 「與鄭文翁東稷論理氣書別紙」, "而道未始有天人之別, 人之民, 卽天之物. 人之事業, 卽天之造化之功也."

56 문석윤(2013) 64면 참조.

론은 그의 고백에도 불구하고 그의 사상적 전회를 십분 인정하기에는 어려움이 있다. 리의 본연성에 우월한 위치를 갖게 하면서도 리선기후나 리기분합에 대해서는 비판하거나 거부하는 태도는 리의 초월성에 방점을 두는 리 본체론자의 태도는 아닌 것으로 보이게 한다. 두 번째 실리 전향 표명 이후에도 기지리를 포기하지 않았다는 점도 주목된다. 리의 독자성과 주재성을 거론하면서도 주희의 리기이물론에 대해서 적극 동조하지 않는다. 그리고 그의 실리에 대한 발언들은 대부분 보편적인 리일(理一)이라기 보다는 개별 사물에 내재한 분수지리인 물지리를 의미한다는 것이다. 그가 언급하는 리의 대부분은 본체계의 리라기보다는 현상계 사물의 리인 것이다. 그가 실리론으로 전향을 표명하고서도 이러한 입장을 견지하였다면 그의 실리적 현실 탐구는 여전히 본질적, 논리적, 관념적인 측면에서보다는 다분히 현상적, 실제적, 현실적인 측면에서 수행되고 있었을 것으로 볼 수 있을 것이며 주리론으로 전회하였다고 보기에는 석연치 않은 점이 있는 것이다.

2) 실리를 강조하는 의도는?

유형원이 리의 실체를 인정하고 '실리론'으로의 전향을 표명하였다는 점은 분명히 기 중심적 사고와의 결별을 의미하는 것으로 볼 수 있다.[57] 그러나 거듭 말하지만 그가 리선기후를 인정하지 않았고, 또 그

57 그의 성리설의 기조가 되는 氣外無理와 理只是氣之理의 원작자들은 유기론 쪽에 훨씬 근접해있는 기론자였다. 이들은 모두 리를 기의 조리로 간주하는 공통점이 있었다. 유형원은 리의 초월성 내지 독립성, 주재성 등에 대한 비중을 강화하면서 이들과 거리를 둔 것이다.

의 리기론에서 불리(不離)에 대한 언급이 상당하다는 사실을 주목할 필요가 있다. 그리고 그의 시선이 언제나 형거상에 있었다는 것도 간과할 수 없는 사실이다. 그의 학문하는 방법이 앞서 지적했듯이 실제에 의거한 경험적, 귀납적 방법을 취했다는 점도 있다. 그렇다면 그는 왜 그 시점에서 새롭게 리의 지위와 역할을 강조하고 나선 것일까?

유형원은 『반계수록』이라는 현실 사회와 정치에서 필요한 구체적 제도안을 작성하고 있었다. 그의 제도개혁에 대한 관심은 곧 기(器)에 대한 관심이다. 도를 실현하기 위한 수단으로서 일지라도 그가 가진 기(器) 자체의 완성에 대한 지대한 관심을 볼 때, 설사 그가 실리로의 전회를 고백하였다하더라도 그 바탕에 자리한 기(氣)의 비중을 간과할 수 없을 것이다. 유형원이 리를 기의 조리로 보았다가 그 실재성을 인정함으로써 실리론으로 전향하는 것은, 앞서 인의의 리에서 살펴보았듯이 유형원에게 기로서는 채울 수 없는 일종의 지선(至善) 혹은 정의(正義)에 대한 욕구가 발생했기 때문이었다고 봐야할 것이다. 그것은 무엇보다 그가 당시 사회의 부조리를 목도하고 느끼는 울분이 임계점을 넘었다고 보여지기 때문이다.[58] 그가 평소 기 중심적 입장에서 취하던 귀납적 방법으로는 본인이 느낀 부조리에 대한 합리적인 설명이 불가능했을 것이다. 악에는 악의 리가 있다고 결론 내려야 할지도 모를 일이었다. 그는 실제로 다음과 같이 말하였다.

58 유형원의 눈에 보여진 조선 사회의 현실은 그의 『반계수록』에 적나라하게 묘사되고 있다. 그는 극에 달해있던 토지·관료·국방·신분 각 방면에 온갖 모순들을 지적하며 울분을 토로하였다. 그가 보기에 조선의 제도들은 인욕에 따라 만들어졌고, 그것이 조선을 위기에 빠뜨리고, 외세에게 능욕 당하게 한 요인이었다. 그는 천리에 따른 제도로서 개혁하지 않고서는 치세를 회복할 길이 없다고 강변한다.

하나인 줄만 알아서 하나라고 하는 자는 선악이 모두 리에서 나온다는 설에 빠지기 쉽다.[59]

유형원은 혹자의 말을 빌어 '기가 흩어지는 것은 흩어지는 리가 있고, 모이는 것은 모이는 리가 있다'고 하는데 이 말은 옳지 않다고 말한다. 성인이 양이란 양의 리가 있고, 음이란 음의 리가 있다고 말하지 않고 한번 음하고 한번 양하는 것을 일러 도라 한다고 했음을 지적하고,[60] 다음과 같이 말하였다.

만약에 혹자의 말과 같다면…… 사람이 선한 것은 선의 리가 있고 악한 것은 악의 리가 있다고 할 수 있을 것이다. 리는 본래 이와 같지 않다. 물의 리는 필히 아래로 흐르고 사람의 리는 필히 곧다. 역류한다거나 악한 것은 리에 어긋나는 것이다.[61]

『반계수록』을 써내려가는 도중에 그에게는 지선·지고한 만고불변의 원리가 요청되어졌다. 이것이 그가 실리론으로 전향을 표명한 직접적인 계기라고 보여진다. 여기에는 『반계수록』을 집필하면서 피력한 자신의 변법적 경세론을 고금을 초월한 어떤 근본 원리에 정초시키는

59 柳馨遠, 『磻溪雜藁』, 「與鄭文翁東稷論理氣書別紙」, "徒知爲一而一之者, 易流於善惡皆理之說."

60 柳馨遠, 『磻溪雜藁』, 「與鄭文翁東稷論理氣書別紙」, "或曰, 氣之散者散之理, 聚者聚之理也. 曰此言未是, 聖人不曰陽者陽之理, 陰者陰之理. 而曰一陰一陽之謂道, 於此可見矣."

61 柳馨遠, 『磻溪雜藁』, 「與鄭文翁東稷論理氣書別紙」, "若如所云, 則亦當曰…人之善者善之理, 惡者惡之理也. 理本不如是, 水之理必順, 人之理必直. 若夫激與惡者, 理之反也."

부수적 효과도 있었다.[62] '제도'라는 형식에 실리라는 새로운 질적 내용을 확보하는 것이다. 그는 리의 초월성과 본원성을 강조함으로써 이러한 의도를 효과적으로 수행하고자 한듯하다.

그는 정동직에게 자신이 가진 실리에 대한 확신을 피력하는 중에 다음과 같이 말하였다.

> 「계사전」에 '형이상의 것을 도(道)라 하고, 형이하의 것을 기(器)라고 한다'고 하였고, 그 아래에 이어서 '조화하여 마름질하는 것을 변(變)이라고 하며, 미루어서 실행하는 것을 통(通)이라고 하고, 들어서 천하의 백성에게 조치하는 것을 사업이라고 한다'라고 하였다. 여기서 조화하여 마름질하고 미루어서 실행하는 것은 리와 기가 한 몸을 이루어 조화하고 미루는 것이다.[63]

자연과 인간의 사업 모두가 리와 기가 한 몸을 이루어 실행하는 것이라고 강조하고 있다. 논자는 이것을 그가 리기 불상리를 강조하고 있는 것이라고 해석해서는 안된다고 본다. 앞에서도 언급했지만 그는 제도개혁을 숙고하고 있었고, 그것은 기의 문제에 몰두하고 있었다는 것을 말한다. 그가 새삼 리기일체를 들고 나오는 것은 빠뜨릴 수 없는 리의 절대성이 필요했기 때문이다. 즉, 기에 해당하는 제도에 대하여 숙고하고 있던 그에게 절대 불변의 선, 즉 리가 요청되어지고 있었다

62 정일균(2009), 319~320면 참조.

63 柳馨遠, 『磻溪雜藁』, 「與鄭文翁東稷論理氣書別紙」, "繫辭, 形而上者謂之道, 形而下者謂之器. 其下繼言化而裁之謂之變, 推而行之謂之通, 擧而措之天下之民謂之事業. 此是化而裁之推而行之, 理氣合體而化之推之也."

고 추측할 수 있다. 유형원은 리기는 한 몸으로서 이것이 분리된 상태에서는 만물의 조화란 불가능하다고 역설한다. 변통과 사업에 있어서 기도 중요하지만 리가 없이는 이루어질 수 없다고 본 것이다. 『반계수록』의 19년간의 집필을 마무리하는 「서수록후(書隨錄後)」의 마지막 구절은 그의 절실함을 드러낸다.

> 아! 한갓 법만으로는 저절로 시행될 수 없으며, 한갓 선만으로는 정사를 하기에 부족하구나.[64]

유형원은 실리를 통해서 리의 본원성을 확보하였다. 그의 실리가 물지리였기 때문에 리의 실제성은 이미 확보되어 있는 상태였다. 기와 대대관계에 있는 리가 아니라 물(物)과 사(事)에 내재하는 리라면 리의 실제성과 본원성 중 어느 것도 포기할 필요가 없다. 이미 형성된 물을 거점으로 하여 리를 탐구하는 작업은 리의 본원성을 아무리 강조하여도 그 실제성은 약화될 수 없기 때문이다. 따라서 그의 37세 때의 전향 고백은 자신의 철학에서 이미 확고히 자리매김한 리의 실제성에 본원성 강화를 덧입히는 작업이었다고 볼 수 있다.

4. 맺음말

유형원의 사상편력을 살펴보자면 사회개혁에 대한 지극한 열정이

64 『磻溪隨錄』, 「書隨錄後」, "嗚呼, 徒法不能以自行, 徒善不足以爲政."

초래한 기(器)의 중요성에 대한 인식이 그를 기 중심적 경향으로 이끌었다고 볼 수 있다. 그는 처음 '기 밖에 리 없다' 그리고 '리는 단지 기의 리이다'는 사고를 지니고 있었다. 훗날 그가 이러한 사유방식을 폐기하는 것은 아니지만 리의 지위와 역할을 새삼 강조한 '실리론'을 주장함으로써 기 중심적 경향에서 한발 물러선다. 기의 세계에 질서가 있음은 본연이 그런 것이며, 이 세계에는 어떤 초월적 원리에 의해서 관장되고 있다는 것이다. 실리의 주장으로 리는 기로부터 독립되고 소이연과 소당연으로서의 성격은 강화되었다. 『반계수록』을 써내려가던 도중이었다.

『반계수록』을 집필하던 중에 유형원에게는 기로서는 채울 수 없는 절대 선, 혹은 정의에 대한 욕구가 있었다고 보여진다. 그가 평소 취하던 귀납적 방법으로 본인이 느낀 부조리에 대한 합리적인 설명이 어려웠을 것이다. 악에는 악의 리가 있다고 결론내려야 할지도 모르는 일이었다. 그에게 지선·지고한 만고불변의 원리가 요청되어졌다. 그는 그것을 성인의 도와 인의의 리에서 구했으며, 이것이 그가 실리론으로 전향한 직접적인 계기라고 할 수 있다.

리의 본체로서의 실체를 인정한다는 것은 도덕 기준의 확보라는 효과가 있다. 이것은 유형원의 인의가 인간의 리라는 주장에서 확인된다. 또한 이것이 제도라는 형식에 '실리'라는 새로운 질적 내용을 확보함으로써 『반계수록』에 고금을 막론하고 존재한다고 생각했던 통의·통법이 담겨있다는 의미를 전달하려고 한 것으로 볼 수 있을 것이다. '부자는 땅이 끝없이 이어지고 가난한 자는 송곳 꽂을 땅도 없는'[65] 상

65 『磻溪隨錄』 卷1, 「田制下 · 田制雜議附」, "富者連絡阡陌, 貧者無立錐之地."

황이나, '사람이 사고 파는 재산으로 취급되는'[66] 현실을 타개하기 위해서는 절대 기준이[立極] 되는 본체,[67] 리가 꼭 필요하였다. 천지 사이에 기 아닌 것이 없어서 왕래, 승강, 합벽, 취산하는 일체의 것이 기이며, 리는 실체도 아니고 주재력도 없는 것이라는 생각을 유지하는 가운데에서는 '부자는 땅이 끝없이 이어지고 가난한 자는 송곳 꽂을 땅도 없는' 작금의 상황을 기의 작용으로 인정하고 이를 개선할 다른 대안을 찾아야 했을 것이다. 논자는 그의 실리론의 비밀이 여기에 있다고 생각한다.

따라서 그의 전향 고백은 액면 그대로 받아들일 수 없을 것이다. 앞서 제기한 의문에 대한 답으로 정리해보면, 그가 리의 실체를 인정하고 독립성과 주재성을 강조하는 실리론을 전개했다 하더라도 그는 여전히 기외무리와 기지리를 포기하지 않았으며, '천지의 리는 만물에 드러나니 물이 아니면 리는 드러날 바가 없으며, 성인의 도는 만사에 행해지니 일이 아니면 도는 행해질 바가 없다'고[68] 말하며 물과 사 차원의 현실 중심적 시각을 고수하였다. 그의 실리는 물지리였기 때문에 이미 형성된 물을 거점으로 하여 리를 탐구하는 작업은 리의 본원성을 아무리 강조하여도 그 실제성이 약화될 수 없다. 따라서 그의 실리론은 자신의 철학에서 이미 확고히 자리매김한 실제성에 본원성 강화를

66 『磻溪隨錄』 卷26, 「續篇下·奴隸」, "今我國以奴婢爲財. 夫人者, 同類, 豈有人以人爲財之理."

67 『磻溪遺稿』, 「書中不能盡者又別紙條具于下」, "天之爲天, 地之爲地, 人之爲人, 無非實理也. 循此而盡之, 謂之盡性, 體此而立之, 謂之立極."

68 『磻溪隨錄』 卷26, 「書隨錄後」, "天地之理, 著於萬物, 非物, 理無所著, 聖人之道, 行於萬事, 非事, 道無所行."

덧입히는 정도의 경도를 가진다고 볼 수 있다. 물론 그 계기나 목적은 앞에서도 누차 언급하였듯이 기 중심으로는 해결할 수 없는 절대적 도덕기준의 확보와 더불어 자신의 필생의 작업이었던 『반계수록』을 '천리'라는 절대 원리에 정초시키기 위해서였다고 볼 수 있다.

그의 성리철학에서 실리는 물과 사에 내재하는 리이다. 그것은 물과 사에서 실제적인 작동 원리이자 기준으로서의 도·리이다. 『반계수록』을 통해 펼쳐놓은 전 인민이 항구적인 경제 기반을 갖는 일, 교육을 받아 성명의 도리를 아는 일, 능력에 따라 사회에 배치되어 분을 찾은 일 등은 이미 그것들 안에 내재한 도·리, 즉 실리가 기준이 되며, 이것은 제도를 통해서 보장될 수 있는 것이다. 도(道)는 기(器)를 떠날 수 없고, 기(器) 안에서만 실현 가능하다. 제도 개혁안은 토지, 교육, 임·직관의 국가 사회의 모든 부문에 내재하는 실리를 찾아서 그것에 적용하자는 제안이다. 그에게 초월의 리는 물 안에서 합리, 즉 선(善)의 기준이며 동시에 제도라는 기(器)에서 담겨 구현되는 당연지칙이다.

참고문헌

『磻溪隨錄』(柳馨遠, 명문당, 1994; 한장경 역, 충남대학교, 1966).
『磻溪遺稿』(柳馨遠, 임형택 외 편역, 창비, 2017).
『磻溪雜藁』(柳馨遠, 여강출판사, 1990).
『困知記』(羅欽順, 臺灣商務印書館, 1986).
『詩經』(김학주 역, 명문당, 2010).
『朱子大全』(朱熹, 주자대전번역연구단 옮김, 전남대학교 철학연구교육센터·대구한의대학교 국제문화연구소, 2010).
『朱子語類』(朱熹, 中國哲學書電子化計劃, 2006; 이주행 외 옮김, 소나무 2001).
『花潭先生文集』(徐敬德, 한국고전종합DB, 한국고전번역원, 1988).

김낙진(1993), 「유형원의 성리 사상」, 한국동양철학회, 『동양철학』 4.
김준석(1992), 「유형원의 변법관과 실리론」, 연세대학교 국학연구원, 『동방학지』 75.
김태영(2009), 「반계 유형원의 변법론적 실학풍」, 한국실학회, 『한국실학연구』 18.
문석윤(2013), 「반계의 실리론」, 문석윤 외, 『반계 유형원 연구』, 사람과 무늬.
서영이(2008), 「유형원 철학에서 실리의 적용방식」, 범한철학회, 『범한철학』 49.
안재순(1983), 「유반계 실학사상의 철학적 기조」, 『道原柳承國華甲記念東方思想論攷』.
안재순(2009), 『조선 후기 실학의 비조 유형원』, 성균관대학교출판부.
윤사순(2008), 『실학의 철학적 특성』, 나남.
이봉규(2001), 「유교적 질서의 재생산으로서 실학」, 서울대학교 철학사상연구소, 『철학사상』 12.
이우성(1988), 「초기 실학과 성리학과의 관계: 반계 유형원의 경우」, 연세대학교 국학연구원, 『동방학지』 58.
정도원(2000), 「반계 유형원 실학의 철학적 기저」, 한국사상문화학회, 『한국사상과 문화』 7.
정병련(1992), 「유반계의 리기·심성론」, 동양철학연구회, 『동양철학연구』 13.
정인보(1955), 「다산 선생의 생애와 업적」, 『담원국학산고』, 문교사.
정일균(2009), 「조선후기 유교사상계의 동향: 주자학과 그 대항담론」, 연세대학교 강진다산실학연구원, 『다산과 현대』 2.
정호훈(2004), 「17세기 북인계 남인학자의 정치사상」, 한국연구재단연구보고서.
조남호(1999), 「나흠순의 철학과 조선학자들의 논변」, 서울대학교대학원 박사학위논문.
천관우(1972), 「한국실학사상사」, 고려대 민족문화연구소, 『한국문화사대계』 6.
추제협(2011), 「반계 유형원의 리기심성설과 그 실학적 단초」, 한국사상사학회, 『한국사상사학』 37.
황갑연(2011), 「화엄 法界觀과 주희 理氣論의 異同을 통해서 본 儒佛의 交涉」, 한국양명학회, 『양명학』 28.

『반계수록』 〈고설〉을 통해 본 유형원의 실학적 경세사관

박인호
금오공과대학교 교양교직과정부 교수

1. 머리말

유형원(柳馨遠)의 『반계수록(磻溪隨錄)』은 사회개혁론을 다룬 실학 개혁서 가운데 선구적 위치를 차지한다. 이러한 위상으로 인해 이 책의 개혁론에 대해 많은 연구가 진행되어 왔다. 조선 후기 사상사에서의 중요성에 비추어 보건대 유형원의 개혁론은 앞으로도 계속 연구되어야 할 과제이다.[1]

그런데 필자는 많은 연구가 진행되어 온 유형원의 사회개혁론 자체를 여기서 다시 중언부언하기보다 그동안 연구자들이 주목하지 못하였던 개혁론의 배경적 측면에 대해 살펴보려고 한다. 사회개혁론은 우리나라와 중국의 역대 사회경제적 제도에 대한 연구와 인식을 바탕으

1 유형원의 개혁사상에 대한 연구가 가지는 의미에 대해서는 필자의 소논문을 같이 참조하기 바란다.
박인호(2018) 참조.

로 하고 있다. 제도 변화에 관심을 가진 모든 학자들은 기본적으로 이전 대의 사회와 경제에 대한 이해를 바탕으로 새로운 제도의 수립을 주장하고 있다. 따라서 유형원이 제도의 변화를 어떻게 정리했으며 그것이 다른 사람과 어떻게 달랐는가를 밝힐 수 있다면 유형원의 개혁론이 지닌 의미와 위상을 잘 설명해 줄 수 있을 것이다.

그런데 『반계수록』 〈고설〉 조항은 바로 개혁론의 역사적 내력에 대한 유형원의 고찰에 해당하는 부분이라고 할 수 있다.[2] 여기서는 〈고설〉에서 왜 그러한 주장들을 발췌하였는지, 그것이 의미하는 의도가 무엇인지를 밝혀 보고자 한다. 그리고 여러 서적에서 자료를 인용해 작성한 〈고설〉이라는 형식의 체재가 사학사적으로 어떠한 의미가 있는지를 살펴보고자 한다. 다만 〈고설〉에서는 많은 인용된 글이 나오는데 어느 것이 인용된 것이고 어느 것이 유형원의 생각인지를 구분할 필요가 있다. 왜냐하면 일부 안설은 편집 과정에서 잘못 표기된 것도 있기 때문이다.

이 연구를 통해 단순히 자료를 집적한 것으로만 여겨져 왔던 유형원의 『반계수록』 〈고설〉에 대해 새로운 의미를 부여할 수 있기를 기대한다. 또한 유형원의 개혁론에 대해 제도론적인 측면에서의 접근 방식과는 다른, 사학사적인 접근이라는 새로운 영역을 제시할 수 있기를 기대한다.

2 『반계수록』 〈고설〉을 통해 유형원의 역사의식을 찾아보려는 것은 석사학위논문 이래 필자의 문제의식 가운데 하나이다. 박인호(1989a); 박인호(1989b), 80~82면.

2. 유형원의 역사관에 관련된 자료 검토

1) 기존 연구

영조 대 출판 이후 『반계수록』은 정교한 사회개혁론으로 인해 지속적으로 주목을 받아 왔다. 다만 그 사회개혁의 지향점이 무엇인가에 대해 천관우는 유교적 이상사회로의 회귀로 평가한 반면 정구복은 수직적 사회에서 수평적 사회로의 진전을 의미하였다고 평가하였다.[3] 그러나 이러한 평가에도 불구하고 유형원이 지향하였던 역사관이 어떠한 것이며 사학사적 의미가 무엇인가에 대해서는 제대로 구명되지 못하였다.

유형원의 역사관에 대해 본격적으로 다룬 것은 김준석의 연구에서 출발한다고 할 수 있다. 김준석은 유형원의 변법론에 대한 기존 논문을 확대시켜 사회개혁론의 위상을 다루면서 도덕 지상주의적 역사관에서 합리적·공리적 역사관으로의 전회라고 평가하였다. 그리고 유교를 부정하는 변법사관(變法史觀)으로 규정하고 근대 역사이론의 단초를 열었다고 평가하였다.[4] 정구복은 유형원의 역사관을 다루면서 고설의 중요성을 환기시켰으며, 유형원의 역사관에는 보편주의, 객관주의, 합리주의적인 특징이 있다고 규정하면서 경제와 도덕을 통한 사회개혁을 꿈꾼 역사 사상가이자 관념론적인 동양 역사학에 유물론을 도

---

3 천관우(1952~1953), 「반계 유형원 연구」, 『역사학보』 2, 3; 천관우(1979), 『근세조선사연구』, 일조각.
정구복(1970), 「반계 유형원의 사회개혁사상」, 『역사학보』 45.

4 김준석(2000); 김준석(2005), 109면. 이 논문은 1998년 국사편찬위원회에서 개최된 학술대회에서 발표한 논문을 공간한 것이다.

입한 첫 사상가로 평가하였다.[5] 그리고 조성을은 유형원의 고려시대 제도에 대한 인식의 분석을 통해 우리나라에서 비판적 역사학의 출발이라고 규정하면서 우리나라의 제도에 대한 역사학적 연구는 유형원에서 시작했다고 평가하였다.[6] 이 세 연구는 유형원의 역사관을 밝히는데 있어 선구적인 업적이라고 할 수 있다. 유형원을 근대의 발전사관에 맥락이 닿는 최초의 변법적 사회사상가라거나 유물론을 도입한 첫 사상가라거나 비판적 역사학이 유형원에서 출발했다고 평가하는 것이 정당한가라는 데에는 더 논의가 필요하지만 유형원의 역사관의 의미와 위상에 적극적인 평가를 했다는 점은 주목되어야 한다.

그러나 이후 연구자들이 개혁론의 내용을 고찰하는데 연구력을 집중하면서 개혁론이 지향하였던 역사관이 무엇인가라는 측면은 여전히 제대로 보여주지 못하고 있다. 최근 최광만은 「교선지제」 〈고설〉이 일종의 교육사 기술이라는 점에 주목하여 그 의의에 대해 근대적 실증성이 부족하고 후대에 들어 제도가 타락하는 측면을 강조하고 있다고 평가하였다.[7] 전체 〈고설〉을 대상으로 한 것이 아니었고 또 교육제도의 타락하는 측면이 〈고설〉에서 유형원이 보여주려는 핵심이었는지는 여전히 의문이다.

그리고 직접 논문의 형태로 제시된 것은 아니지만 팔레는 유형원을 다룬 저술에서 〈고설〉에서 제시한 내용이 무엇을 의미하는 지에 대해 부분별로 정리하였다. 그러나 여기서도 특정 분야의 〈고설〉 부분만을

5 정구복(1999); 정구복(2008), 222면.

6 조성을(2000); 조성을(2004), 209면.

7 최광만(2010), 참조.

다루어 팔레가 파악한 〈고설〉의 집필 의도가 무엇인지가 잘 드러나지 않고 있다. 『반계수록』의 저술 의도에 대해 지혜의 원천은 중국의 역사 제도였으며 사상의 중심은 중국 고대 제도에 머물러 있다고 평가하여[8] 유형원의 진보적인 역사의식을 적확히 파악하였다고 말하기 어려운 점이 있다.

이러한 연구들은 유형원이 지닌 역사관의 특정 양상과 〈고설〉의 특정 부면만을 보여주고 있어 유형원이 지향하였던 사상의 전체 모습을 보여주지는 못하고 있다.

2) 유형원의 역사학 관련 저술

유형원의 저술로 현재 사회개혁서인 『반계수록』, 지리서인 『(동국)여지지』, 문집 중 시집 일부,[9] 그리고 안정복이 적은 『동사례』라는 제목의 초록집 속에 수록된 유형원의 논술이 전하고 있다. 이들 책은 공간되거나 혹은 번역되어 일반 사람들이 쉽게 접할 수 있게 되었다.

그런데 유형원의 역사관계 저술로 안정복이 편집한 「반계선생연보」[10]에서는 『동국사강목조례』, 『역사동국가고』, 『속강목의보』를 들고 있으며, 이익이 쓴 「반계유선생전」[11]에서는 『동사조례』, 『속강목의보』를 들고 있다.

---

8 팔레(2008), 589면.

9 『磻溪逸稿』로 책명을 붙여 『한국한문학연구』 38(2006)에 활자화 되었다.

10 李家源 謹校(1974), 安鼎福, 「磻溪先生年譜」, 『人文科學』 32; 정구복 편(1974), 『증보반계수록』. 이하 「연보」로 줄임.

11 李瀷, 『星湖先生全集』 권68; 『星湖全書』 2(1984), 957면.

먼저 『동국사강목조례』 제하의 책의 성격을 살펴보면 1665년(현종 6년)에 지었다. 자료에 따라 『동국사강목조례』, 『동사조례』, 『동국강목조례』로 되어 있다. 「연보」에 따르면 동사를 읽는데 비단 사건들이 다 볼만하지 않을 뿐만 아니라 기사에 의례가 없어 이에 주자의 『자치통감강목』을 본떠 국사를 편성하여 편리하게 찾아보도록 하였다는 것이다. 이 책은 단지 범례를 세우는데 그쳐 미완성인 듯하다. 그 이유는 그가 범례를 세운 후 실제로 저술에 들어갔을 때 부딪치는 형식상의 문제가 실제 역사와는 다르게 기술하게 하는 한계를 인지한 듯하며 그렇기 때문에 오히려 이러한 강목체적 역사저술을 스스로 포기해 버린 것이 아닌가 한다. 『동사례』에 「동사강목범례」가 수록되어 있는데[12] 『동사강목』의 범례와는 차이가 있고 또 내용이 상대적으로 단순하므로 아마 유형원이 『동국사강목조례』라는 이름으로 편성하려고 했던 책의 범례에 해당하는 것으로 생각된다.

유형원은 우리나라의 역사를 살피기 위해서 다양한 중국 서적을 활용하였을 것이다. 중국 사서에 보이는 우리나라 역사 관련 내용을 정리한 것으로 『역사동국가고(歷史東國可考)』가 있다. 『사기』·『한서』 이하 역대 사서와 『통전』·『문헌통고』 등에서 국사와 관계되고 북이(北夷)·왜인(倭人)에 관해 상고될 만한 것을 적은 것이다.[13] 이 책은

12 『東史例』(장서각 2-198)는 안정복이 유형원의 자료를 보고서 초록한 것인데 일부는 유형원의 자료가 아닌 『기언』 등이 수록되어 있다. 『동사례』는 안정복이 유형원 자료를 초록한 것인데 안정복의 역사서술에 지대한 영향을 미치고 있다는 점에서 유형원과 안정복의 학문적 수수관계에 대한 구체적인 근거 자료라고 할 수 있다. 『동사례』는 김동주와 이우성에 의해 다른 반계 관련 자료와 합하여 『반계잡고』(1990)라는 이름으로 탈초 하였으며 원문을 영인하였다. 최근에는 다른 자료와 함께 『반계유고』(2017) 제하에 번역본이 간행되었다.

중국 역대 사서의 내용들을 초록해 놓은 것으로, 뒤에 『동국여지지』 기술에 이용되었을 것이다. 한백겸의 『동국지리지』가 중국 사료를 활용하면서 국가적 발전 단계에 따라 우리나라 여러 국가의 강역을 서술하였다면[14] 이 책은 자료 수집 차원에서 중국 사서에 보이는 「조선전」을 전부 초록한 것이다.

이외에도 「연보」에 『속강목의보(續綱目疑補)』가 있다고 전하고 있다. 『속강목』의 소루를 보완한 것이다. 그런데 규장각에 『속강목의보기견(續綱目疑補記見)』이라는 책이 소장되어 있는데[15] 규장각 해제에서는 유형원의 것으로 보기 어려운 점을 지적하였으나 이는 유형원의 것이다. 해제에서는 특히 여헌 장현광이 언급되어 있던 점에서 유형원과 연결하기 어렵다고 보았으나 오히려 유형원의 고종형인 김산 현감 조송년(趙松年)이 장현광의 제자[16]였던 점으로 보아 규장각 소장의 『속강목의보기견』은 유형원의 것으로 판단된다.

앞으로 유형원의 역사학과 역사인식을 제대로 보려면 이 책들도 좀 더 활용해야 할 것이다.

---

13 국사편찬위원회의 조사 자료에 『歷史東國可考』(수집번호 D09120314)가 있다. 유형원이 우리나라의 역사지리와 관련된 기술을 할 때 중국에서의 서술 내용을 파악하려는 용도로 작성하였으며, 그 때문에 가고라고 이름을 붙였던 것으로 보인다. 상, 중, 하 3책으로 작성하였을 것이나 현재는 상, 중 2권만 남아있다. 국편의 수집본이 유형원의 것이라고 할 수 있는 것은 중간에 문답이 추록되어 있는데 이것은 친구였던 朴自振에게 보낸 역사지리 관련 편지 안에 수록된 〈三韓說後語亦附呈〉의 내용이다. 끝에 題後가 있다고 「연보」에 적고 있는데 이 부분은 현재 하권이 망실되어 볼 수가 없다.

14 정구복(1978; 2008), 정구복(1987). 참조.

15 『續綱目疑補記見』, 규장각5760.

16 趙松年, 『金山公遺稿』, 연세대 도서관 소장.

3) 기존의 자료를 보는 관점의 문제점

유형원의 역사학과 역사인식을 보여주는 자료로 현재 대표적인 것이 『반계수록』이다. 『반계수록』은 유형원이 과거와 현재를 어떻게 보고 있는 지를 보여주는 대표적인 저작이다. 그런데 문제는 『반계수록』에서 보이는 안설이 모두 유형원의 것인가에 대해 재고의 여지가 있다. 기존의 연구 가운데 이러한 점이 간과되었기 때문에 야기된 가장 큰 문제의 하나는 『반계수록』에서 표시된 '안'설을 모두 유형원의 것으로 간주하면서 그의 사회개혁안을 살피고 있다는 것이다. 이 때문에 유형원의 논지를 잘못 파악한 경우도 없지 않다.

〈고설〉 부분만을 예로 든다면 「전제」 〈고설〉 하 수(隋) 문제(文帝)의 영업전 관련 안설[17]은 『통전』의 안설이며, 당(唐)의 토지제도 아래 안설[18]도 『통전』의 안설이다. 「병제」 〈고설〉 주례 소사도 관련 안설[19], 주(周) 세종(世宗) 축성 기사 아래 안설[20], 당(唐) 대력(大曆) 전차 기사 아래 안설[21]은 『대학연의보』에서 나온 구준(丘濬)의 안설이다. 따라서

17 『반계수록』, 「전제고설」 하, 116면(명문당, 1982 영인본의 페이지, 이하 동). "按其時有戶八百九十萬七千五百三十六 則每戶合得墾田五頃餘 恐本史之非實"

18 『반계수록』, 「전제고설」, 하, 117면. "按天寶十四年 有戶八百九十萬餘 計定墾之數 每戶合得一頃六十餘畝"

19 『반계수록』, 「병제고설』, 446면. "按此卽五家爲比 五比爲閭 四閭爲族 五族爲黨 五黨爲州 五州爲鄕之制"

20 『반계수록』, 「병제후록고설」, 466면. "按世宗此擧 可爲後世開展城池之法 蓋爲之以漸 立之以準 使民不疲於用力 而豫知所以避就 凡有營繕 皆可準此 以爲法不但展城一事也"

21 『반계수록』, 「병제수록고설」, 470면. "按史馬燧此車 卽哥舒翰所用 以收黃河九曲者也 范仲淹 亦嘗以此車 請造于朝"

안설이라고 표시했어도 모두 유형원의 것이라고 보아서는 안 된다.

인용문 가운데 일부는 출처를 생략하거나 잘못 적은 경우도 있으며,[22] 별도의 출처 표시를 하지 않았다 하더라도 『통전』, 『문헌통고』, 『대학연의보』에서 인용한 경우가 있다.[23] 또한 특정 서적을 인용한 것으로 표시되었다고 하더라도 실제로는 『통전』, 『문헌통고』, 『대학연의보』 등에서 재인용된 것이 명확한 것도 있다.

한편 유형원의 안설이라고 표시되었다고 하더라도 구준의 안설과 비교하여 큰 차이를 보이지 못하는 것도 있다. 다음은 『반계수록』 〈고설〉의 안설 가운데 『대학연의보』의 내용을 그대로 가져온 것을 정리한 것이다.

① 臣按 後世鑄大錢始此 夫上天立君 以爲生民之主 蓋以之掌天下之利 非以其專天下之利也 日中爲市 使民交易以通有無 以物易物 物不皆有 故有錢幣之造焉 必物與幣兩相當值 而無輕重懸絶之偏 然後可以久行而無弊 時君世臣徒以用度不足之故 設爲罔利之計 以欺天下之人 以收天下之財而專其利於己 是豈上天立君之意哉 宜其卒不可行也[24]

22 『반계수록』 「병제후록고설」, 473면. "唐之初起 (중략) 歐陽脩曰 監牧之制始此 蓋起於近世"는 『대학연의보』(치국평천하지요, 엄무비, 목마지정 중, 713~449면, 문연각사고전서본 이하 동)의 "唐之初起 (中略) 臣按 監牧之制始於此"의 편집이 잘못된 예이다.

23 『반계수록』 「교선고설」 상, 命夔曰 항목 아래 쌍행 주석은 『대학연의보』에 의하면 朱熹曰(206면)인데 생략되어 있으며, 『반계수록』, 「병제고설」, 爲師 항목 아래 쌍행 주석은 『대학연의보』에 의하면 吳澂曰(446면)인데 생략되어 있다. 그리고 『반계수록』, 「병제후설고설」, 周禮遺人 항목 아래 한줄 내린 설명문들(474면)은 모두 『대학연의보』의 臣按을 재수록한 것이다.

24 『대학연의보』, 치국평천하지요, 제국용, 동저지폐 상, 712~357면.

按 此乃權權詐之術也 後世鑄大錢始此 夫上天立君 以爲生民之主 蓋以之掌天下之利 非以其專天下之利也 日中爲市 使民交易 以通有無 以物易物 物不皆有 故有錢幣之造焉 必物與幣相當 而無輕重懸絕之偏 然後可以久行而無幣 時君世臣徒以用度不足之故 設爲罔利之計 以欺天下之人 以收天下之財 而專其利於己 是豈上天立君之意哉 爲此者知其欺人之可以得利 而不知其所得至小 所喪至大 古今已驗之效 皆可見也[25]

② 臣按 王制曰 司馬論進士之賢 以告於王而定其論 論定然後官之 任官然後爵之 位定然後祿之 司士 司馬之屬官也 故凡士之進於司馬者 皆司士掌其名數之版 版猶今之文册也 每歲之間 其人或損或益 其數有多有寡 益而多則登之 損而寡則下之 辨其年齒之壯老 著其曆任之久近 大夫以上所謂貴也 士以下所謂賤也 鹹於是乎辨焉 與夫天下之邦國都家縣邑設官之數幾何 內外之卿大夫士庶子其任用之數幾何 皆司士之所掌 以告於王而治之者也 今制則屬之吏部 文選所掌者即其事焉 古今之制不同 而其事則一也[26]

按 王制曰司馬論進士之賢者 以告于王而定其論 論定然後官之 任官然後爵之 位定然後祿之 故凡士之進於司馬者 司士掌其名數之版 後世則屬之吏部 文選所掌者卽其事也 古今官制不同 而其事則一也[27]

③ 臣按 漢張敞蕭望之言於其君曰 倉廩實而知禮節 衣食足而知榮辱 今小吏 俸率不足 常有憂父母妻子之心 雖欲案身爲廉 其勢不能 宋夏竦亦曰 爲國者 皆患吏之貪 而不知去貪之道也 皆欲吏之清 而不知致清之

25 『반계수록』, 「전제후록고설」 하, 149면.

26 『대학연의보』, 치국평천하지요, 정백관, 공전선지법, 712~136면.

27 『반계수록』, 「임관고설」, 273면.

本也 臣以爲去貪致清者 在乎厚其祿 均其俸而已 夫衣食闕於家 雖嚴父慈母 不能制其子 況君長能檢其臣乎 凍餒切於身 雖巢由夷齊 不能固其節 況凡人 能守淸白乎 二臣之言 其庶幾洪範之意歟[28]

按 漢張敞蕭望之告于時君曰 倉廩實而知禮節 衣食足而知榮辱 今小吏 俸率不足 常有憂父母妻子之心 雖欲潔身爲廉 其勢不能 宋夏竦亦曰 爲國者 皆患吏之貪 而不知去貪之道 皆欲吏之清 而不知致淸之本 臣以爲去貪致淸者 在乎厚其祿 均其俸而已 夫衣食闕於家 雖嚴父慈母 不能制其子 況君長 能檢其臣乎 凍餒切於身 雖巢由夷齊 不能固其節 況凡人 能守淸白乎 此二臣之言 其亦深有所見。而宣帝所謂吏不廉平 則治道衰者 尤可謂知要也哉[29]

④ 臣按 蘇軾有言 富強之業 必深厚者爲之 非輕揚淺露者之所能致也 謝枋得亦言 秉心也實 故事事樸實 不尚高虛之談 秉必也淵 故事事深長 不爲淺近之計 富國強兵 豈談高虛務淺近者之所能 辦哉 是知爲國者固欲其富強 然而富強之業 實繇乎人 必得人以盡地力則富可致 必得人以蕃畜產 則強可期 然地生物雖 各有所宜而無不生物之地 惟畜產則地有宜有不宜焉 (中略) 二人者高談雖不足 而猶忠實而近厚也[30]

按 蘇軾有言 富强之業 必深厚者爲之 非輕揚淺露者之所能致也 謝枋得亦言 秉心也實 故事事朴實 不尚高虛之談 秉心也淵 故事事深長 不爲淺近之計 富國强兵 豈談高虛務淺近者之所能 辦哉 誠哉 是言也[31]

⑤ 臣按 築城 大役也 本國之民不足以自成之 必須朝廷命鄰邦 合力爲

---

28 『대학연의보』, 치국평천하지요, 정백관, 반작녹지제, 712~93면.

29 『반계수록』, 「녹제고설」, 383면.

30 『대학연의보』, 치국평천하지요, 엄무비, 목마지정 상, 713~437면.

31 『반계수록』. 「병제후록고설」, 473면.

之 非但以其工程浩大 蓋以城郭之守 不可以稽久 恐其或有意外之變 非徒一國之事 亦以其事體關系朝廷也[32]

按 古之侯國 卽今郡邑 築城 大役也 一國之民 不足以自成之 必須朝廷命隣方 合力爲之 蓋以城郭之守 非但一邦之事 實以其事關朝廷也[33]

위의 ①을 보면 유형원의 가장 혁신적인 주장인 "군주는 천하의 이익을 관리하는 사람이지 천하의 이익을 독차지하는 사람이 아니라"는 주장은 연구자들이 유형원의 안설로 보면서 그의 혁명적 주장의 핵심으로 들고 있으나 실제로는 구준의 안설을 그대로 적으면서 마지막 부분을 일부 수정한 것이다. 따라서 이것을 오롯이 유형원의 주장이라고 할 수 있는가는 의심의 여지가 있다. ②의 경우 『예기』 왕제편의 내용을 인용하면서 마지막 논평 부분도 같이 가지고 온 경우이다. ③의 경우는 선현의 글을 요약한 부분을 그대로 가지고 온 경우이다. ④의 경우는 소식의 인용문을 그대로 가지고 오면서 끝에 간략히 자신의 평을 붙인 경우이다. ⑤의 경우는 구준이 제기한 주장의 요지를 그대로 가지고 온 경우이다.

이상의 사례에서 보이는 안설뿐만 아니라 인용문의 경우에도 출처에 오류가 있거나 인용 단락을 잘못 표시한 경우도 있어 출처와 적부를 재확인해야 한다. 여기서는 〈고설〉 부분만을 예로 언급하였지만 『반계수록』의 전 부분에 대해 광범위한 문헌학적 검토가 있어야 유형원의 실학사상의 의미가 제대로 밝혀지리라 여겨진다.

---

32 『대학연의보』, 치국평천하지요, 비규제, 성지지수, 713~18면.

33 『반계수록』, 「병제후록고설」, 464면.

『반계수록』이 어떠한 자료들을 이용하여 연구하였는가에 대한 기존의 연구를 살펴보면 인용된 서적 명을 기준으로 수치를 정리한 경우도 있으나[34] 내용면에서 접근해보면 한 사안에 대해서 특정 서적의 내용을 몇 개의 단락에 걸쳐서 인용하고 있는 것에도 유의해야 한다. 〈표 1〉은 〈고설〉 부분만을 대상으로 수치와는 상관없이 해당 부분에 이용된 자료의 책명을 정리한 것이다. 단 재인용의 경우는 가능한 한 제외하였다.

〈고설 중 인용된 자료〉

권	권별 목차	고설 소주제	인용
서			
권1, 2	田制 上, 下		
권3, 4	田制後錄 上, 下		
권5	田制攷說 上	經傳所論井田之制	『주례』, 『통전』, 『문헌통고』, 『대학연의보』, 『한서』, 『맹자』, 『춘추좌전』, 『춘추공양전』
		秦漢以後井田議論	『통전』, 『문헌통고』, 『주자대전』, 『한서』, 『대학연의보』
권6	田制攷說 下	後魏北齋隋唐田制	『통전』, 『문헌통고』, 『한서』
		高麗田制	『고려사』
		國朝田制附	『경국대전』
권7	田制後錄攷說 上	鄕黨	『통전』, 『문헌통고』
		戶口	『대학연의보』, 『통전』, 『문헌통고』
		務農	『대학연의보』, 『통전』, 『문헌통고』
		樹藝	『대학연의보』

34 천관우, 앞의 책, 324면에 『반계수록』에 인용된 책의 수치를 간략히 적고 있으나 재인용된 책도 있고, 구준의 『대학연의보』는 빠져 있으며, 동일한 책에서 여러 번 인용된 경우도 있어 단순히 수치를 제시하는 것은 큰 의미가 없다.

		賦稅	『통전』, 『춘추곡량전』, 『대학연의보』, 『통전』
		水利	『문헌통고』, 『통전』
		聽民去狹就寬	『통전』
		常平義倉救荒	『통전』, 『문헌통고』
권8	田制後錄攷說 下	錢貨	『대학연의보』, 『통전』, 『문헌통고』
		附楮幣	『대학연의보』
		本國錢貨說附	『고려사』
권9, 10	教選之制 上, 下		
권11	教選攷說 上	三代教人取士之法	『맹자』, 『주례』, 『대학연의보』, 『상서』
		後賢所論述	『주자대전』
		鄕飮酒禮攷附	『의례』, 『당서』
권12	教選攷說 下	漢以下至今取人之法	『통전』, 『문헌통고』
		本國選擧制附	
		選擧議論附	『통전』
권13	任官之制		
권14	任官攷說	周漢以後任官之法	『주례』, 『대학연의보』, 『통전』, 『문헌통고』
		考績	『주례』, 『문헌통고』, 『대학연의보』, 『통전』
권15, 16	職官之制 上, 下		
권17	職官攷說 上	經傳所論職官之制	『상서』, 『주례』, 『대학연의보』, 『통전』
		秦漢以後職官之制	『통전』, 『주자대전』, 『문헌통고』, 『대학연의보』
		尙書中書省樞密院沿革附	『상서』, 『통전』
권18	職官攷說 下	外官	『상서』, 『대학연의보』
		官數	『통전』
		品秩	『통전』
		封爵	『통전』
		總論	『당서』, 『문헌통고』
		吏隷附	『주례』, 『대학연의보』

권19	祿制		
권20	祿制攷說	經史所論班祿之制	『주례』, 『대학연의보』
		漢祿制, 後漢祿制, 晋祿制, 後周祿制, 唐祿制, 宋祿制, 大明祿制	『통전』, 『문헌통고』
		高麗祿制	『고려사』
		國朝祿制	『경국대전』
권21	兵制		
권22	兵制後錄		
권23	兵制攷說	制兵	『주례』, 『대학연의보』, 『한서』, 『주자대전』, 『국어』, 『춘추호씨전』, 『문헌통고』, 『고려사』
		講武	『주례』, 『대학연의보』
		戰守	『순자』, 『대학연의보』
권24	兵制後錄攷說	城池	『주례』, 『대학연의보』, 『춘추좌전』, 『대학연의보』
		兵車	『상서』, 『대학연의보』
		牧馬	『주례』, 『대학연의보』
		郵驛	『주례』, 『대학연의보』
권25	續篇 上		
권26	續篇 下	奴隷/ 奴隷攷說	『주례』, 『통전』, 『통고』
		籍田/ 籍田攷說	『주례』, 『통전』
		養老/ 養老攷說	『예기』, 『통전』
부록		傳(洪啓禧) 行狀(吳光運) 京外儒生進士盧思孝等疏 承旨梁得中疏	

위의 표에서 보이듯이 각 〈고설〉에서 가장 많은 인용을 하고 있는 서적은 『통전』, 『문헌통고』, 『대학연의보』[35]로 나타나고 있다.[36] 우리

35 『대학연의보』를 편찬한 丘濬(1419~1495)은 명대의 주자학자로 주자학의 부흥을

나라 제도와 관련해서는 『고려사』의 지와 『경국대전』을 주로 인용하고 있다.

그런데 〈고설〉의 인용 방식을 살펴보면 『주례』나 『예기』를 비롯하여 중국의 고전적인 저술에서 보이는 이상적 원칙을 제시한 다음, 정사의 지(志)나 여러 관련자들의 진술을 다양하게 인용하는 형식을 취하고 있다. 그런데 유형원이 『주례』나 『예기』 이하 여러 고전적 자료를 모두 직접 구득하였는가는 의심스러운 부분이 있다.[37] 대체로 〈고

위해 노력하였다. 『대학연의보』는 1487년(명 성화 23)에 완성한 것으로 宋의 眞德秀가 편찬한 『大學衍義』가 수신 제가의 일상적인 수양문제만을 언급함으로써 치국 평천하에 대한 언급이 부족함을 보충하기 위해 체례는 『대학연의』를 따르면서도 치국과 평천하에 대한 자료를 수집하고 이에 자신의 안설을 부가하였다. 『대학연의보』는 卷首에 誠意正心之要의 審幾微와 本編 治國平天下之要의 正朝廷, 正百官, 固邦本, 制國用, 明禮樂, 秩祭祀, 崇敎化, 備規制, 愼刑憲, 嚴武備, 馭夷狄, 成功化 총 12目으로 나누어 서술하였는데 자료 수집에 치중하면서 당시 정치의 부패나 현실적인 개혁방안을 제시하고 못하고 있다는 점에서 『반계수록』과도 차이를 보이고 있다. 조선에서는 1494년 安琛이 북경을 갔다가 가져와 바치자 인쇄하여 반포하게 하였다(『성종실록』 권 286, 성종 25년 1월 7일 정유). 이는 황제명으로 福建建寧府에서 1488년(弘治 원년) 간행한 지 불과 약 6년만 이었다. 현재까지 한국에서 『대학연의보』 자체에 대한 연구는 1992년 윤정분의 학위논문에 의해 이루어졌다. 윤정분(2002). 참조 그리고 유형원의 『반계수록』에 『대학연의보』가 일정하게 영향을 미치고 있음은 권순철에 의해 지적되었다. 權純哲(2006). 참조.

36 『반계수록』 〈고설〉 조에서 『통전』, 『문헌통고』, 『대학연의보』가 주로 활용되었음은 1999년 3월 용인문화원에서 개최된 반계 유형원 학술강연회의 강연문에서도 지적하였다. 박인호(1999), 주21. 참조.

37 「교선고설」 상에서 『상서대전』의 내용을 인용한 다음 『대대례』, 『백호통』, 『반고지』의 내용을 비교하여 차이를 설명한 안설을 내고 있는데(209면) 『문헌통고』에는 『상서대전』 이하 『반고지』에 이르는 내용을 인용하고 있다. 따라서 이 부분은 유형원이 『상서대전』에서 직접 인용한 것이라기보다 『문헌통고』를 통해 인용하고 있음을 볼 수 있다. 고전에서 자료를 취하는 방식으로 편집된 〈고설〉에서는 다른 부분도 이와 유사하였을 것으로 판단된다.

설〉에서는 『통전』, 『문헌통고』, 『대학연의보』의 것을 재인용하는 경우가 많았다.

한편 유형원은 경세를 위한 자료를 고전에서 구하였지만 그러한 자료들을 바탕으로 하여 새로운 경세론을 제시하고 있다는 점에서 유사한 경세의식과 주제를 담고 있는 『대학연의보』에 매몰되지 않은 모습을 보이고 있다. 대체로 구준이 각 사안들에 대해 도덕적 차원에서 접근하고 있다면, 유형원은 현실적인 문제로 파악하고 각 사안들에 대해 구체적인 대책까지 말하고 있다.[38] 그리고 『대학연의보』에서는 제도의 연원으로서 황제(黃帝)까지 거슬러 올라가는 것에 반해, 『반계수록』에서는 대체로 『주례』에서 시작하고 있다.

3. 〈고설〉에 나타난 실학적 경세사관

1) 학술사적 배경

기존의 연구에서는 『반계수록』에 수록된 유형원의 사회개혁론에 많은 관심을 기울여왔으나 개혁안 작성의 이념적 배경이라고 할 수 있는 학문적 · 사상적 측면에도 관심을 기울일 필요가 있다. 사회개혁론은 우리나라와 중국의 역대 사회경제적 제도에 대한 연구와 인식을 바탕으로 하고 있다. 그런데 이러한 인식은 개혁론자들만의 것은 아니다. 제도 변화에 관심을 가진 모든 학자들은 기본적으로 이전 대의 사회와

38 藉田의 의의에 대해 丘濬이 도덕적 차원에서 접근하여 평가하고 있다면, 유형원은 현실적인 효과의 차원에서 사안에 접근하고 있는 것이 그러하다.

경제에 대한 이해를 바탕으로 새로운 제도의 수립을 주장하고 있다. 그렇게 때문에 오히려 그러한 인식과 개혁론이 사회적 발전에 합치되는가, 혹은 사회적 발전을 추동시킬 새로운 사상적 변화를 의미하는지가 중요할 것이다.

여기서는 조선 후기 역사학의 발전이라는 관점에서 유형원의 『반계수록』 〈고설〉에 수록된 내용을 중심으로 유형원이 이전 시대의 사회와 경제에 대하여 어떻게 연구하였는지를 사학사의 관점에서 살펴보려고 한다. 〈고설〉은 전장제도(典章制度)의 변화를 유형원이 역사적 관점에서 추이와 변화 양상을 고찰한 것이다.

유형원 이전까지만 하더라도 우리나라에서 이러한 사회경제사의 관점에서 전장제도를 연구한 것이 거의 없다. 『대명회전』을 본받아 만든 『경국대전』 조차 실질적으로는 『대명률』을 근간으로 하였던 당시 법제를 수록하는데 그쳐 역사적인 연원과 그 변화 과정을 보여주지 못해 '회전(會典)'의 체재와 내용을 갖추지 못하였다. 법전에 불과한 『경국대전』으로는 사건의 역사적인 연원을 밝히는 데에 한계가 있었다. 따라서 당시 학자가 자신의 개혁안을 제시하면서 과거 제도에서 그 역사적 정당성을 확인하려고 할 때 국내에서 간행된 『경국대전』으로는 한계가 있었다.

임란 이후 국가를 재건하기 위해 여러 방향에서 다양한 시도가 있었다. 그것은 집권 서인 계열에서도 마찬가지이다. 보수적인 송시열, 이단하 등에 의해 사창론이나 대동법의 실시 주장도 강력히 제기되었다. 그런데 개혁안을 만드는 과정에서 대부분의 학자들은 이전의 각종 제도에 대해 연구하였다. 그런데 단순하고 편린적 측면의 접근이 아니라 중국에서부터 조선에 이르기까지 각 제도의 역사적 변천 과정을 정밀하게 조사하고 또 사회경제사적인 측면에서 제도의 변천을 역사학적 안목으로 정리한다면 이는 경세(經世)를 위한 역사학이라고 할 수 있다. 여기서는 유형원의 『반계수록』 〈고설〉에서 특징적으로 정리되는 학문적 양상을 '실학적 경세사학'이라고 규정하고자 한다. 그리고 이는 『동국여지지』에서 보여준 '실학적 지리학'[39]과 함께 유형원의 실학사상의 핵심을 이루고 있다.

유형원 자신이 쓴 〈서수록후〉에 의거하여 이러한 경세사학이 나타나게 된 배경을 살펴보면 첫째 유형원은 당시의 현실을 개혁하여야 한다는 절박한 심정을 지니고 있었다는 점이다. 각종 제도의 개혁에 관한 문제를 생각하면서 책을 읽으면서 그는 이를 해결하기 위한 방책을 생각하게 되었으며, 『주례』를 비롯하여 『통전』, 『문헌통고』, 『대학연의보』 등 중국의 전장제도서에 관심을 가지게 되었다. 그것이 〈고설〉의 제도 연구로 이어졌다. 게다가 이러한 문제를 조선 현실에 적용하였을 때의 실현 가능성에 대해 생각하면서 조선에서 운용되는 제도와 중국과의 차이, 그리고 이전 학자들의 주장 사이의 차이에 주목하였다. 〈고설〉에서 자신의 개혁관과 다른 내용의 자료도 있는데, 이러한 자료를 수집한 것은 "그 제도의 좋고 나쁜 점을 참고하게 하려는 것"[40]에 있다고 밝히고 있다. 또한 다스림에 생각이 있는 군주는 "지난 시기의 제도를 살펴보고 그 사실들을 연구한다면 자연히 그렇게 된 원인을 알 수 있을 것"이라고 하였다.[41]

39 박인호(2017). 참조.

40 『반계수록』, 「전제고설」 하, 121면, "國朝田制附 此書本以明公田之制 後世私田則固無可論 唯本國結負之法 有異於中朝頃畝 故附載其說 以考其得失云"

둘째 무엇보다 편찬자의 진보적인 개혁관을 들 수 있다. 특히 유형원은 법제의 변화가 사회 개혁의 기본이라는 의식을 지니고 있었다. 왕도 정치가 폐지된 이후 모든 일이 어긋나 처음에는 통치하는 이들이 개인적인 욕구를 채우기 위하여 마음대로 제정해 쓰더니 마침내 오랑캐가 중국을 지배하기에 이르렀고 우리나라도 이전의 폐습을 개혁하지 못하게 되었다고 보았다.[42] 나쁜 법을 고치지 않고는 세상이 잘 다스려질 수 없으며 나쁜 폐단이 폐단을 낳은 것이 오랜 시간을 지나는 동안 착오에 착오를 거듭하면서 낡은 규정이 되었으며 그것이 서로 엉킨 실과 같게 되었다고 보았다.[43] 이에 법과 제도가 나쁘게 된 연원과 그 법의 후대 적용 양상을 역사적 자료를 통해 찾아보려고 하였다.

셋째 당시 학자와 관료들의 일반적인 학문 태도와 세태에 대한 불만을 들 수 있다. 공직에 있는 자는 이미 과거시험을 거쳐 진출하였으므로 세태를 그대로 따름이 편하다는 것을 알 뿐이고, 재야의 학자는 더러 자신의 수양 공부에는 뜻이 있으나 세상을 다스리는 데에는 전혀 뜻이 없으니 이 세상이 다스려질 날이 없어 생민의 피해가 끝이 없다는 것이다. 그리하여 옛 일을 상고하여 지금 일을 바로 잡아 세도에 조금이라도 도움이 될 것을 생각하였다.[44] 그는 자신의 공부가 세상을

41 『반계수록』, 「교선고설」 하, 246면. "右漢以下至今取人之法 (中略) 有志之君 苟覽其制而思其事 則自可知其然矣"

42 『반계수록』, 「발」, 〈書隨錄後〉. "念自王道廢塞 萬事失紀 始焉因私爲法 終至戎狄淪夏 至如本國 則因陋未變者多 而加以積衰 卒蒙大恥"

43 『반계수록』, 「발」, 〈書隨錄後〉. "不變廢法 無由反治 顧弊之爲弊也 其積漸數百千年 以謬襲謬 仍成舊規 樛錯相因 有如亂絲"

44 『반계수록』, 「발」, 〈書隨錄後〉. "而在位者 旣由科目而進 唯知徇俗之爲便 草野之士 雖或有志於自修 而於經世之用 一作施措之方 則或未之致意 是則斯世無可治

다스리는 도리에 조금이라도 도움이 되기를 원했다. 다시 말하면 내면적 도덕적 수양만을 강조하던 성리학 공부에서 벗어나 법제의 개혁을 통해 천리가 구현되는 사회를 이루기 위해 학자로서의 사회적 의무를 강조하고 있다.

넷째 궁벽한 한촌에 있던 유형원이 이러한 역사적 고찰이 가능했던 것은 중국이나 한국의 전통 전제(典制)에 대한 선행하는 책이 있었기 때문이다. 중국의 경우 시간적 순서에 따라 중국 전장제도의 변천을 정리한 『통전』, 『문헌통고』, 『대학연의보』와 같은 전장제도서가 있었으며, 우리나라의 경우 『고려사』「지」와 『경국대전』과 같은 제도서가 있었다. 제도의 연원과 추이를 언급할 때는 이들 전장제도서에 대한 인용 빈도수가 높다. 이러한 책은 경세사학의 구축을 위한 자료원의 역할을 하게 되었다.

2) 〈고설〉에 나타난 각 부문별 사회경제사 인식

『반계수록』은 유형원이 관직 생활을 포기하고 부안(扶安) 우반동(愚磻洞)에 칩거하여 52세까지 22년에 걸쳐 연구한 결과물이다. 여기서는 제도에 대한 역사적 고찰이라고 할 수 있는 〈고설〉을 중심으로 그 사학사적 의의를 찾아보고자 한다.

우선 『반계수록』 〈고설〉에 수용된 선현들의 논설에 대해 유형원이 모두 지지하여 수록한 것은 아니라는 점을 염두에 두어야 한다.[45] 유

之日 而生民之禍 無有極矣 區區於此 深切懼焉 故嘗愚不自料 竊與同志 思所以稽古正事 少補世道者"

45 팔레의 앞의 책은 직접적으로 언급하지는 않았으나 대체로 고설의 자료들을 유형원

형원은 그 논의의 득실을 살펴본다는 취지에서 제도와 관련된 자료를 광범위하게 인용하고 있다.[46] 즉 〈고설〉 중에 인용된 모든 자료가 유형원의 생각을 의미하는 것은 아니라는 것이다. 그런데 유형원의 생각을 가장 적실하게 담고 있는 것은 바로 자신의 생각을 적은 안설이라고 할 수 있다. 다음은 안설의 내용을 간략히 정리한 것이다. 다만 『통전』, 『문헌통고』, 『대학연의보』 등에서 나온 안설이 명백할 경우에는 제외하였다.

〈고설 중 유형원의 안설〉

권	고설	주제	내용	페이지[47]
권5	田制攷說 上	經傳所論井田之制	鄭玄은 두 개의 목장이 한 개의 정전을 이룬다고 하였으나 경작할 곳은 井田, 가축을 기를 곳은 牧場이라고 보는 것이 옳다.	95면
			周尺 치수는 옛과 지금에 차이가 있다.	99면
			圭田은 경 · 대부가 藉田하는 땅으로 스스로 농사를 짓게 하려는 의도에서 나온 것이다.	102면
			정전제 하의 부담에 대한 何休와 班固의 설 가운데 반고의 설이 정확하다.	104면
			모든 경지를 정전 모양으로 구획하지 않았으나 토지 분급을 행하고 1/10세를 받은 것은 동일한다.	104면
		秦漢以後井田議論	경지를 기본으로 하면서 사람을 경지에 배정하여 조세를 공평하게 하여야 하며 완전히 개인에 맡기는 사전은 어리석다.	105면
			范鎭와 胡寅의 주장도 限田의 주장이다.	109면
			林勳이 토지경계를 먼저 세우지 않고 매	112면

이 모두 지지하여 수록한 것으로 간주하고 있다.

46 『반계수록』, 「전제고설」 하, 〈國朝田制附〉.

			매를 인정한 것은 폐단을 일으킬 것이다.	
			은의 정전제도가 기자에 의해 실행되었다.	113면
권6	田制攷說 下	後魏北齋隋唐田制	晉 武帝 이후 戶調의 규식이 행해져 이어왔다.	117면
			균전제는 토지가 아니라 성년 남자의 수를 기준으로 하였으므로 결국 시행될 수 없는 것이다.	117면
			사람이 아니라 토지를 근간으로 납세와 병역의무를 지도록 해야 한다.	118면
		高麗田制	토지의 경계부터 바로 잡아야 한다는 조준 등의 상소문은 그 뜻이 반드시 공적인 것에서 나온 것은 아니지만 바꿀 수 없는 정론이다.	121면
		國朝田制附	결부법은 조세 수량에 기준을 두고 토지 척수를 일정하게 하지 않아서 폐단이 생겼다.	122면
			하삼도는 경지면적이 넓어 결부의 다수에도 차이가 크다.	125면
권7	田制後錄攷說 上	鄕黨		
		戶口		
		務農	籍田에서 의식 거행을 없애고 농사를 장려하는 원 뜻을 펴야 한다.	135면
			골 재배 방식을 장려해야 한다.	136면
		樹藝	고려 때 토품과 시간에 맞추어 나무를 심도록 권장하였다.	137면
		賦稅	사람을 기준으로 받는 稅制는 秦始皇에서 시작하여 晉武帝에 의해 완성되었는데 역사상 악법의 시초이다.	139면
		水利		
		聽民去狹就寬		
		常平義倉救荒	班固의 식화지에 의하면 풍흉에 따라 사들이는 수량을 달리하였다.	143면
			還上制를 상평창으로 개편하여야 하며, 사창은 관청에 이관하지 않아야 한다.	144면
			관개사업과 같은 공적인 구황사업은 효과	146면

			가 크다.	
권8	田制後錄攷說 下	錢貨	유통은 생활상의 기본 가운데 하나이다.	147면
			돈은 물화의 척도이다.	147면
			行錢은 나라를 국가를 부유하게 하고 백성들을 편리하게 한다.	149면
			개인의 이익을 채우려는 자가 손실이 큼을 알지 못한 것은 고금을 통한 경험이다.	149면
		附楮幣		
		本國錢貨說附	화폐를 사용하는 것을 세속에 맞지 않다고 하니 고려는 협애하기 짝이 없다.	156면
			상부에 있는 사람들이 화폐 사용을 실행하지 않았기 때문에 실행되지 못한 것이다.	157면
권11	敎選攷說 上	三代敎人取士之法	기록마다 小學과 大學에 드는 나이가 다른데 이는 일정한 기간을 의미하는 것이다.	209면
		後賢所論述	임금이란 나라 정치를 잘하고 사무를 잘 처리해야 한다.[48]	225면
		鄕飮酒禮攷附		
권12	敎選攷說 下	漢以下至今取人之法	경지 분배와 교육은 세속의 융성 침체와 연결되어 있다.[49]	246면
		本國選擧制附	按[50]	
		選擧議論附	인재 선발과 관리 임명은 구분이 있지 아니하니 상호 참고할 곳은 서로 대조할 수 있게 한다.	255면
권14	任官攷說	周漢以後任官之法	선발한 선비를 시험하여 임명하는 직무는 예나 지금이나 같은 것이다.	273면
			어떠한 제도든 국가가 정책으로 고양하여야 한다.	289면
		考績		
권17	職官攷說 上	經傳所論職官之制	胥徒는 役으로 벼슬하는 사람으로, 徭役을 대는 백성이 아니다.	332면
		秦漢以後職官之制	관직을 만들고 구역을 나누는 것은 국가 정치의 큰 사업이다.	338면

			漢나라 직관 제도는 실제적 직무에 관한 것으로 후세에 비할 바가 아니다.	339면
		尙書中書省樞密院沿革附		
권18	職官攷說 下	外官	옛 봉건제도의 형식은 후세의 주부군현 형식으로 이어진다.	350면
			明代에는 대체로 부주현의 체계에 있었다.	352면
			명대에는 부주현에 관속을 두었다.	352면
			지방에 관리를 보내는 것은 지방 세력이 마음대로 하지 못하지 못하고 하려는 것이 본래의 뜻이므로 이제는 별도로 감찰관을 보낼 필요가 없다.	353면
			기관 사이에 서로 견제하도록 하였으나 기구 자체에 폐단이 생기기도 한다.	354면
			명대에 간소화하는 개혁을 실행하였으나 지방 관직은 여전히 번잡하다.	354면
		官數		
		品秩	품계는 문란하여서는 안된다.	356면
		封爵		
		總論		
		吏隷附	지금의 皂隷는 관청에 소속된 사령이므로 일정한 인원을 정하여 주어야 한다.	362면
권20	祿制攷說	經史所論班祿之制	관리의 탐오를 제거하는 요체는 그들의 녹봉을 후하고 고르게 주는데 있다.	363면
			관리들의 탐오를 막는 방법은 녹봉을 후하게 지급하는 것이라는 선현들의 말은 깊이 있는 주장들이다.	383면
		(歷代)祿制		
		高麗祿制	15두를 1석으로 하는 제도는 중국의 제도와 다르다.	387면
		國朝祿制		
권23	兵制攷說	制兵	수레의 제도에는 戎車 1승 75인과 輜車 1승 25명을 배치하였다.	447면
			당 현종 이후 농민과 군인이 갈라져 구분하게 되어 명대까지 개혁하지 못하고 있다.	452면

			우리나라 수군의 창설은 공양왕때 시작하였을 것이다.	454면
		講武		
		戰守		
권24	兵制後錄攷說	城池	성곽을 쌓고 방어하는 것은 전 조정에 관련된 일이다.	464면
			春秋說의 雉 숫자는 領地의 거리를 제정한 것이다.	464면
			鄭玄의 거리 숫자는 周의 영지 거리 제도를 말한 것이다.	465면
		兵車	周禮의 革車는 書序註의 革車 輜車와는 다르다.	467면
			옛 車戰之法을 보면 병거 한 채에 도합 100명이 있었다.	467면
		牧馬	국가를 부강하게 만드는 사업은 천박한 자가 할 수 있는 것이 아니라는 말이 진실로 옳은 것이다.	473면
		郵驛		
권26	續篇 下	奴隷 / 奴隷攷說	五隷는 각각 그 소속이 있다.	509면
			도적이나 포로를 노예로 삼은 것이지 양민을 노예로 한 것은 아니다.	509면
			唐志에 따르면 役을 행하거나 老人이 되면 良人으로 한다.	510면
		籍田 / 籍田攷說		
		養老 / 養老攷說		

47 명문당 간행(1982) 영인본의 페이지를 기재한다.

48 안설 표시는 없으나 명백히 유형원의 교선지제의 후현 논술에 대한 평론이라 수록하였다.

이상에서 보이는 안설을 중심으로 〈고설〉에서 전개하고 있는 유형원의 생각을 살펴보고자 한다.

먼저 토지제도에 대해 「전제」에서 유형원은 공전제에 따라 모든 백성에게 토지를 지급하여 기본 생활을 영위할 수 있게 하고 또한 토지를 대상으로 조세와 군역을 부과하여야 한다는 논지를 주장하였다. 이러한 관점에서 유형원은 〈고설〉에서 토지 분급에 대한 역사적 근거로 토지의 경계 획정을 다룬 여러 자료를 인용하고 있다. 이 가운데 경대부라도 스스로 농사를 지어야 하며,[51] 토지를 분급하고 이에 세금을 받는 형식이 과거 공통적으로 시행되었다는 것[52]은 바로 자신이 구상하고 있는 토지 분급과 세금 부과라는 원칙의 역사적 확인이었다. 다만 구준이 주장한 완전 사전이 아니라 옛 정전제나 혹은 경지에 따라 사람을 나누는 방식의 토지 분급을 주장하고 있는데,[53] 이는 통제되지 아니한 개인의 토지 소유에 대해 비판한 것이다. 후위(後魏) 이후 수(隋)·당(唐)에 이르는 전제에 대한 자료도 성인 남자를 기준으로 세를 부과했을 때 일어난 폐단과 그에 대한 선학의 비판을 정리한 것이다.[54] 고려의 토지와 조선의 토지제도를 논하면서는 토지의 경계를 바로 잡아야 한다는 주장을 긍정적으로 나열하면서,[55] 후대의 실패는 조세에

49 안설 표시는 없으나 명백히 유형원의 한 이래의 취인에 대한 평론이다.

50 안이 두문에 있으나 안설로 보기 어려워 생략한다.

51 『반계수록』 권5, 「전제고설」 상, 102면.

52 『반계수록』 권5, 「전제고설」 상, 104면.

53 『반계수록』 권5, 「전제고설」 상, 105, 113면.

54 『반계수록』 권6, 「전제고설」 하, 117, 118면.

55 『반계수록』 권6, 「전제고설」 하, 121면.

기준을 두어 토지 경계를 밝히지 못한데 기인한다는 관점에서 정리하였다.[56] 농사의 파종과 수확, 화폐와 유통에 대해서는 경계가 세워진 토지와 관련된 글을 인용하고 있는데 사람보다 토지를 기준으로 관리할 것[57]과 개인의 이익보다 나라의 공적인 이익을 위해 일해야 함을 역설하고 있다.[58] 특히 국가의 재부를 취하여 개인의 이익을 채우는데 급급하였던 자들의 행적에 대해서는 기록을 통해 이들을 비판하는 모습[59]을 보이고 있다. 유형원의 토지제도에 대한 인식은 개인보다 공동체와 국가에 비중을 두고 토지의 구획과 분급을 통해 해결해야 함을 역설하고 있다.

교육과 선발제도에 대해 「교선지제」에서 유형원은 각급 학교를 두어 교육을 시킨 후 추천으로 관리에 임명하는데, 행정 구역의 토지 면적과 인구 수에 비례하여 정원과 추천인 수를 정하고 선발된 학생에 소용되는 모든 비용은 국가가 지출해야 한다고 주장하였다. 이러한 관점에서 〈고설〉에서는 역대의 교육과 선발 제도를 소개한 후 인재 선발의 중요성을 강조한 후세 학자들의 논설을 수집하였다. 유형원은 교육은 사람으로서의 본성을 잃지 않게 하는 중요한 수단이며, 이 교육을 제대로 집행할 책임은 임금에게 있어 "임금이 나라의 정치를 잘하며 나라의 사무를 잘 처리해야 하는 것"[60]이라고 하였다. 또한 경지 분배와 교육은 세속의 융성 침체와 관련이 있다고 여겨 교육을 단일 사항

56 『반계수록』 권6, 「전제고설」 하, 122면.
57 『반계수록』 권7, 「전제후록고설」 상, 139면.
58 『반계수록』 권8, 「전제후록고설」 하, 149면.
59 『반계수록』 권8, 「전제후록고설」 하, 149면.
60 『반계수록』 권12, 「교선고설」 하, 246면.

으로 보지 않고 토지 문제와 결부되어 있다고 보았으며, 인재 선발과 관리 임명도 구분하지 않고 연결하여 보았다.[61] 유형원은 교육과 선발을 별개 사항으로 보지 않고 전체 사회의 변화와 발전의 총체적 구조 속에 연결시켜 보고 있다.

관료의 임용에 대해 「임관지제」에서 유형원은 중앙직과 외관직에 임기제를 시행하고 승진은 업적을 평가하여 시행할 것과 교육기관을 통한 임용 이외에도 추천에 의해 임용의 길을 열어 재능을 살핀 후에 임용할 것을 주장하였다. 이러한 관점에서 〈고설〉에서는 주와 한대 이후 시행된 임관에 대한 제도를 소개하였다. 유형원은 시험을 통해 관리로 임명하여야 한다는 임용 원칙은 주대(周代) 이래 계속 이어져 온 것이라는 관점에서 자료를 정리하였다.[62] 그리고 심기제(沈旣濟)의 〈선거의(選擧議)〉를 인용하면서 나라를 잘 다스리려면 좋은 사람을 관리로 임명한 다음 엄격하게 상벌 규정을 적용하면 된다고 주장하였다. 이에 덧붙여 추천에 의해 지방의 인재들을 선발하면 유종의 성과를 거둘 수 있을 것이라고 주장하였다.[63] 유형원은 인재의 발굴과 교육, 임명과 승진이 재능과 업적을 바탕으로 공정한 경쟁 속에서 이루어져야 한다고 보고 있다.

행정의 직제에 대해 「직관지제」에서 유형원은 관청을 단일화해 주관하는 계통과 업무를 간소화하고 임무가 주어지지 않은 관직은 없애야 하며, 왕실재정은 국가재정으로 일원화할 것을 주장하였다. 지방제

61 『반계수록』 권12, 「교선고설」 하, 255면.
62 『반계수록』 권14, 「임관고설」, 273면.
63 『반계수록』 권14, 「임관고설」, 289면.

도는 관찰사 아래에 주부군현과 그 아래의 면리에 이르기까지 체계적으로 정리하여 행정의 효과를 발휘할 것을 주장하였다. 이러한 관점에서 〈고설〉에서는 경전에서 직관의 원칙에 대해 논한 것과 진한 이래의 직관에 대한 제도를 소개하면서 중앙과 지방 및 직관 관련된 여러 분야에 대한 연원과 변화에 대해 정리하였다. 유형원은 모든 백성과 사물이 저마다 각기 지위에서 직분에 맞게 살면 되는데 제도가 문란하게 되면서 이에 이르지 못하게 되었다고 생각하였다. 그래서 관직, 품계, 관청 등 관과 관련된 기구는 간소화하는 방향으로 가야하는 것으로 생각하였다.[64] 유형원은 조예(皂隸)를 죄를 범한 천역(賤役) 복무자로 이해하는 것이 아니라 관청에서 부리는 사령으로 간주하여 일정한 인원을 할당해야 한다고 주장하여[65] 직분으로 이해하고 있는 점에서 보이듯이 행정을 인치적(人治的) 측면보다 제도적 측면에서 접근하고 있다. 유형원은 행정 기구의 간소화와 제도화를 통해 각기 제 자리를 잡고 사는 사회를 만드는 것을 이상적인 것으로 간주하고 있다.

녹봉에 대해 「녹제」에서 유형원은 관료의 봉급을 증액시켜 부정이 없도록 하며, 봉급이 전혀 지급되지 않고 있는 서리직에도 일정한 액을 지불한다는 논지를 전개하였다. 이러한 관점에서 〈고설〉에서는 경전에서 보이는 녹봉에 관련된 논의를 정리하고 역대의 녹봉 제도를 주로 제도서의 내용을 중심으로 정리하였다. 안설 표시는 하지 않았으나 국조녹제에서 지방 관리의 녹제가 제정되지 않았기 때문에 각 수령들이 모두 규정 외 더 징수하게 되었다고 적고 있다.[66] 유형원은 부패의

64 『반계수록』 권18, 「직관고설」 하, 352, 354, 356면.
65 『반계수록』 권18, 「직관고설」 하, 361면.

발생과 봉급 지급에 일정한 관계가 있다고 보고 녹봉제의 제도 정비와 적절한 봉급 지급을 통해 이 문제를 해결하려고 하였다.

병제에 대해 「병제」에서 유형원은 병농일치를 이상으로 하면서 중앙에 군사를 두되 토지를 대상으로 군역을 부과할 것이며, 군역을 지는 자에게서는 보를 지급할 것을 주장하였다. 그리고 성지를 수축하고 무기를 개조하며, 말을 기르고 군사훈련을 정기적으로 하여 방어 태세를 갖출 것을 제안하였다. 이러한 관점에서 〈고설〉에서는 부병제와 관련된 제도적 변천 과정과 실패 사례를 언급하고 있으며, 강무, 전수, 성지, 병거, 목마, 우역에 이르기까지 병제의 제도 변천을 소개하고 있다. 그리고 선학의 말을 인용하여 나라를 부유하게 하고 군대를 강하게 하는 사업은 공허하게 말하고 천박한 방식으로 시행하려는 자는 할 수 없는 중요한 일이라는 것을 강조하였다.[67] 유형원은 국방의 실효를 거두기 위해서는 토지를 매개로한 공평한 군역 부과와 병제에 대한 구체적인 제도 정비가 있어야 한다고 생각하였다.

속편의 「노예」에서 유형원은 노비 세습제는 폐지하여야 한다는 전제 아래 현실은 인정하면서도 품삯을 주고 고용하는 용역제로 전환하여야 한다고 주장하였다. 이러한 관점에서 〈고설〉에서는 도적이나 포로를 노비로 삼되 양민을 노예로 하지 않았으며 설령 노예라 할지라도 그 죄가 아들 대에 미치지 않았다면서 노예를 양민으로 하는 당지(唐志)의 규정을 소개하였다.[68] 또한 「적전」과 「양노」에서 이들 제도를

66 『반계수록』 권20, 「녹제고설」, 389면.
67 『반계수록』 권24, 「병제후록고설」, 473면.
68 『반계수록』 권26, 「속편」 하, 〈노예고설〉, 509~511면.

유교적 통치의 표상으로 간주하였다. 이러한 관점에서 〈고설〉에서는 후대 군주들에 의해 실행된 적전과[69] 양노[70]의 사례를 소개하였다.

유형원은 현실 법제의 모순을 개혁하고 미비한 제도를 개선함으로써 지역적인 불균등과 신분적인 특권을 해소하여 모든 사람이 자기 몫을 차지할 수 있는 사회를 실현할 수 있다고 보고 있다. 모든 국민이 똑 같은 대우를 받아야 한다고 하지 않고 관료에게는 토지의 지급에 있어서도 차등을 두었고, 공직에 종사하는 자에게는 군역을 면제하는 조처를 제시하기도 하였으나 적어도 모든 사람들이 각자 적절한 수준의 업무를 책임지면서 각기 그 쓰임에 활용되는 것을 이상적으로 보았다.

이러한 변화를 이끌어내기 위해서 개인보다 공동체와 국가에 비중을 둔 법제의 제정, 재능과 업적에 바탕을 둔 공정한 경쟁의 확립, 각종 행정 기구의 정비와 제도적 정비, 인치적 통치가 아닌 제도적 통치 기반의 구축, 공평한 군역 부과를 통한 국방의 실효 확립 등의 원칙 속에서 개혁을 실천해 나가려 하였다.

유형원 자신도 『주례』 이래 이상적인 원칙으로 제시된 것이 완전히 다 실현될 수 있다고는 생각하지 않았다. 시대적 추이에 따라 성공과 실패가 있을 수 있다는 것이다. 그래서 〈고설〉에서는 그 다양한 사례를 수집하고 있다. 문제는 유형원이 그 개혁의 완성을 임금의 결단과 같은 인적 측면에 기대함으로써 당시의 현실 권력구조상 그러한 의도가 실현될 수 없다는 점이다.

69 『반계수록』 권26, 「속편」 하, 〈적전고설〉, 511~513면.
70 『반계수록』 권26, 「속편」 하, 〈양노고설〉, 514~517면.

4. 맺음말-사학사적인 의의

현실의 문제에 대한 개혁론을 다룬 『반계수록』에서 유형원은 전제, 교선, 임관, 직관, 녹제, 병제 등 각 분야별 개혁 방안을 마련하는 과정에서 그 제도의 역사적인 연원을 찾아 〈고설〉을 집필하였다. 중국사의 경우는 『주례』를 〈고설〉에 맨 앞에 배열하고, 제도사적인 내용은 주로 『통전』과 『문헌통고』 및 각 정사의 '지(志)'류를 이용하고 있으며 실질적인 사회개혁의 발상은 『대학연의보』로부터 많은 영향을 받고 있다. 한국사의 경우는 『고려사』 『경국대전』 및 개혁가로는 조헌과 이이 그리고 한백겸 등의 자료를 이용하면서 집필하고 있다.

그런데 〈고설〉은 유형별로 관련 자료를 단순히 모은 유서류와 구별이 된다. 『반계수록』의 〈고설〉은 특정 주제별로 제도사적인 변천을 다루었다. 이는 우리나라에서 전장제도의 발전을 통해 역사의 변화를 살펴보는 역사관의 성립에 있어서 한 시발점이 된다. 당시 정부나 개인이 편찬한 책들은 관련된 자료들을 모아 분류하여 편집하려는 데에 치중함으로써 새로운 개혁안을 만들어 낸다는 점이 부족하였는데, 그런 점에서 유형원의 〈고설〉은 다른 유서류와는 구별이 된다.

개인의 도덕적 개인적 성격을 고치는 것을 목표로 삼았던 기존의 개혁론과는 달리 『반계수록』은 법과 제도의 개혁에 중점을 두었다. 『반계수록』의 〈고설〉은 '회통(會通)'하여 현재의 '경세(經世)'를 위한 자료를 제공한다는 관점으로 편찬된 것으로, 사회경제사적인 경세사관의 성립과 발전의 중요한 한 사례인 것으로 평가할 수 있다. 그리고 유형원의 『반계수록』 〈고설〉 부분은 관찬의 문헌비고류나 사찬의 지류가 자료를 모으는 데에 관심이 집중되어[71] 미래의 개혁방안을 마련하는 데에 미흡하였던 것에 비해 개인의 도덕적 회개보다 법과 제도의 개혁을 통해 사회를 바꾸어 보려는 점에서 훨씬 전진적인 역사의식의 측면을 보이고 있다. 그리고 이러한 접근 방식은 한말 삼정책 개혁론자들이나 정윤영(鄭胤永), 이진상(李震相) 등의 제도개혁가들, 그리고 계몽기 신문이나 잡지를 통해 개혁론을 주창하였던 이들이 『반계수록』을 직접 인용하면서 계승되고 있다.[72]

유형원은 모든 시기의 제도를 관통하는 원칙이 있다고 보았다. 유형원은 상황이나 정황이 달라졌다는 말에 혹하지 않은 바는 아니지만 하늘의 이치가 제시하는 기본 원칙은 한결같다고 생각하였다.[73] 유형원은 주대(周代) 이후 현실적인 문제로 인해 많은 것이 바뀌었으나 사회를 변화시킬 기본적인 원칙을 제시함으로써 자신의 개혁안의 정당성을 재발견하려고 하였다. 유형원은 자신이 지닌 관통하는 원칙에 따라 전통의 제도를 수집하고 해석하고 있으며, 그 곳에 개혁의식을 집어넣었다. 그리고 유형원의 이러한 자료의 수집과 연구는 자신의 '경세사학'을 위한 연구 과정이었다. 유형원은 원칙으로서의 정신을 제대로 파악하고 이 뜻을 실현하면 새로운 사회가 열릴 것을 확신하였다.[74]

71 관・사찬의 문헌비고와 지류가 『반계수록』을 계승하는 양상은 다음 논문을 참조. 박인호(1992; 1996). 참조.

72 박인호(2018), 104~106면.

73 『반계수록』, 「교선고설」 하, 259면. "世之言者 例以古今異宜爲說 雖知其說之非 猶不能無惑 及省觀事物之情 然後乃深知其爲誕妄無據也 夫天理之固然 人心之所安 事勢之所形 如此則得 如此則失 如此則治 如此則亂 如此則安 如此則危者 固萬世如一"

74 기존의 〈고설〉과 역사인식을 언급한 글들에서는 "최종적 개혁안을 읽어 보면 그가 실제로 그런 조정에 성공했는지, 그리고 현실적이고 유연한 사상가로서 진정한 근

〈고설〉에서 제시된 원칙은 개인보다 공동체와 국가에 비중을 둔 법제의 제정, 재능과 업적에 바탕을 둔 공정한 경쟁의 확립, 인치적 통치가 아닌 제도적 통치 기반의 구축, 공평한 세금 부과를 통치의 실효 확립 등이었다. 유형원은 『주례(周禮)』에 제시되었던 이상이 후대에 성공하기도 실패하기도 하였으나[75] 『주례』를 비롯한 과거의 제도를 추구하였던 원칙을 제대로 실현해 나간다면 현 사회의 변혁도 가능하다고 보았다. 그리고 이 〈고설〉 부분은 각종 제도의 연원과 개혁안의 역사적인 근거로 제시되었으며, 『반계수록』의 사회개혁론과 상호 밀접하게 연관되어 있었다.

유형원은 『반계수록』 〈고설〉에서 『주례』의 이상적 원칙을 제시한 이래 시기별 제도 변천에 대해 중국과 조선의 제도사 관련 저술에서 제도의 시행과 논의 내용을 뽑아 수록함으로써 각 제도의 변화를 통해 시기가 지날수록 사회가 발전하고 제도가 정밀해 질 수 있으며, 이를 통해 새로운 사회로의 진입이 가능하다는 발전적 역사관을 보여주고

본주의자의 면모를 보여주어야 한다는 책임을 잘 알고 있었는지 하는 측면에 의구심을 가질 것이다"(팔레, 176면)고 평가하였듯이 유형원은 이상적인 원칙의 실현에 실패하거나 혹은 이상적인 제도의 실현을 추구하였던 유교적 이상주의자로 인식되고 있다. 그러나 유형원 본인은 "만일 훌륭한 군주가 있어서 낡은 폐단을 고치고 좋은 점을 다시 적용하여 한번 변혁을 일으키는 순간에 쇠약은 강성으로, 혼란은 정리로 변하게 될 것이다"(『반계수록』, 「교선고설」 하, 259면)고 하여 폐단을 고침으로써 변화가 가능한 것으로 보고 있다.

75 일부 연구에서는 周代의 이상적 시대에 비해 후대를 실패의 역사인 것으로 보았다는 점을 지적하면서 유형원의 역사인식을 퇴보적인 역사관으로 평가하기도 하였다. 그러나 유형원은 周代의 이상적인 원칙 아래 각 시기별로 제도를 시행하였는데 그것이 실패하기도 혹은 성공하기도 한 것으로 보았다. 따라서 시간적 변화에 따른 역사의 발전 혹은 쇠퇴 개념으로 유형원의 역사관을 규정할 수는 없다.

있다. 이전 시대에서 역사적 연원을 찾고 이를 통해 개혁안의 장단을 검토함으로써 비록 역사서로는 미비한 형태를 갖추었다고 하더라도 일관된 사회경세사적 관점에서 그 추이와 변화를 정리한 것이라고 할 수 있다.

요컨대 『반계수록』 〈고설〉은 사찬의 제도사 저술이자 사회경제적 측면에서 제도의 성립과 발전을 논한 실학적 경세사관의 산물이다. 그리고 이는 관료가 중심이 되어 특정 주제에 대해 편찬 위주로 진행되었던 학문에서 근대 학문으로서의 사회경제사와의 사이에서 가교 역할을 수행하였다.

참고문헌

『金山公遺稿』, 연세대 도서관 소장.

『大學衍義補』, 문연각사고전서본.

『東史例』, 장서각 2-198.

『磻溪隨錄』, 명문당, 1982.

『반계유고』, 임형택 외 편역, 창비, 2017.

『磻溪逸稿』, 『한국한문학연구』 38, 2006.

『磻溪雜藁』, 여강출판사, 1990.

『星湖全書』, 여강출판사, 1984.

『續綱目疑補記見』, 규장각, 규5760.

『歷史東國可考』, 국사편찬위원회, D09120314.

『朝鮮王朝實錄』, 탐구당.

『增補磻溪隨錄』, 경인문화사, 1974.

權純哲(2006), 「韓國儒學史における大學衍義と大學衍義補の意義」, 『埼玉大學紀要』 42-1.

김준석(2000), 「조선후기 진보적 역사관의 성립 - 유형원의 변법사관」, 『국사관논총』

93, 국사편찬위원회.
김준석(2005), 『한국 중세 유교정치사상사론』 2, 지식산업사.
박인호(1989a), 「동국여지지를 통해 본 유형원의 역사의식」, 정문연 대학원 석사학위 논문.
박인호(1989b), 「유형원의 동국여지지에 대한 일고찰 - 역사의식과 관련하여」, 『청계사학』 6.
박인호(1992), 「동국십지와 동국통지에 대한 연구」, 『청계사학』 9.
박인호(1996), 『조선후기 역사지리학 연구』, 이회문화사.
박인호(1999), 「반계 유형원의 학문적 업적과 그 영향」, 『반계 유형원 학술강연회 발표 논문집』, 용인문화원.
박인호(2017), 「유형원의 동국여지지 편찬을 위한 고투와 실학적 지리학」, 『조선사연구』 26.
박인호(2018), 「유형원, 경세치국의 새로운 길을 열다」, 『복현사림』 36.
윤정분(2002), 『중국근세 경세사상 연구 -구준의 경세서를 중심으로』, 혜안.
정구복(1970), 「반계 유형원의 사회개혁사상」, 『역사학보』 45.
정구복(1978), 「한백겸의 동국지리지에 대한 일고 -역사지리학파의 성립을 중심으로」, 『전북사학』 2.
정구복(1987), 「한백겸의 사학과 그 영향」, 『진단학보』 63.
정구복(1999), 「반계 유형원의 역사의식」, 『반계 유형원의 생애와 사상』, 한국정신문화연구원 발표문.
정구복(2008), 『한국근세사학사』, 경인문화사.
조성을(2000), 「유형원의 고려시대 인식」, 『한국사의 구조와 전개』, 혜안.
조성을(2004), 『조선후기 사학사연구』, 한울.
천관우(1952~1953), 「반계 유형원 연구」, 『역사학보』 2~3.
천관우(1979), 『근세조선사연구』, 일조각.
최광만(2010), 「반계수록 교선고설에 나타난 유형원의 교육사관」, 『교육사학연구』 20-2.
팔레(2008), 『유교적 경세론과 조선의 제도들』, 산처럼.

『반계수록』의 전승과 『잡동산이』*

함영대
경상대학교 한문학과 부교수

1. 문제 제기

『반계수록』은 조선의 지식인들에게 이적(夷狄)이 중화(中華)를 침몰시키는 충격을 주었던 명청 교체기라는 문명의 전환기에 고도(古道)의 실현을 통해 국가 재건의 가능성을 모색하고자 했던 반계 유형원(1622~1673)의 저작이다.[1] 부안의 우반동으로 거처를 옮긴 31세에 시작하

* 이 논문은 2017년 12월 9일, 고려대에서 개최된 한국실학학회 2017년 동계학술회의 "성호학파의 유서류 저작과 순암 안정복의 『잡동산이』"에서 발표된 원고를 수정·보완하여 『한국실학연구』 35(2018, 한국실학학회)에 같은 제목으로 수록되었던 것이다.

1 최근 반계 유형원의 일실되었던 시문을 수습하여 문집의 형태로 만들고 역주하여 『반계유고』로 간행한 임형택 선생은 당시 동아시아의 정세와 「서수록후(書隨錄後)」에 대한 성찰을 통해 반계의 『반계수록』 저작이 가지는 의미를 문명세계의 침몰에 대한 동아시아적 차원에서의 대응으로 분석했다. 임형택(2018), 「17세기 문명적 위기의식과 실학」, 『반계 유형원과 동아시아 실학사상』, 학자원, 13~23면; 해당 내용은 임형택외(2017), 『반계유고』, 창비, 199~2002면 참조. 이하 『반계유고』의 번역과 원문은 이 책의 내용을 따른다.

여 삶을 마치기 3년 전인 49세(1670년)에 완성한 거의 20여년에 걸친 필생의 역작이다. 자신이 공부를 통해 터득한 내용을 그 때마다 기록하여 『수록』이라고 명명했다고 했지만[2] 전제(田制)로부터 교육과 인재 선발, 관리 임명과 관직제도, 녹봉과 병역에 걸친 방대한 규모의 경세적 구상은 과히 '경국의 대문자'[3]로서 "우리 동방에서 경세의 임무를 아는데 가장 중요한 책"[4]으로 평가할 수 있다. 특히 가장 심혈을 기울인 전제분야의 개혁론은 이후 농암 유수원을 거쳐 성호 이익의 비판적 지지를 받았으며, 다산 정약용의 토지제도 구상에는 적지 않은 영향을 끼쳤다.[5]

그런데 이렇게 높은 평가를 받는 『반계수록』은 저자가 완성하고 나서 거의 100년이 지난 후인 1770년에 왕명에 의해 경상감영에서 초판이 판각되었다. 『반계수록』이 이미 저작되어 얼마 되지 않아 조정에 보고

---

2 갈암 이현일과 약산 오광운의 수록에 대한 평가이다.(「遁庵柳公隨錄序」, 『반계유고』 625면; 「磻溪先生行狀」 『반계유고』 643면) 반계는 『반계수록』의 발문격인 「書隨錄後」에서 "조목을 나열하고 그 자세한 곡적을 엮어서 스스로 마음에 기록하여 빠뜨리고 잃어버리는 것에 대비했다고 밝히면서도 반드시 조목에 나아가 곡절을 자세히 살핀 연후에야 시비와 득실이 드러날 것"이라고 주장하며 절목을 강조한 바 있다."(『반계유고 575~576면)

3 이병도는 『반계수록』에 대한 간략한 해설에서 반계가 자신의 저작을 겸손한 태도로 '수록'이라고 했지만 실상은 당당한 체계를 이룬 '經國의 大文字'라고 극찬했다. 이병도(1982), 「서」, 『반계수록』, 명문당 참조.

4 성호 이익의 평가이다. 성호는 「반계유형원유집서」에서 "근세 반계선생의 『수록』 한편을 저술하였는데 우리 동방에서 경세의 임무를 아는데 가장 중요한 책[近世磻溪柳先生有『隨錄』一編, 爲東方識務之最]"이라고 했다.(『반계유고』, 517면)

5 반계의 전제구상이 남인학자들에게 끼친 영향에 대해서는 정호훈(2017), 「조선후기 새로운 국가구상의 전통과 『경세유표』 –『반계수록』이래 남인의 전제론과 결부하여」, 『동방학지』 180, 연세대 동방학연구원 참조.

되었으며, 누차에 걸쳐 높게 평가되었던 것을 고려하면 오히려 늦은 감이 있다.[6]

이 글에서는 유형원의 『반계수록』이 어떠한 경로로 보고되고 전파되고 평가받으며, 출간에 이르게 되는지를 규명한다.[7] 아울러 『반계수록』이 전파되는 과정에서 필사되어 순암 안정복의 『잡동산이』에 수록된 『반계수록』(이하 순암본 『반계수록』)을 비교 고찰하여 그 원본의 체제를 추적한다. 이것은 『반계수록』이라는 당대의 혁신적인 구상이 당대와 후대의 지식인들에게 어떻게 전파되고 수용되는지를 검토하는 지성사의 검토이자 동시에 『반계수록』이라는 기념비적 저작이 하나의 출간물로 완성되는 문헌학적 탐색이 될 것이다.

2. 『반계수록』에 대한 평가와 출간 경위

1) 『반계수록』에 대한 재야在野학자들의 평가

반계 유형원의 『수록』이 이루어지고 이 책에 대한 최초의 평가는 제자와 친인척의 생애기록물에 의해 이루어지는데 이들에게 평을 청한

6 『반계수록』의 발간 경위에 대해서는 이미 여러 연구를 통해 그 一斑이 규명되어 있다. 그러나 구체적인 과정에 대한 파악이나 그 내용에 대한 평가는 여전히 온전히 규명되지는 못했다. 여기에서는 연대를 따라가며 그 발간의 경위와 평가를 좀 더 자세하게 검토한다.

7 『반계수록』의 간행과 관련하여 전반적인 내용을 검토한 것으로는 북한 사회과학원 고전연구실(1959), 「반계수록 해제」, 『반계수록』, 사회과학출판사, 1~16면; 현윤지(2014), 「『반계수록』의 편찬과 간행에 관한 서지적 연구」, 성균관대 문헌정보학과 석사논문 등이 있다.

이는 유형원의 아들인 유하(柳昰, 1642~1699)였다.[8] 반계 서거 이듬해가 되는 1674년, 그의 제자였던 김서경(金瑞慶)은 「반계유선생행장(磻溪柳先生行狀)」에서 "선생의 덕행은 『문집』에 드러나 있고, 선생의 사업은 『수록』에 밝혀져 있다."[9]고 천명하고 『수록』과 관련하여 이렇게 증언했다.

> "『수록』 13권은 평생의 정력이 여기에 다 들어간 것으로 요강이 서 있고 세목이 다 갖추어져서, 이른바 세상을 바로잡을 제도요 태평시대를 만들 문자라 할 수 있다. 그럼에도 스스로 광채를 감추어 함부로 사람들에게 이야기를 하지 않아서 이런 저술이 있는지 세상에서 알지 못했다. 때문에 본가에 저장이 된 채 한 번도 밖에 나오지 않은 것이다."[10]

역시 제자이면서 친인척 간이었던 양섬(楊暹)은 1675년에 지어진 또 다른 「반계유선생행장(磻溪柳先生行狀)」[11]에서 "선생이 이 책을 찬술함에 서적을 상고한 것은 매우 방대하고 마음으로 사색한 바는 매우 원

---

8 반계의 저술과 후학들의 관련자료에 대한 검토는 이형성(2015), 「磻溪 柳馨遠의 저술 재검토와 후학의 관련 자료 고찰」, 『韓國思想과 文化』 79, 한국사상문화학회 참조. 한편 유형원에 대한 생애 기록물의 전개에 대해서는 양승목(2017), 「반계 유형원 초상」, 『반계 유형원과 동아시아 실학사상』 학자원, 특히 269~292면, 특히 전체 자료에 대한 파악은 270면의 생애기록물 개관표 참조.

9 金瑞慶, 『磻溪柳先生行狀』 "其德行著於文集, 事業明於『隨錄』" (『澹溪遺稿』 권3; 『磻溪遺稿』, 633면)

10 金瑞慶, 앞의 글, "『隨錄』十三卷, 則平生精力, 盡輸於此, 大綱旣立, 萬目俱正, 所謂經世之制度·太平之文字, 而益自韜光晦彩, 未嘗輕以語人, 人亦莫之知也, 故藏於家而未出焉."(『磻溪遺稿』, 같은 면)

11 이형성(2015)의 연구에 따르면 유하는 처음 김서경에게 부탁한 행장을 받지 못해 다시 제자이자 친인척이 되는 양섬에게 행장을 구한 것으로 파악된다.

숙하다"고 지적하고, "사람의 마음과 사물의 이치에 실증하고 천지의 조화에 가늠해보아 반드시 지극히 온당하여 바뀔 수 없는 데에서 구하였는데 오로지 조금이라도 오차가 있을까를 고심하며 평생의 정력을 다하여 먹는 것을 잊고 다른 생각을 잊은 지 어언 20여 년이었다."[12]고 반계의 지극한 공력을 평가했다.

이렇게 반계의 집안에 내장되었던 것이 세상에 전파되기 시작한 것은 유형원의 집안 가친(家親)들의 활동에 의해서다. 반계의 사돈이자 학문적 교의가 지극하여 학술서간을 주고받았던 배상유(裵尙瑜, 1610~1686)[13]는 반계 사후 5년이 되는 1678년, 숙종에게 『반계수록(磻溪隨錄)』의 전제(田制)를 비롯한 7조목을 진달하면서 차례대로 시행하기를 요청하는 상소를 올렸다.[14] 또한 관직생활을 위해 서울에 있던 갈암 이현일에게는 저술 초고를 직접 건네주기도 하고, 갈암이 관직을 사직

12 楊暹, 『磻溪柳先生行狀』 "方其述此也, 考之於書者至博, 思之於心者至熟, 驗之於人情物理, 契之於天地造化, 必求其至當不易. 惟恐其毫釐有差, 用盡平生精力, 至於忘食忘憂者, 蓋二十餘年." (『文化柳氏夏亭公派家乘譜』; 『磻溪遺稿』, 637면)

13 배상유는 호가 晩學堂, 자는 公瑾으로 반계보다 10살 연장이면서 반계의 장남인 유하의 장인이기도 했다. 배상유는 雪峯 姜栢年(1603-1681)의 문인으로, 그는 유형원과 동갑으로 가장 가깝게 교류하면서도 淸陰 金尙憲(1570-1652), 松郊 李棨(1572-1646), 觀雪齋 許厚(1588-1661), 眉叟 許穆(1595-1682) 등을 從遊하였으니, 그 교류의 폭이 넓었다. 1677(숙종 3)년 社稷署 참봉이 되었다가 곧 물러나고, 그 다음해 유형원의 『반계수록』을 탐독한 뒤, 그 취지에 따라 군왕의 도리, 정치의 규모, 田制에 관한 소신을 상소하여 숙종의 가납을 받았다. 『반계유고』에는 그와 이기 심성에 대해 주고받은 「答裵公瑾」, 「答裵公瑾論學書」 등 수통의 서간이 전하고 있다.

14 『肅宗實錄』 4年(1678) 6月 20日 "前參奉裵尙瑜上疏陳心學性理之要及裁抑黨論、選用賢才之說. 且陳故進士柳馨遠所著『隨錄』中, 田制、兵制、學制等七條, 請次第施行."

하고 향촌으로 돌아간 뒤에는 『반계수록』 전체를 정서(淨書)하여 서함(書函)에 담아 멀리 부쳐주어 갈암이 이 책을 전부 읽어볼 수 있도록 했으며 그 서문을 청하기도 했다. 갈암은 이 때 비로소 『반계수록』의 내용을 모두 읽고서 이후 반계의 아들 유하(柳昰)의 재청(再請)을 받고 1689년 작성한 『수록』의 서문에서 이 책의 가치를 이렇게 평가했다. "범위가 크고 넓되 조리가 치밀하여 어슬프고 허황된 말이 아니요 대부분 실용에 적합한 내용이었다."[15]

한편 유형원의 육촌동생인 유재원(柳載遠, 1652~1713)은 1711년 『반계선생언행록』을 통해 반계의 위인을 상세하게 기술하되 특히 『반계수록』에 대해서는 "정치를 함에 있어서 정전법에 근본하지 않는다면 구차해질 따름이다. 이 때문에 『수록』은 문왕이 기산을 다스릴 때의 법에 바탕을 두고, 땅은 반드시 100묘로 나누고 세는 반드시 10분의 1을 취하는 것을 경세(經世)의 근본으로 삼았다"는 반계의 말을 특기하고 조선에 정전제를 도입함에 "정(井)자로 하지 않고, 전(田)자 모양으로 제도를 삼은 것은 우리나라 지세가 산이 많아 주나라 구주(九州)의 벌판과 다르기 때문"이라는 것을 명기했다. 70묘가 아닌 100묘로 한 것은 인문이 갖추어져 풍속이 변화했기 때문이며, 제도가 미비한 부분은 시왕(時王)의 제도에 구애되었기 때문이라는 점을 직시하여[16] 반계의

15 李玄逸, 「遁庵柳公隨錄序」, 『葛庵集』 卷20 "一日出示公所著書草本若干卷, 余未及卒業而東歸, 居常往來於心. 後數年, 裴君繕寫成帙, 函封遠寄, 余始究其本末 … 余嘗得而讀之, 其間架宏遠, 條理縝密, 不爲闊疏誇誕之言, 而擧皆適於實用." (『반계유고』 624~625면)

16 柳載遠, 『磻溪先生言行錄』(『文化柳氏世譜總目』; 『磻溪遺稿』, 652~3면) "爲政而不本井地, 則皆苟而已矣. 是故『隨錄』之書, 本之文王治岐之法, 而田必以百畝, 稅必以什一, 以爲經世百事之根本 …… 地不以井, 而乃以田字爲之制者, 以

『수록』에서 고심한 점을 명쾌하게 짚어 주었다.

또 유재원은 부안에서 멀지 않은 곳에 있던 명재 윤증에게 『반계수록』을 건네주면서 서문을 청해 윤증의 발문을 받았다. 윤증은 1711년에 작성된 서문을 통해 이미 연로하고 건강상의 문제로 이 책을 일일이 읽고 그 온축된 의미를 파악할 수는 없지만 이 책을 통해 학문의 큰 규모와 높은 재능을 알 수 있다고 지적하면서 이러한 능력을 가지고도 당대에 알려지지 못한 것을 애석해 했다.[17]

반계의 증손자인 유발(柳發, 1683~1775)과 인척관계에 있던 오광운은 『반계수록』의 서문과 유형원의 행장을 쓴다. 『반계수록』의 서문이 1737년에 완성되므로 행장 역시 이 시기에 작성되었을 것으로 판단된다.[18] 그는 행장에서 반계의 『수록』이 반계의 저작들과 어떠한 연관관계가 있는지에 대해 적실하게 지적했다.

이 저서를 '수록'이라 일컬었는데, 고금의 문헌을 널리 읽거나 또 사려

東方地勢多峽, 與周家九野異也. …… 此書或有未能成者, 其間有涉於時王制度故也."

17 尹拯, 『明齋遺稿』 卷32; 「跋隨錄」『磻溪遺稿』, 625~6면)"觀於此錄, 其規模之大·才識之高, 可以想見矣. …… 且以衰病已甚, 目暗神昏, 不能一一披閱, 究極底蘊, 何能有所贊論於其間?" 한편 명재가 반계의 『수록』에 발문을 작성하게 된 경위에 대해서는 임형택(2018), 「17세기 문명적 위기와 실학」, 『반계 유형원과 동아시아 실학사상』, 학자원, 28~35면 참조.

18 이형성(2015), 앞의 논문. 438면 그의 연구에 따르면 유발의 둘째 아들 유광위는 오광운의 사촌 동생 吳得運의 사위이다. 오광운은 당시 남인 계열(청남)로 문장에 매우 능하였으며 벼슬이 정삼품의 大司諫에 있었는데 유발도 이 무렵 낮은 벼슬이기는 하지만 여러 벼슬을 역임하고 있었기에 그에게 글을 부탁하여 책을 이루고자 하였다고 한다. 그러나 『반계수록』이 목판으로 출간되는 것을 보지 못하고 1745년에 생을 마감한다.

가 미치는 대로 얻음이 있는 데 따라 기록한다는 의미이다. 그의 이 저술은 규모가 광대하며 체제가 정밀하여 앞의 현인들이 발하지 못했던 바를 확장하였으니, 우리 동방에 일찍이 없었던 책이라고 할 수 있다. 그런데 그가 지은 『이기총론(理氣總論)』 『논학물리(論學物理)』 『경설(經說)』 등 글을 보면 『수록』에 본(本)이 있으며 천덕(天德)과 왕도(王道)가 둘이 아님을 알 수 있다. 또한 『정음지남(正音指南)』 『무경사서(武經四書)』 『여지지(輿地誌)』 『군현지제(郡縣之制)』 등의 책을 저술했는데, 음양(陰陽)·율려(律呂)·병모(兵謀)·사율(師律)및 성위(星緯)의 전도(纏度)·산천의 실상 등을 손바닥 들여다보듯 분명히 밝혔다. 공은 그야말로 체용(體用)·박약(博約)의 통유(通儒)라고 하겠다.[19]

오광운은 이 『수록』이 규모와 체제면에서 전대 학자들이 미처 말하지 못했던 것을 말한 것이라 "동방에 일찍이 없었던 책"이라고 가치를 평가했으며, 이기론(理氣論)과 경설(經說)은 물론 물리(物理)를 논한 다른 저술들과의 연관을 보면 이 『수록』은 본말을 갖춘 저작으로 유교의 이상인 천덕(天德)과 그것을 정치로 실현하는 왕도(王道)가 이 책을 통해 관철된다는 것을 적시했다. 아울러 다른 저작들을 통해 보면 반계는 진정한 통유(通儒)라고 높게 평가했다. 오광운이 당대 문단에서 차지하는 위상을 본다면 그의 이러한 평가는 여러 학자들이 『수록』에 관심을 가지는 데 일조했을 것으로 짐작된다.

---

19 吳光運, 「磻溪先生行狀」, (『반계유고』 642~643면) "號其書曰『隨錄』, 或讀古今典籍, 或因思慮所及, 隨得隨錄者也. 其規模廣大, 條例縝密, 可謂擴前賢之未發, 而我東方所未有之書也. 然覽公『理氣總論』·『論學物理』·『經說等書』, 然後知『隨錄』之有本, 而天德王道之不二也. 又著『正音指南』·『武經四書』·『輿地誌』·『郡縣之制』等書, 其論陰陽·律呂·兵謀·師律·星緯之纏度·山川之形便, 如指諸掌. 公可謂體用博約之通儒."

이렇게 제자들과 후손들에 의해 반계의 『수록』과 저작들은 활발하게 당대의 학자들에게 전파되어 1730년대에는 이미 그 존재는 물론 내용까지도 상당히 폭넓게 알려지고 있었던 것이 아닌가 한다. 그것은 성호 이익이 1736년에 이미 『반계수록』을 구득하여 읽고 있었던 정황에서도 파악되는데 성호는 제자 신후담에게 이 책을 두고 이렇게 평가했다.

> 근래 유반계(柳磻溪)가 지은 『수록(隨錄)』을 얻었는데 규모가 매우 정밀하고 역량(力量)이 자못 크다. 그 귀결은 경계(經界)를 근본으로 하니, 이는 본디 당연하다 하겠다. 그러나 이 제도를 어찌 쉽게 실행할 수 있겠는가?[20]

조선에서 실무를 아는 전대 선현으로 성호가 율곡과 반계를 손꼽은 것[21]은 아마도 이 『반계수록』을 읽고 나서일 것이다. 그런데 성호는 반계의 전제구상 가운데 가장 핵심적인 정전제를 회복시키려는 것에 대해 현실성 문제를 지적하며 비판적인 평가를 내렸는데 이러한 생각은 그 후에도 꾸준히 견지되었던 것으로 보인다.

> 유반계(柳磻溪)의 『수록』을 얻어 보았는데 규제(規制)가 원대했다. 작은 나라의 누추한 유자(儒者)라면 감히 거론할 수 없는 것이어서 흠탄했다. 근래 그의 후손 상사(上舍) 유발(柳發)이 들렀길래, 다음과 같이 이야

20 李瀷, 『星湖集』 卷23, 「答愼耳老 丙辰(1736)」, "近得柳磻溪隨錄, 規模甚密, 力量許大, 其歸乃以經界爲本, 此固當然, 然豈可易以行耶?"

21 李瀷, 『星湖僿說』 卷11 「人事門·變法」 "國朝以來屈指識務, 惟李栗谷·柳磻溪二公在."

> 기했다. “왕정(王政)은 반드시 경계(經界)로 귀결됩니다. 4구의 전(佃)은 비록 쉽게 행할 수 있는 듯싶지만, 경계를 만드는 일은 반드시 평야에서 해야 합니다. 우리나라는 산이 많고 들이 적습니다. 또 더군다나 옛날에는 한전(旱田) 도랑[溝]을 만들어 바로 잡았지만, 지금의 들은 모두 수전(水田)이라 논두렁[隴]으로 경계를 삼습니다. 논두렁과 논두렁 사이의 땅을 어찌 쟁반처럼 평평하게 하고 물을 흐르게 하여 벼를 기를 수 있겠습니까?”[22]

여기서 성호는 유재원이 지적했듯 지형의 문제로 인해 구상한 4구의 전(佃) 제도를 정면으로 문제 삼은 것이다. 반계는 중국의 정전법을 그대로 시행하는 것은 조선에서는 어렵지만, 기자전(箕子田)의 4구전 방식을 활용하면 그렇게 힘들이지 않고도 정전법의 장점을 살릴 수 있다고 여기고 이를 토대로 공전제를 구체화했던 것인데 그것마저도 성호는 수전(水田)을 기본으로 하는 조선의 농업 현실에서는 시행이 어렵다고 한 것이다.

그러나 이러한 반계의 전제에 대한 구상이 구체적으로 현실화되기는 어렵다는 관측에도 불구하고 성호는 기본적으로는 『수록』의 가치에 대해서 높게 평가하고 그것이 실현되지 않는 현실을 개탄했다.

> 선왕(先王)의 법을 취하여 연혁(沿革)을 상고하고 국전(國典)을 참고

22 李瀷, 『星湖全集』 卷17, 「答趙正叔 癸酉(1753)」 “柳磻溪隨錄, 昔曾見之, 規制宏遠, 非小國陋儒之所敢開口者, 固已欽歎. 近者其後孫上舍發來過. 余謂王政必歸於經界. 四區之佃, 雖若易行, 然畫界必須在平野. 我國山多野少, 又況古時旱田, 開溝而正之, 今野皆水田, 以隴爲界, 隴間之地, 烏得如槃盂之平而能蓄洩養禾乎?”

해서 한 책을 저술했다. 그 책은 규모가 굉장하면서도 절목이 상세하며 인정(人情)에 징험이 되고 천리(天理)를 헤아려서 맥락이 서로 이어지고 기혈이 안으로 흐르는 듯했다. 서명은 『수록(隨錄)』이라고 했으니, 요컨대 오늘날에도 실행할 수 있는 것이다.[23]

오직 다행이라 할 바는 그가 저술한 『수록(隨錄)』 한부가 먼지 아래 좀이 슬고 썩어가는 가운데서도 민멸되지 않고 세상에 차츰 알려지게 된 것이다. 그 책을 구해 읽어본 사람들은 책을 덮고 탄복하며, "시무(時務)를 파악할 수 있는 요결이로다"라 하지 않는 이가 없다. 이에 부지런히 베껴서 너나없이 소장하였고, 조정에 바치며 반드시 행할 만한 내용이라 역설하였다. …… 한데 손을 모아 귀를 기울여보아도, 한마디 제언이라도 받아들이거나 한 가지 일이라도 시행하여 백성들에게 은택이 미치도록 했다는 말은 전혀 들어보지 못했다. 무엇 때문인가? 입으로 칭송하는 것은 진정으로 좋아하는 것과 다르고, 공공의 법이란 사사로운 이익에 가로막히기 때문이다. 그래서 아무리 설파하여도 끝내 자신의 임무라고 나서는 사람은 없는 것이다.[24]

성호는 『수록』이 유포되어 널리 읽혀지고 그것이 조정에까지 올라가는 정황에 대해 잘 알고 있었다. 성호는 이러한 당시의 『수록』 유포

23 李瀷, 『星湖全集』 卷68, 「磻溪柳先生傳」 (『磻溪遺稿 664~665면』)"於是取先王之法, 考之以因革, 參之以國典, 著爲一書, 規模宏節目詳, 驗乎人情, 稽乎天理, 筋脈相連, 氣血流通. 命之曰隨錄, 要之可行於今日也."

24 李瀷, 『星湖全集』 卷50, 「磻溪隨錄序」 (『磻溪遺稿 626~627면』) "所可幸者, 其所撰著『隨錄』一書, 不泯於塵蠹朽剝之餘, 稍稍出世. 人有得원문(原文)以讀之, 往往咨嗟掩卷, 莫不曰: "識務之要訣." 於是, 奔走傳錄, 一一藏弆. 又獻之朝, 謂必可行 …… 拱手側耳, 又寥寥乎不聞有採一言 · 措一事, 使斯民被其餘澤, 何哉? 口誦異於心好, 公法礙於私便, 故悠悠說去, 卒未有斷以任者也."

에 대해 파악하면서 두 가지 점을 분명하게 지적한 것이다. 이 내용은 반드시 오늘날에도 실현이 가능하다는 것과 그러함에도 불구하고 상찬만 할 뿐 전혀 구체적인 정책으로 실현되지는 않는다는 것이다. “입으로 칭송하는 것은 진정으로 좋아하는 것과 다르고, 공공의 법이란 사사로운 이익에 가로막히기 때문”이라는 지적과 “아무리 설파하여도 끝내 자신의 임무라고 나서는 사람은 없다”는 비판은 『수록』이 조선에서 수용되고 있는 현실을 냉정하게 보여준 것이다.[25]

그렇다면 『수록』의 이러한 움직임에 대해 조선의 조정에서는 과연 어떻게 수록을 바라보고 평가했던 것일까? 또 어떠한 과정을 통해 『반계수록』은 출간된 것일까? 그 과정을 좀 더 면밀하게 파악해볼 필요가 있겠다.

2) 『반계수록』에 대한 재조在朝의 평가와 『반계수록』의 출간

앞서 반계와 학문적으로 교유하면서 사돈이기도 했던 배상유가 1678년 『반계수록』의 7조목을 올리고 이를 점차적으로 시행할 것을 상소한 바 있다고 밝혔다. 그 상소에 대한 조정의 반응은 한마디로 냉랭했다. 『실록』은 그 상소를 묘당에 내리니 묘당에서는 그 언술이 우

25 성호는 반계의 주장에 대해 “그 근원을 궁구하고 일체를 새롭게 하여 王政의 시초를 삼으려 했으니, 그 뜻은 진실로 컸다. 그러나 밭을 모조리 개간하는 것과 서울에서 벼슬하는 자가 奉眷하는 등속은 반드시 구애됨이 있어 시행하기 어려울 것이요, 結負의 부세와 번갈아 숙직하는 규식은 오히려 폐단 없이 시행할 수는 있으나 어찌 이같이 할 필요가 있겠는가?”라고 그 의미와 시행의 득실을 논한 다음 “오늘날 『磻溪隨錄』 가운데 여러 가지 좋은 의론을 단 한 가지도 시험한 것이 없었으니, 예나 지금이나 志士의 정력 쏟은 것을 끝내 세상 사람이 알아주지 않는대서야 되겠는가?”라고 탄식하기도 했다. (『星湖僿說』 卷11 「人事門·變法」)

활하다고 평가하며 치지도외했다고 기록하고 있다.[26] 이러한 조정의 평가는 그 후에도 크게 변화가 없었다.

1694년 경외유생(京外儒生) 노사효(盧思孝)는 『반계수록』을 읽어보길 청하는 상소를 올렸다. 그 내용은 유형원에 대해 사승을 거치지 않은 자득한 학자로서 경제의 업에 마음을 두고 경전에서 성인의 취지를 얻어 인정(人情)에 근본하면서도 천리(天理)의 바름으로 『수록』을 저술했다고 밝히고 허목이 왕좌(王佐)의 재주로 평가했다는 것을 특기하면서 이 경제의 문자를 상자에 헛되이 둘 수 없어 바치니 꼭 살펴주십사는 것이었다.[27] 이에 대해 비답은 해당 부처에 내리겠고, 올린 책자는 조용할 때 살펴보겠다는 것이었으나[28] 이후 시행되지는 않았다.

1741년 윤증(尹拯)의 고제였던 양득중(梁得中)은 상소를 올려 경연에서 『주자어류』를 강독하던 것을 전환하여 반계의 『수록』을 강독하기를 청하였다. 그는 『주자어류』를 문인의 사사로운 기록으로 제왕의 강독서로는 부족하다고 지적하고 "오늘날 부족한 것은 강설(講說)이 충분하지 못한 데 있지 않고, 오직 한갓 강설만 하고 시행하지 않은 것이 병통이 된 데 있다."[29]고 비판하면서 당대의 급무에 대한 대응으로서

---

26 『肅宗實錄』 4年(1678) 6月 20日 "下廟堂, 廟堂以其言迂闊而置之

27 『磻溪隨錄』「附錄京外儒生進士盧思孝等疏 甲戌(1694)三月」"能自心得, 凡於三才萬物之故, 化民善俗之方, 解剝硏窮, 無不旁通, 涵養有素, 工用亦博, 本之身心, 推之事爲者 …… 又嘗用志於經濟之業, 稽遺經而得聖人之意, 原人情而闡天理之正 …… 故先正臣許穆, 嘗以王佐之才, 稱之. …… 經緯之文, 不可空貢於巾箱, 玆敢冒昧仰呈, 倘蒙 聖明淸燕之暇, 特賜 睿覽."

28 앞의 글, "下批曰, 省疏, 具悉疏辭, 令該曺稟處, 而所進册子, 當從容省覽焉."

29 『英祖實錄』 17년(1741) 2월 23일 梁得中의 上疏 "『朱子語類』進講, 恐非今日急務也 …… 是書乃其門人私自記者 …… 是以韋布之士, 於此不過涉獵, 時有警發

『반계수록』의 가치를 이렇게 평가했다.

> 그 제도와 절목(節目)에 대한 상세한 것은 주(周)나라 때부터 지금까지 강론하고 연구한 사람이 없었습니다. 송(宋)나라의 장재(張載)도 뜻을 두기는 하였지만 성취시키지 못하고 졸하였습니다. 근세에 호남의 유사(儒士) 유형원(柳馨遠)은 바로 그것을 잘 강구하였으니, 처음으로 전제(田制)에서부터 설교(設敎), 선거(選擧) 및 관직(官職), 병록(兵祿)의 제도에 이르기까지 미세한 부분을 모두 거론(擧論)하지 않음이 없었으며, 그것을 『수록(隨錄)』이라고 이름을 지었는데 무릇 13권이었습니다. 신이 일찍이 그것을 신의 죽은 스승 윤증(尹拯)의 집에서 보았습니다. 지금 그 사람은 비록 죽었지만 그의 자손이 바야흐로 호남의 부안(扶安)과 경기의 과천(果川)에 살고 있다고 합니다. 삼가 바라건대, 특별히 그 고을의 수령에게 명하여 그 책을 가져다 바치게 하여 을람(乙覽)에 대비하도록 하시고, 곧 중외에 나누어 반포해서 차례대로 시행하게 하소서."[30]

양득중은 실사구시(實事求是)가 바로 당시의 급무임을 지적한 시대의 선각자였고, 경세 실무의 요체를 잘 알고 있어 이렇게 상소한 것[31]

而已, 是豈帝王專事講讀之書也? …… 此臣前疏所謂今日之所欠, 不在於講說之不足, 惟在於徒講而不行之爲病也.

30 앞의 글. "但其制度、節目之詳, 則自周迄今, 無人講究, 宋之張載亦有志, 未就而卒, 近世有湖南儒士柳馨遠者, 乃能爲之講究, 始自田制, 至於設敎、選擧及官職、兵祿之制, 無不纖微畢擧, 名之曰『隨錄』, 凡十三卷, 臣嘗見之於臣之亡師尹拯之家, 今其人雖死, 其子孫方在湖南之扶安、京畿之果川云, 伏望特命邑守, 取其書來獻, 以備乙覽, 仍令分布中外, 以次施行也."

31 양득중이 實事求是의 내용을 담은 상소를 올린 것에 대한 의미는 임형택(2000), 「실사구시의 학적 전통과 개화사상」, 『실사구시의 한국학』, 창작과비평사, 124~125면 참조. 임형택 선생은 이 연구에서 "양득중의 實事에 대한 주장은 "義理를 가탁하고 허위를 崇飾함으로 해서 오늘날 국가 형편이 난망한 지경에 빠졌다"는

이고 이이 대해 영조 역시 긍정적으로 접수했다. 그 결과 "그 신실하고 질박한 상소에 대해 치하하면서 유념할 것이며, 그 책은 응당 바치게 하겠다[32]는 비답을 내리지만 크게 이 책에 대해 관심을 두지는 않았다.

그도 그럴 것이 영조의 치세에 권력을 가진 집권층의 생각이 잘 반영된 『실록』의 사론(史論)에서 양득중은 그다지 높게 평가되지 않았다. '양득중 졸기(卒記)'는 당대 집권층의 양득중에 대한 생각의 단면을 여과없이 보여주는 것이다.

> 전 승지 양득중(梁得中)이 졸(卒)하였다. 양득중은 호남 사람인데, 경술(經術)로 천거되고 여러 차례 옮겨서 승지에 이르렀다. 일찍이 소명을 받고 올라왔는데, 언의(言議)는 보잘 것 없었다.[33]

이러한 인식을 지닌 당대 집권층의 성향에 양득중의 상소가 제대로 가납되었을 리 없을 것이다. 이는 양득중의 상소에 대한 기존의 융숭한 비답 역시 형식적으로 진행됨 것임을 알 수 있다.[34]

그런데 성호의 증언과 양득중의 상소에서도 간취되는 바와 같이 1730년대 이후 반계의 『수록』은 널리 퍼지고 있었고, 『수록』에 담긴

심각한 현실인식에 근거하여 제출된 대안"이라고 그 의미를 높게 평가했다.

32 앞의 글, "批曰: "前批旣諭, 所尙者爾之質實也. 其勉者當留意, 其冊子, 令道臣取而進焉."

33 『영조실록』 18년(1742) 4월 5일 梁得中의 卒記 "前承旨梁得中卒, 得中, 以湖南人, 被經術之薦, 累遷至承旨. 嘗赴召, 而言議無可觀矣."

34 양득중은 그 전에도 꾸준히 경세에 실질적인 건의를 올렸다. 『영조실록』 13년(1737) 11월 22일의 기록에도 "副司果梁得中上疏, 陳懋實之道, 賜優批."라는 기록이 있어 그 건의 자체에 대해서는 영조도 긍정적으로 평가했음을 알 수 있다.

내용에 대한 평가는 융숭했던 것으로 보인다. 1750년대에 들어서면 조정의 관료들에 의해 『수록』의 출간이 건의되기도 하고, 반계의 정책안에 대해 구체적인 세부내용까지 상세하게 언급된다. 세자였던 정조에게 『수록』의 간행을 건의하는 좌참찬 권적(權𥛚, 1675~1755)과 균역절목(均役節目)을 아뢰는 상소에서 유형원의 군현제 합병 주장을 제시하는 병조판서 홍계희(洪啓禧, 1073~1771)의 논의는 그러한 정황을 잘 보여주는 것이다.

> 고(故) 징사(徵士) 유형원(柳馨遠)이 지은 『반계수록(磻溪隨錄)』은 삼대(三代) 이후에 제일가는 경국책(經國策)이라 하고 간행하여 중외에 반포하기를 청하니, 답하기를, "대조께 여쭈어 보겠다." 하였다.[35]

> 또 고(故) 사인(士人) 유형원(柳馨遠)의 책자 가운데서는 주현을 합병하는 것의 합당한 점을 대단하게 논의하였으며, 심지어는 어느 고을은 마땅히 어디에 분속(分屬)시키고 어느 고을은 마땅히 합쳐서 하나로 만들어야 된다고까지 말하여 지획(指畫)이 분명(分明)하니, 지금 만일 취하여 상고한다면 반드시 채용(採用)할 수 있는 점이 있을 것입니다. 주현을 합병할 수 있는 수효를 지금 잠정(酌定)할 수 없으니, 그 소득(所得)의 수량이 마땅히 얼마나 될 것인지는 비록 미리 알 수는 없으나, 합병한 것이 만일 수십에 이른다면 소득하는 것도 또한 4, 5만 냥이 될 수 있을 것입니다. 금위영·어영청 양영의 변통하여 얻은 것과 합치면 통틀어 10여 만 냥이 됩니다. 이와 같이 한다면 각도(各道)의 분정(分定)의 수량도 또한 약간 경감할 수 있을 것입니다. 이 몇 가지 일은 모두 신이 일찍이 연석

35 『英祖實錄』 26年(1750) 6月 19日 "又請故徵士柳馨遠所著『隨錄』, 卽三代後第一經國之謨, 刊行中外, 恐不可已, 答曰: "當稟于大朝.""

> (筵席)에서 우러러 진달한 것으로서 본래 별반(別般)의 의논은 아니지만, 대저 근래의 일은 면목(面目)이 조금 생소하면 이론(異論)이 반드시 많아져서 끝내는 시행할 수 없는 지경에 이르게 되니, 아무래도 결전(結錢) 일사(一事)의 명목(名目)이 세상에 행해진 지 이미 오래 되고 또 백성의 실정에 그다지 서로 멀지 않아서 조정의 명령이 한번 내리면 시행함이 구애가 없을 것만 같지 못할 듯합니다. 그러므로 이것으로써 제3조를 삼았습니다.[36]

"삼대 이후에 제일가는 경세책"이라는 권적의 논의는 『반계수록』에 대한 평가의 일 단면을 보여주는 것이고 홍계희의 반계의 군현통합론에 대한 평가는 매우 구체적이다. "지획이 분명하여" 검토한다면 "반드시 채용할 수 있는 점이 있을 것"이라는 주장은 정책적 지지의 굳건함을 보여주는 것이다.

그렇다면 홍계희는 어떻게 이렇게도 자세하게 그 논의를 알고서 적극 추천한 것일까? 기실 홍계희는 젊은 시절부터 『수록』을 구해보고 매우 심취했으며, 빌려다 초록했을 뿐만 아니라 여러 해 동안 음미하고 연구하여 그 지취를 정통하게 알고 있었다. 그 뿐 아니라 증손 유발에게 반계의 유고(遺稿)를 모두 얻어서 읽기도 했다. 『수록』과 반계의

36 『英祖實錄』 27年(1751) 6月 2日 "且有故士人柳馨遠册子中, 盛論併州縣之宜, 至以爲某邑當分屬於某, 某邑當合爲一, 指畫分明, 今若取而考之, 則必有可以採用者矣, 州縣可併之數, 今不能酌定, 則其所得之數, 當爲幾許, 雖不可預知, 然所併者若至於數十, 則所得者亦可爲四五萬兩, 竝禁、御兩營變通所得, 通爲十餘萬兩, 如此則各道分定之數, 亦略可減矣, 此數事, 皆臣之所嘗仰陳於筵席, 本非別般議論, 而大抵近來事, 面目稍生踈, 則異論必多, 而終至於不能行, 恐未若結錢一事名目之行於世已久, 又於民情不甚相遠, 朝令一下, 可以行之無礙, 故以此爲第三條.

유문(遺文)을 모두 읽고 난 홍계희는 반계가 천하의 선비[天下士]라는 것을 알았고, 다른 사람을 만나 때면 반계에 대해 거론했던 것이다.[37]

1746년 홍계희는 영조를 등대했을 때에도 유형원의 학설에 대해 언급하고 영조가 하문한 반계의 이력에 대해서도 보고했다.[38] 1747년에는 왕명으로 「유형원전」을 찬술하고 또 『수록』을 찾아 들이라고 한 하명의 배경에는 좌참찬 권적, 좌의정 조현명, 승지 양득중 등의 이어지는 상소와 칭송이 있었던 것도 고려하지 않을 수 없지만 무엇보다 유형원에 대해 정통했던 홍계희 자신의 식견이 무엇보다 크게 작용했던 것으로 보인다.[39]

그런데 영조의 총신이자 당대의 정책가인 홍계희가 이처럼 『수록』의 지지자가 되어 반계의 고심처를 찾고 적극적으로 정책에 반영하도록 견인한 것은 무엇이었을까?[40] 그것은 『수록』에 서술된 '절목의 상세함'이 아닐까 한다.

37 洪啓禧, 『磻溪隨錄』 「柳馨遠傳」(『반계유고』 663면) "臣幼少時, 在人家, 得見所謂 『隨錄』而深喜之, 求借抄寫, 沈潛玩繹數年而後, 略見其大意. 又從其曾孫進士發, 盡得其遺文而讀之, 始知其爲天下士. 對人輒擧."

38 앞의 글(『반계유고』 664면) "臣於昨年登對時, 偶及馨遠之說, 自上俯詢其人本末, 臣敢有所對. 其後因儒臣陳達, 有撰傳以進之命, 臣不揆僭猥, 略述文字, 以附於『隨錄』之末, 而仍獻淺見, 惟聖明之垂察焉."

39 洪啓禧, 「柳馨遠墓碑」(『반계유고』 675면) "當宁朝左參贊權𥛚·左議政趙顯命·承旨梁得中, 後先白上, 稱先生學行才識. 丁卯, 上命啓禧作先生傳以進, 且命取『隨錄』內人."

40 앞의 글, "啓禧少嘗讀『隨錄』, 玩繹累年, 愈見先生之苦心. 邃學·高才·廣識卓然, 爲我東間世人物, 非敢自附於後世之子雲·堯夫, 而若其高山景行之心, 至今未能已也."

> 세상의 유자들에게 대체를 논하라고 하면 화려하고 아름답지 않은 경우가 없지만, 그 일을 실제로 거행하도록 하면 처음부터 멍해지지 않는 자가 드물며 결국 시행한다는 것도 잘못된 관행을 답습하는 것에 불과하다. 이는 대략 대체는 알고서 조리에 밝지 못한 과오에 원인이 있다. 참으로 이와 같다면 선왕의 도는 끝내 행해질 날이 없고 만년이 가도록 캄캄한 밤에서 벗어날 수 없을 것이다. 이것이 바로 유형원이 크게 두려워하여 이 책을 짓게 된 까닭이다. 『수록』에서 세운 조례가 비록 모두 다 요순과 하은주 삼대의 세상을 다스리는 절목과 꼭 합치하는 것은 아니겠지만, 대체를 벗어나서 그 절목의 상세한 것을 찾고자 한다면 이 책과 같은 것이 없을 것이다.[41]

홍계희가 찾아낸 반계의 고심처는 실제로 정책을 시행하는데 요청되는 조리, 곧 절목이었다. 홍계희는 반계가 『수록』을 저술하게 된 이유도 바로 그 절목을 세우는 것이었다고 진단했다. 홍계희가 『수록』에 대해 "대체를 벗어나서 그 절목의 상세한 것을 찾고자 한다면 이 책과 같은 것이 없을 것이다"라고 그 가치를 평가한 것은 그럼 점에서 문제의식의 정곡을 얻은 것이다.

그런데 이러한 홍계희의 적극적인 노력에도 불구하고 『수록』의 간행은 금새 이루어지지 않았다. 1753년 명(明)에 대한 의리를 표창하여 반계를 집의겸진선으로 추증한 것이 전부였다.[42]

41 洪啟禧, 『磻溪隨錄』 「柳馨遠傳」 (『반계유고』 663~664면) "使世之儒者論說大體, 則非不燁然美矣, 而若令擧行其事, 則鮮不到頭茫然, 畢竟行之者, 不過沿襲之謬例. 此由於略知大體, 而不明條理之過也. 苟如是而已, 則先王之道, 終無可行之日, 而萬世長夜矣. 此馨遠之所大懼, 而爲此書者也. 其所條例, 雖未必其悉合於唐虞三代爲治之節目, 而若於大體之外, 欲求其節目之詳, 則未有如此書者."

많은 관료들의 건의에도 불구하고 더디게 진행되던 『수록』의 간행은 1769년에 이르러서야 드디어 영조의 명을 받고 간행되는 결실을 이룬다. 영조는 최초 3건의 활자로 간행하되 그 중 1건을 남한산성에서 판본으로 새기게 했으며, 다섯 군데의 사고에도 이 남한산성에서 인쇄한 것을 보관하도록 했다.[43] 실제로 현재 도서 목록을 확인할 수 있는 태백산과 오대산의 사고(史庫)에는 『반계수록』이 보관되어 있다.[44]

본격적인 『수록』의 반포는 1770년에 경상감사 이미(李瀰, 1725~1779)가 『반계수록』을 13책 분량의 목활자로 간행하면서 이루어졌다. 이미는 서문에서 『반계수록』이 간행되는 저간의 사정을 이렇게 말했다.

> 반계처사 유형원의 이 『수록』은 곧 경국제세의 대문자이다. 그럼에도 이 인물이 끝내 은거하여 세상에 알려지지 못했으니 누가 능히 그 내용을 드러낼 수 있었겠는가? 근래 관직에 있는 여러분들이 서로 이어서 조정에 아뢰니, 임금께서 그 저술을 들여보내라 하여 읽어보셨다. 그리고 크게 탄복하시며 간행을 하여 널리 보급할 것을 명하셨다. 내가 마침 경상도 감사로 나가게 되어 이 역사를 담당하였다. …… 성상의 깊은 뜻에 부합하여 필히 현실에 적용하기 위해 당세에 널리 유포하도록 하신 것이다.[45]

---

42 洪啟禧, 「柳馨遠墓碑」(『반계유고』 675면) "啓禧仍請刊行, 而竟未果 …… 若其高山景行之心, 至今未能已也. 癸酉(1753), 命贈執義兼進善, 表章先生德行及尊周之義也."

43 『英祖實錄』 45年(1769) 11月 11日 "命刊柳馨遠『磻溪隨錄』, 只印三件以進, 一件印送南漢, 使之刊板, 五處史庫所藏者, 亦令南漢印來,

44 이 활자본이 간행되었는지의 여부는 명확하지 않지만 유발의 아들 유명위가 「보유발」에서 한 언급을 고려한다면 분명 이 활자본 자체는 제작이 되었던 것으로 판단된다. 다만 사고에 보관되어 있는 것이 어느 시기에 간행된 것인지는 명확하지 않다.

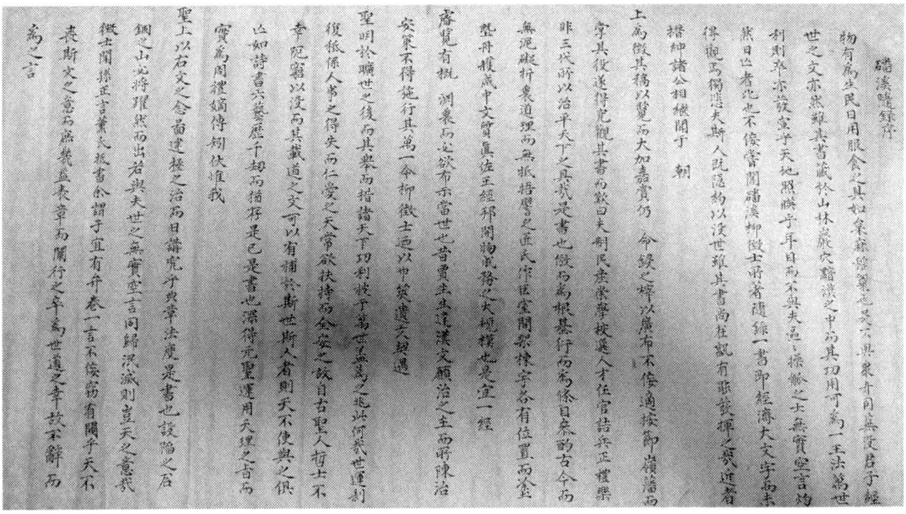

「반계수록서」의 초고 — 후손가 소장

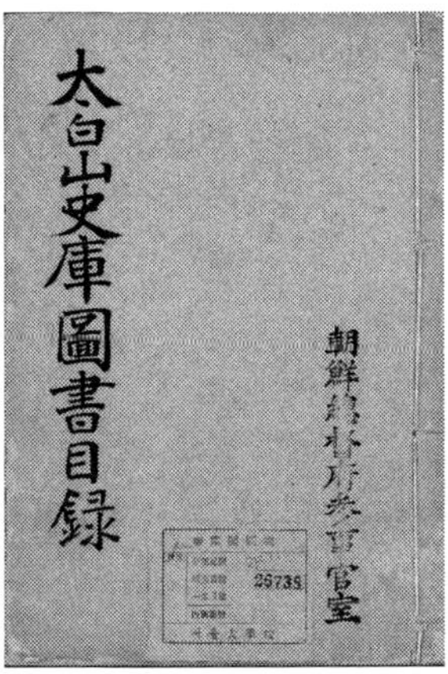

태백산사고 도서목록
(규26738) 표지

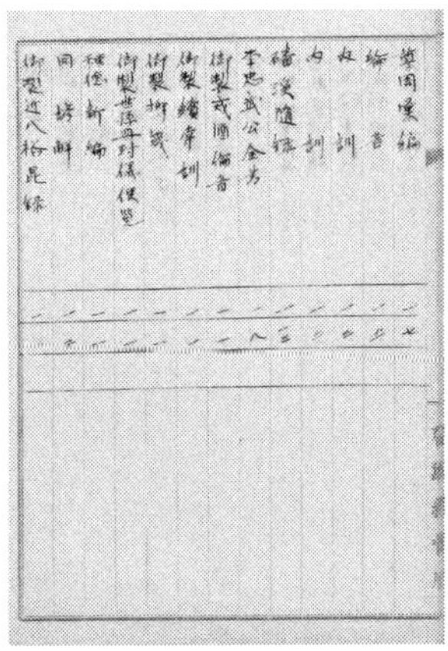

태백산사고도서목록
(규26738) 해당면

45 李瀷,『磻溪隨錄序』 "磻溪柳處士馨遠隨錄一書，乃經濟大文字也. 然斯人，既隱約，以沒世，孰有能發揮之哉! 近者搢紳諸公，相繼聞于朝，上徵其稿覽之，大加嘉賞，命鋟梓廣布. 不佞適按節嶺藩而掌其役. …… 宜其有概淵衷，必欲見諸實用，布示當世也."

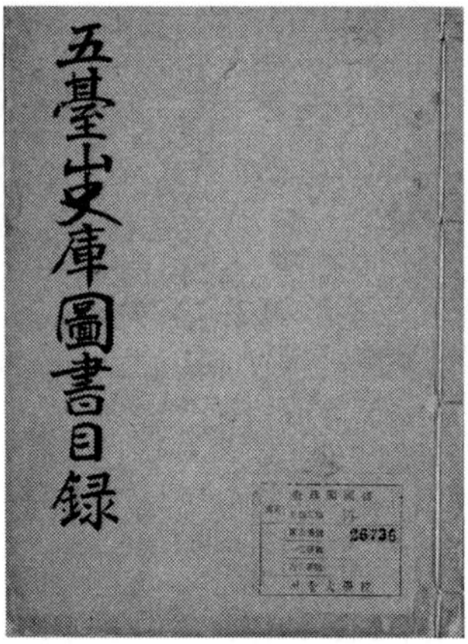

오대산사고 도서목록(규26736)
표지

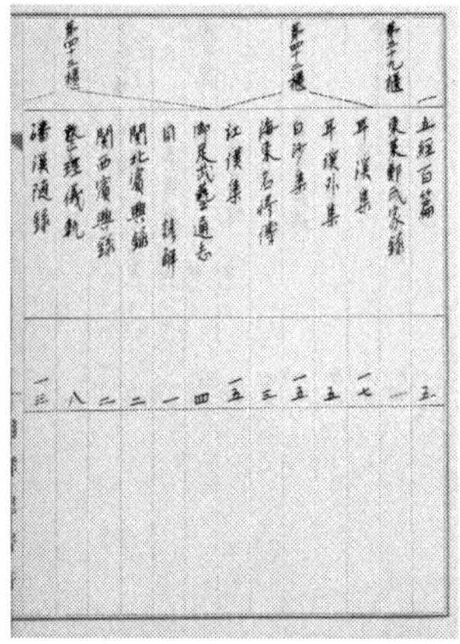

오대산사고도서목록(규26736)
해당면

이미는 『수록』의 출간이 늦추어진 이유로 반계의 은거를 들고 이후 관료들의 추천으로 영조가 보고 높이 평가했으며, 결국 영조의 결심으로 간행하게 된 경위를 간략하게 설명했다. 이렇게 목판으로 간행되면서 비로소 이 책은 『반계수록』이라는 정식 명칭을 얻게 되었다.

그런데 『반계수록』의 내에는 자세한 내용은 '군현제에 보인다[見郡縣制].'라는 언급이 자주 나오는데 그 군현제는 『반계수록』과는 별책으로 존재했다. 그것이 최초 『반계수록』에 반영되지 못했던 것은 미완의 도서였기 때문이었다. 하지만 『수록』을 읽는 데 필수불가결한 것이었기 때문에 이를 보유편으로 하여 1781년에 경상감사 조시준(趙時俊)이 다시 27권본의 『반계수록』을 간행하게 되었고[46] 이후에 조선의 책판으로는 1781년의 목판이 이 책에 대한 판본으로 남게 되었다.[47]

46 柳明涓, 「隨錄補遺跋」. 참조.

47 서유구는 정조의 명으로 편찬한 『누판고』에서 『반계수록』을 『鹽鐵論』의 경우와

고려대 화산본(화산B7A32A)
반계수록 표지

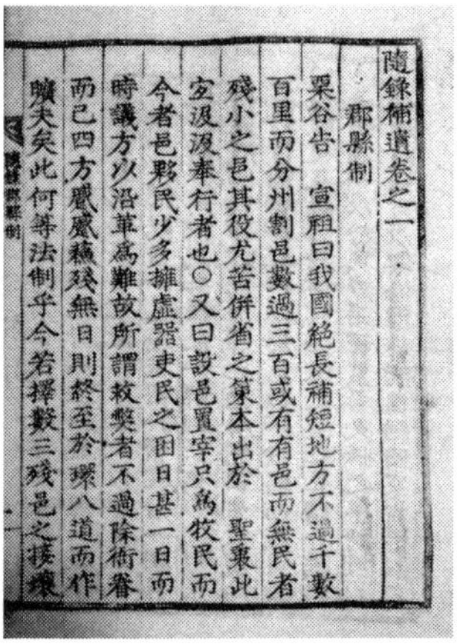

隨錄補遺卷之一
郡縣制
栗谷告 宣祖曰我國絶長補短地方不過千數
百里而分州劃邑數過三百或有有邑而無民者
殘小之邑其役尤苦倂省之策本出於 聖衷此
宜汲汲奉行者也○又曰設邑置宰只爲牧民而
今者邑夥民少多擁虛器吏民之困日甚一日而
時議方以沿革爲難故所謂救弊者不過除術眷
而已四方蹙蹙穢殘無日則終至於環八道而作
曠夫矣此何等法制乎今若擇數三殘邑之接壤

고려대 화산본(화산B7A32A)
반계수록 보유 1면

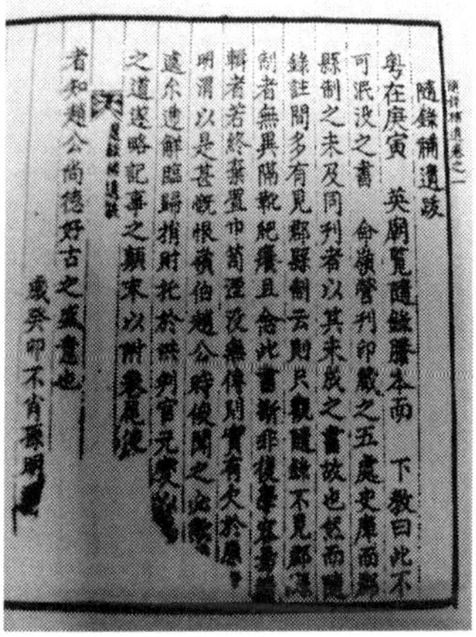

유발의 아들 유명위의 「수록보유발」

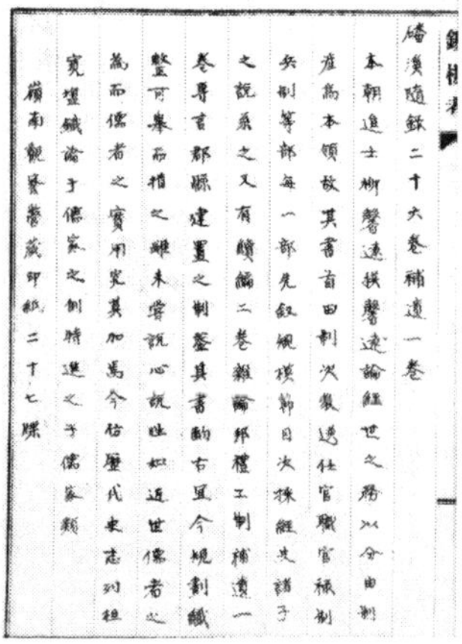

서유구의 『누판고 · 반계수록』

유사하다 하여 子部 儒家類에 편입시키고 그 판본을 26권 보유1권으로 표시하고, 그 판본의 소장처를 嶺南觀察營으로 印紙를 27牒으로 기록했다. 그는 이 『반계수록』이 "근세의 유학자들이 하듯 心性을 말하지는 않았지만 유자의 실용으로 이 책보다 窮究한 것은 없다[雖未嘗說心說性, 如近世儒子之爲, 而儒子之實用, 究莫加焉]"고 지적하여 아주 높게 평가했다.

그런데 이렇게 그의 경세책이 목판으로 출간되고 관료와 학자들에게 높이 평가받았음에도 불구하고 유형원에 대한 시호를 내린다거나 모신 서원에 사액을 한다는 등의 조치는 더 이상 취해지지 않았다.[48] 그것은 영조 이후 역대 군왕들의 지우에도 마찬가지였다.[49]

이러한 『반계수록』에 대한 영정조 시기 재조(在朝)의 움직임은 책의 출간을 낳았을 뿐만 아니라 출간된 책에 대한 보완 역시 지속적으로 진행된 것을 확인할 수 있다. 그럼 조선의 군주와 신료들은 정녕 『반계수록』에서 반계가 제안한 정책에 대해 굳게 믿고 그 실현을 낙관한 것일까? 그리하여 『반계수록』에 내려졌던 최초의 평가인 '오활하다'는 관점을 불식시킨 것일까? 이 점에 대해서는 1800년에 있었던 정조의 경의문답인 『추서춘기(鄒書春記)·서백선양로장(西伯善養老章)』에서 그 인식의 일단을 확인할 수 있다.

질문을 던진 각신 김근순은 문왕의 인정(仁政)도 그 골자는 전리(田里)를 제정하여 일정한 삶의 토대를 마련해 준 것에 불과하며, 맹자가 말한 인정(仁政)은 경계(經界)를 바로잡는데서 시작한다는 것을 실천한 것이라고 보고 토지제도의 정비를 정치의 근간으로 파악했다. 장횡거도 일생의 경륜이 정전(井田)에 있었으며 주자도 한 향리와 고을에서 시험해 보았다고 지적하고 결국 지주들의 토지겸병으로 '경자유전(耕者有田)'이 되지 않으니 이것이 왕정(王政)의 시급한 당무라고 지적하고, 기자(箕子)의 구제를 실현하거나 그것이 어렵다면 한전(限田)이나

48 『日省錄』 정조 18년(1794) 12월 29일 기사 참조.

49 반계의 정전제와 각종 정책들의 이후 평가에 대해서는 정호훈(2017) 앞의 논문 참조.

명전(名田)이라고 해 보는 방안이라고 시행하여 빈부격차를 줄일 방안을 모색해야 하지 않겠는가라는 제안을 건의한다. 또한 관직의 등급에 따라 토지를 지급하여 규전(圭田)의 형식을 따르는 것이 어떠한가라는 녹봉제도에 대한 건의도 올린다. 그 핵심은 사서인에게 100묘의 토지를 지급하고 제한하는 방안이었다.[50] 거의 유형원이 『반계수록』에서 제안한 것과 흡사한 것이다.

이에 대해 정조는 매우 구체적으로 응답했다. 예를 들면 "정전제도(井田制度)가 좋지 않은 것이 아니지만 중국의 지세(地勢)로도 오히려 의논하기 어려웠는데 더구나 우리나라는 산천의 형세가 중국과 판이한데다가 평양(平壤)의 구적(舊蹟)도 진정한 정전 제도가 아니니, '지금도 징험할 만한 것이 있다'고 할 수 있겠는가"라고 의문을 제시했고, "무릇 전지 제도가 정(井)과 같은 것을 정전이라 하는데, 또 반드시 구(溝)가 있고 혁(洫)이 있어야만 비로소 구비되는 것"인데 그것을 구비할 수 없으며, 무엇보다 정전의 토지로서의 기초가 되는 너른 평야와 민전(民田)이 되어있는 토지를 왕전(王田)으로 전환하는 것이 현실적으로 어려우므로 횡거 역시 하루아침에 제도를 고칠 수 없었다는 점을 지적했다는 것을 상기시키며[51] 그러한 의견을 매우 고루한 것이라고

50 金近淳, 『鄒書春記2·盡心篇·西伯善養老章』 "文王之治尙矣, 其要卽不過制其田里, 各遂其生, 此所謂仁政必自經界始也. 經界不定則治法皆苟也. 三代以後, 至治之不如古, 蓋坐此也. 是以張横渠一生經綸, 在於井田, 朱夫子亦嘗試之一鄕一邑, 而終未能大有設施, 此固莫可行者耶, 此法不行. 故富者田連阡陌而莫之禁, 貧者地無立錐而不之恤, 此豈非王政之最急先當務乎? 我國則箕聖舊制, 尙有可徵, 斷而行之, 固無不可, 而議者以多山少野難之. 無已則限田名田之制, 亦其次也 …… 今若官以位等, 田以等授, 略倣古者圭田之制, 假令參下百畝則參上百五十畝, 以次加等, 士庶則無過百畝, 亦倣古制."

질타했다.

> 한전(限田)의 제도에 이르면 과연 정전에 다음가는 것이 되지만, 행하기 어려운 점에 있어서는 정전과 마찬가지이다. 무릇 통달한 인재는 옛날에 집착하지 않는 법이다. 옛 제도가 정말 본받을 만하더라도 오늘날의 상황이 옛날과 상반된다면 비록 성인이 다시 일어나더라도 의당 시속에 따른 다스림을 펼칠 것이요, 억조 백성을 흔들어 놓고 온갖 업무를 내팽개친 채 단지 지금 세상에서는 절대로 행할 수 없는 옛 제도에만 집착한다는 말을 들어 보지 못하였다. 그런데도 '나는 옛날을 본받는다'고 한다면 어찌 이렇듯이 어리석고 멍청한 사내가 있겠는가. 성인께서 말씀하지 않았던가, 모르는 것은 모른다고 하고 아는 것은 안다고 해야 한다고. 그대의 설은 어쩌면 그리도 허황되기만 한 것인가. 이렇게 힘쓰지 말아야 할 곳에 힘을 낭비하다 보면 실질적인 것에 힘을 쓰는 데 가장 큰 지장을 초래하게 되니, 개탄스럽고 개탄스럽다.[52]

또한 녹봉의 제도에 대해서도 조선에서 역대로 시행된 녹봉 제도의

---

51 正祖『鄒書春記2·盡心篇·西伯善養老章』"井田之制, 未嘗不好, 中原地勢, 猶難容議, 況我國山川形便之判異於中原. 箕城舊蹟, 亦非眞箇井田之制, 則其可曰尙有可徵乎. …… 凡田之制如井, 謂之井田. 又必有溝有洫, 然後始備. …… 是以古人以井田之不可行, 備說其制如右 …… 而又以爲非塞溪壑易疆壟不可爲, 而縱使盡得平原廣野, 亦當驅天下之人, 竭天下之糧, 窮數百年專力於此而後, 可以望天下之地盡爲井田. 又以爲橫渠之達識, 亦豈不知此箇事勢之難便, 而以其才高也. 故立論亦高, 非謂一朝改制也."

52 앞의 글, "至於限田之制, 果爲井田之次, 而行之之難, 亦與井田同. 夫通才不泥於古, 古制固可法也. 今之時宜反於古, 則雖使聖人復起, 當爲因俗之治, 未聞擾兆民廢百務, 徒規規於必不可行於今時之古制, 而曰我師古云, 則寧有如許癡騃罔兩漢乎. 聖人不云乎, 不知爲不知知之爲知之可矣. 來說何其懸空說虛乃爾, 似此不當費力處費力, 最妨於實地上用力, 可歎可歎."

연혁을 자세하게 지적한 다음 최종적으로 100묘의 토지를 지급하는 방안이 왜 현실적으로 실현하기 어려운 지를 지적했다.

> 그런데 그대가 말한 경론(經綸)이란 것은 어쩌면 그리도 오활하단 말인가. 6도(道)의 장부에 올라 있는 실총(實摠)은 3171만 1760묘에 지나지 않으니 결(結)로 따지면 83만 4500결이 되는데, 경외의 인구는 746만 5459명이다. 그대가 말한 내용 중에 '사람 수를 계산해서 전지를 지급한다'는 설을 가지고 가정해서 말해 보도록 하자. 삼반(三班)의 문관(文官)이 621인, 음관(蔭官)이 778인, 잡기(雜岐)가 240인, 무관(武官)이 1659인으로 합해서 3298인이니, 이들에게 모두 각각 100묘를 지급하면 합계 32만 9800묘가 되고 결수로 계산하면 8678결이 된다. 나머지 수를 조관(朝官) 이외의 746만 2161인에게 나누어 준다면, 나머지 결수 82만 5841결을 가지고 사람들에게 1결씩을 지급하고자 하더라도 매결을 38묘로 계산한다면 부족한 것이 663만 6320결, 묘로 치면 2억 5218만 160묘가 된다. 이러한 경륜은 애당초 하지 않는 것만 못하다. 신진(新進)이라서 일을 잘 모른다고 말하지는 말라. 모든 일은 분수(分數)일 뿐이다. 한 고조(漢高祖)가 장수를 잘 거느린 것이나, 한신(韓信)이 부하가 많을수록 자신의 능력을 더욱더 잘 발휘했던 것이나 모두 분수에 밝은 데서 벗어나지 않는다. 신진이라고 봐준다면 벼슬길에 들어서지 않은 유사(儒士)는 동쪽과 서쪽을 분간하지 못하고 콩과 보리를 알지 못하더라도 안 될 것이 없단 말인가. 무릇 학자가 배우는 것은 장차 알고자 함이고, 알고 나면 행하려 하기 마련이다. 몇 년 동안 강제(講製)하고서도 현재 쓰고 있는 제도조차 제대로 모르면서, 지금 갑자기 "주 나라의 정전 제도를 회복할 수 있고 동한(東漢)의 한전을 모방할 수 있다." 하고, 심지어 애당초 얼토당토않은 전총(田摠)과 호구(戶口)를 가지고 인구를 계산해서 지급하는 경륜으로 삼는단 말인가.[53]

정조의 판단은 관직자나 인구 대비 지급할 현실적인 토지수가 절대 부족하다는 것이다. 전혀 충분한 실정이 고려되지 않은 전총과 호구를 가지고 인구를 계산해서 지급하는 것을 경륜이라고 할 수는 없다는 것이다. 그러한 의견은 오활하는다는 지적을 넘어 숙맥불변(菽麥不辨)하는 너무나 비현실적인 주장이기 때문에 논의할 가치가 없으며 그 보다는 실질적으로 실현가능한 논의를 제기하는 것이 좋겠다는 일침이다.

정조는 『반계수록』의 보유편에 수록된 군현제에서 수원성의 건축과 관련한 논의가 자신이 생각한 것과 일치한 것에 대해 특기하고 성곽을 수축하는 것과 군사분야의 성과에 대해 흥미를 보였을 뿐 유형원의 개혁론을 그다지 구체적인 측면에서는 심도깊게 고려하지 않았다.[54] 위에서 언급한 전제와 관료제 및 녹봉제의 가장 핵심적인 측면에서 정조는 유형원의 생각을 접수하지 않은 것이다.

---

53 앞의 글, "而來喩所謂經綸, 何其太迂. 六道帳付, 實摠不過三千一百七十一萬一千七百六十畝, 作結爲八十三萬四千五百結零, 而京外人口爲七百四十六萬五千四百五十九口. 以來喩中計口給畝之說, 作爲假令, 三班文官六百二十一人, 蔭官七百七十八人, 雜歧二百四十人, 武官一千六百五十九人, 合三千二百九十八人, 通同以各百畝, 合三十二萬九千八百畝, 作結爲八千六百七十八結零, 以其餘數, 分排於朝官外七百四十六萬二千一百六十一人, 則以餘結八十二萬五千八百四十一結零, 雖欲人給一結, 每結三十八畝較之, 不足爲六百六十三萬六千三百二十結, 作畝爲二億五千二百十八萬一百六十畝. 似此經綸, 不若初不爲之, 莫云新進之不解事. 凡事分數而已, 漢高善將將, 韓信多多益辦, 亦不過分數明. 新進而恕之, 則未釋褐之儒士, 雖不辨東西, 不知菽麥, 亦無不可耶. 大凡學者, 學之將知之, 知之將行之. 幾年講製, 尙昧時用制度, 今忽曰成周之井田可復, 東京之限田可倣, 甚至以未始依俙彷彿之田摠戶口, 爲計給之經綸."

54 정조의 『日得錄』 관련기사와 「故處士柳馨遠加贈祭酒教」 참조 (『반계유고』, 682~683면 참조)

3. 『잡동산이』에 필사된 『반계수록』

앞에서 반계의 『수록』이 목판의 『반계수록』으로 간행된 배경으로 이미(李瀰)는 여러 관료들의 추천을 들었다. 그 관료는 대체로 양득중과 홍계희가 대표적이며, 서문과 행장을 남긴 오광운 역시 주요한 한 명으로 거론할 수 있겠다.

스승 윤증의 집에서 『반계수록』을 보았다고 고백한 양득중 외에 홍계희와 오광운에게 『반계수록』과 반계의 유문을 제공한 사람은 반계의 증손자인 유발이다. 군현제를 포함시킨 「보유」의 발문을 작성한 이는 바로 유발의 아들 유명위였고, 영남감영본 『반계수록』의 서문을 의뢰한 이는 유발의 동생인 유훈(柳薰)이었다. 특히 가장 적극적인 지지자였던 홍계희에게 『수록』은 물론 그 관련 자료까지 모두 제공한 사람도 유발이었던 점을 고려한다면 반계의 저작이 널리 알려지는데 끼친 유발의 활동은 주목할 만하다.

유발은 이 뿐 아니라 성호 이익은 물론 오래된 교의로 자신을 찾은 순암 안정복에게도 반계의 저작을 알리는데 적지 않은 노력을 하는데 순암 안정복은 유발과의 교의로 인해 유발의 행장은 물론 『반계연보』까지 작성한다. 순암은 『수록』이 간행되는 과정에서 유발이 끼친 공로를 높이 평가했을 뿐만 아니라[55] 그로 인해 『수록』의 전체를 빌려보고 또 초록까지 해 두었는데[56] 그 내용이 순암의 유서류 초서저작인 『잡

55 安鼎福, 『順菴集』 卷25, 「崇祿大夫行知中樞府事秀村柳公行狀─丙申(1776)」 “常曰, 磻溪先祖著述雖多, 而幽光潛德, 湮而無傳, 則其曰有後乎, 整頓遺書, 手自繕寫, 至於九耋之年而無少懈, 隨錄則流布本, 竟能達于天聰, 至於刊行, 此非公之至誠純篤, 能如是乎?”

동산이』에 수록되어 전해진다.[57]

여러 정황으로 보건대 순암의 필사본은 1770년 이미의 목판본이 나오기 이전의 사본으로 판단된다. 『반계수록』의 출간에 앞서 반계의 제자와 후손들이 서발문과 행장 등을 받기 위해 이 내용을 정서하여 유포한 것은 확인할 수 있다. 순암이 유발을 통해 열람했던 것 역시 이러한 경로로 제작된 『수록』의 가장본이었을 것이다.

순암이 반계의 저작을 처음 일게 된 것은 갑자년(1744) 순암의 나이 33세 때에 서울 도저동에서 유발의 둘째 아들인 유광위(柳光渭)의 상을 조문하였던 것이 계기가 되었다.

> 수촌공은 나에게 선생의 일에 대해 무척 자상하게 이야기해 주고 선생이 저술한 『수록(隨錄)』을 빌려주기까지 하였는데, 돌아와서 읽어보니 참으로 천리(天理)를 운용하여 만세를 위해 태평을 얻어주는 책이었다. 아, 훌륭하다. 그 뒤에도 자주 공과 종유하여 유집(遺集)과 그 밖의 책들을 볼 수 있었는데, 그 학문의 정밀함과 뜻과 도량의 원대함은 후세의 말 잘하는 선비들이 미칠 수 있는 바가 아니었다.[58]

이러한 경로로 『수록』을 구득한 순암은 그 내용을 필사해 두었던 것

56 安鼎福, 『順菴集』 卷18, 磻溪年譜跋乙未(1775) "爲鼎福道先生事甚悉, 至借以先生所著隨錄, 歸來讀之, 誠運用天理, 爲萬世開太平之書也, 於乎盛哉! 後數從公遊, 得覩遺集及諸書, 其問學之精密, 志量之遠大, 非後世能言之士所可及也."

57 순암 안정복의 『반계연보』 작성과 그 유문검토에 대해서는 함영대(2018), 「순암이 기록한 반계 유형원 -『반계연보』와 『동사례』」, 『반계 유형원과 동아시아 실학사상』, 학자원, 424~433면 참조.

58 安鼎福,『順菴集』 卷18, 磻溪年譜跋乙未(1775) "爲鼎福道先生事甚悉, 至借以先生所著隨錄, 歸來讀之, 誠運用天理, 爲萬世開太平之書也, 於乎盛哉! 後數從公遊, 得覩遺集及諸書, 其問學之精密, 志量之遠大, 非後世能言之士所可及也."

으로 생각되는데, 그 수준이 내용을 초록하는 수준이 아니라 거의 복사하는 정도로 전부를 배껴 두었다. 그 내용이 현행 통행본과 편차는 물론 내용의 풍부함과 간략함에서 어느 정도 차이가 있으므로 편차와 전제의 판본동이점을 중심으로 비교해 본다.

통행본과 순암본의 내용상의 차이는 다음과 같다.

권차	순암본(1744년 추정)	1770년본	1781년본
서	없음	磻溪隨錄序(1770) －李瀷 隨錄序文(1737) －吳光運	磻溪隨錄序(1770) －李瀷 隨錄序文(1737) －吳光運
1	隨錄 卷1 田制	田制 上	田制 上
2		田制 下	田制 下
3	隨錄 卷2 田制 下 －附 國朝名臣論弊政制條	田制後錄 上	田制後錄 上
4		田制後錄 下	田制後錄 下
5	隨錄 卷3上 田制攷說	田制攷說 上	田制攷說 上
6	隨錄 卷3下 田制附錄	田制攷說 下	田制攷說 下
7	隨錄 卷4 田制後錄 上	田制後錄攷說 上	田制後錄攷說 上
8	田制後錄 下	田制後錄攷說 下	田制後錄攷說 下
9	隨錄 卷5上 鄕約 隨錄 卷5中 學規	敎選之制 上	敎選之制 上
10	隨錄 卷5下 學校選擧之制	敎選之制 下	敎選之制 下
11	隨錄 卷6上 說敎選擧考說	敎選攷說 上	敎選攷說 上
12	隨錄 卷6中 選擧附錄 隨錄 卷6下 選擧議論	敎選攷說 下	敎選攷說 下
13	隨錄 卷7 任官之制	任官之制	任官之制
14	隨錄 卷8 任官考說	任官攷說	任官攷說
15	隨錄 卷9 職官之制	職官之制 上	職官之制 上
16		職官之制 下	職官之制 下
17	隨錄 卷10 職官考說	職官攷說 上	職官攷說 上
18		職官攷說 下	職官攷說 下
19	隨錄 卷11 祿制	祿制	祿制

20	隨錄 卷12 祿制考說	祿制攷說	祿制攷說
21	隨錄 卷13 兵制	兵制	兵制
22	隨錄 卷14 兵制下	兵制後錄	兵制後錄
23	隨錄 卷15 兵制考說 –書隨錄後	兵制攷說	兵制攷說
24		兵制後錄攷說	兵制後錄攷說
25	隨錄 卷16上 續篇	續篇 上	續篇 上
26	隨錄 卷16下 續篇 禁僧尼 奴隸考說, 藉田考說, 養老考說 鄕飮酒禮考 附 * 磻溪劉氏隨錄續編	續篇 下	續篇 下
부록		柳馨遠傳(1747) 洪啓禧 柳馨遠行狀 – 吳光運 京外儒生進士盧思孝等疏 承旨梁得中疏	柳馨遠傳(1747) 洪啓禧 柳馨遠行狀 – 吳光運 京外儒生進士盧思孝等疏 承旨梁得中疏
27			隨錄補遺 – 郡縣制 隨錄補遺跋 – 柳明渭

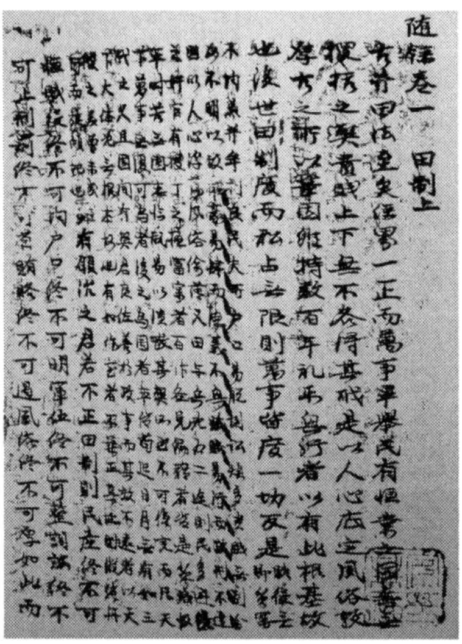

잡동산이 소재 반계수록 1면

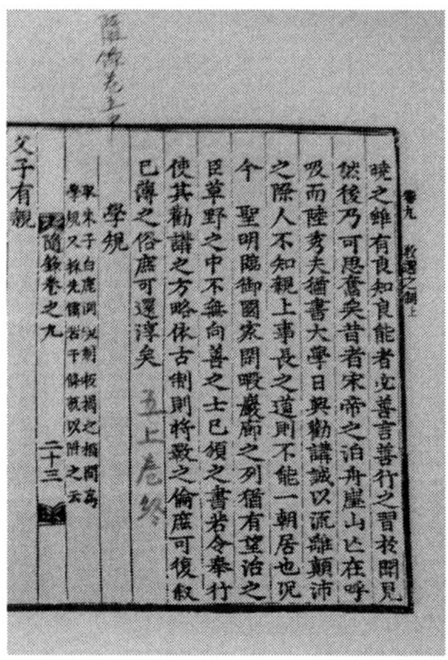

두 본의 권차의 차이

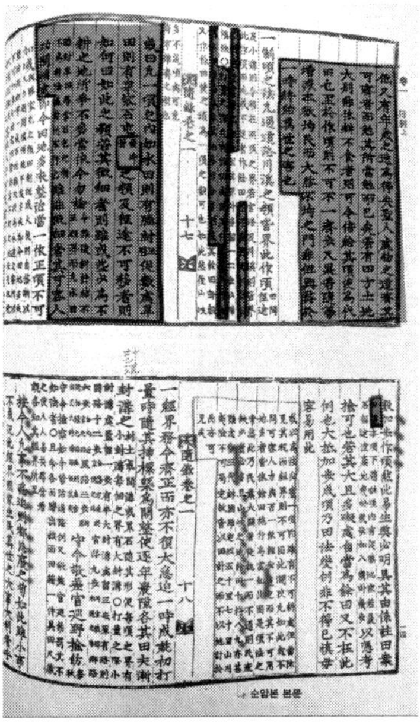

통행본과 순암본의 차이
생략(회색 음영)과 강조

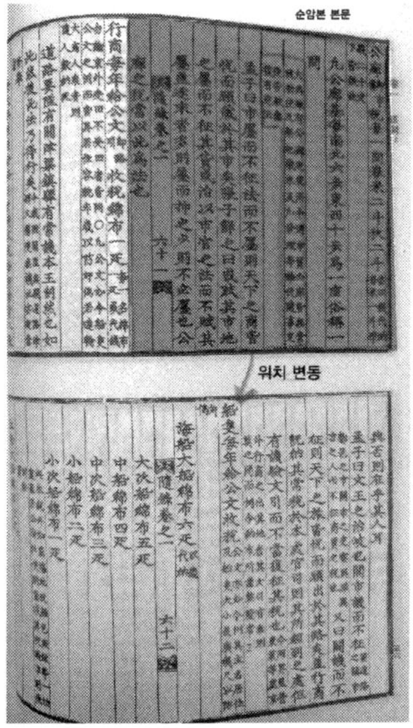

편집에서 위치변동

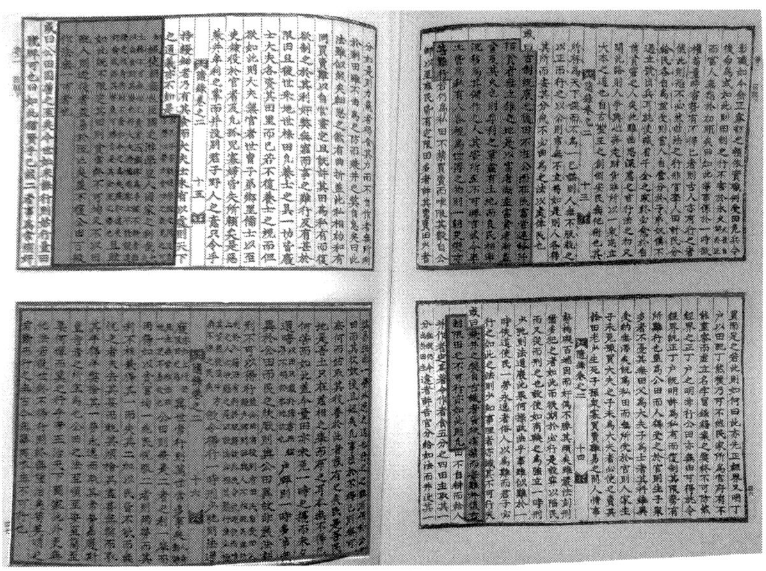

순암본의 생략 — 或曰의 주요부분

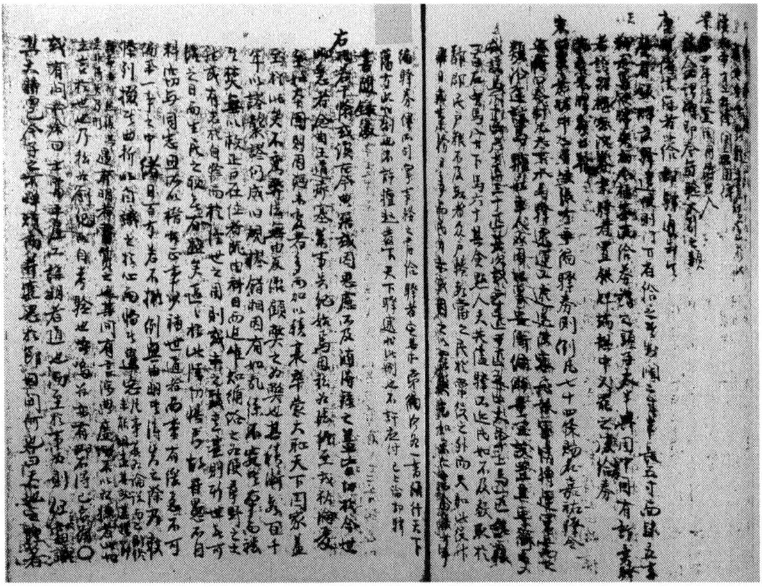

서수록후(書隨錄後) (속편(續編)의 앞)

목판본과 순암본을 비교한 결과 편차의 차이를 확연하게 확인할 수 있다. 물론 순암본이 선행 필사본으로서 반계의 수록이 지녔던 원형에 가까울 것으로 판단되며, 이 두 판본에 대한 정밀한 비교는 목판본으로 간행할 당시 어느 정도는 편집이 되었다는 것을 확인할 수 있다. 이는 편차의 조정 정도가 아니라 내용의 이동이나 생략도 포함되는 것인데 특히 순암본에서 나타나는 혹왈(或日)의 과감한 생략은 그 내용이 상당히 중요한 핵심내용을 포함하는 대목도 적지 않다는 점에서 좀 더 정밀한 고찰을 기다린다.

수록의 발문적 성격을 갖는 「서수록후」가 속편의 앞에 놓인 것에서 최초 반계가 집필한 『수록』은 속편의 이전까지이며 「속편」의 내용은 이후 반계의 다른 저작 이를테면 잡저 등의 내용에서 편입되어 반영될 것일 수도 있다는 짐작을 가능케 한다.[59]

마지막으로 권수와 관련하여 정구복 선생은 이 책이 원래 13권본으로 표기된 것에 대해 개혁안이 13권이고, 고설이 13권이어서 개혁안만을 지칭한 것이라고 짚었고[60], 북한 사회과학원 고전운영실의 경우 원래 저자 자신은 13권으로 나누었던 것인데 출판시 매권을 2권씩 쪼갠 것이라고 추측했다.[61] 그러나 순암본의 존재는 그러한 추측을 모두 무색하게 하는 것이다. 13권 본으로 표시된 것은 출간시 책수인 13책의 이칭으로 보이며, 26권으로 권수가 편집된 것은 이후의 편집과정의 결과로 이해된다. 보유편을 별도의 1권 1책으로 하여 "『반계수록』 26권, 보유 1권"이라고 그 판본내용을 기록한 『누판고』의 설명이 가장 적실한 설명으로 판단된다.

4. 남는 문제

위의 검토를 통해 반계 유형원이 거의 20년의 공력을 들여 1670년에 완성한 『수록』이 100여 년이 지난 1770년에 『반계수록』으로 발간되는 과정을 살펴보았다. 『수록』을 저작하면서 고심한 내용에 대해 반계는 「서수록후」에서 이렇게 당대 조선의 문제를 진단한 바 있다.

돌아보건대 폐해가 누적·증대되는 수백년 동안 오류를 답습하여, 폐

59 홍계희의 보고에 의하면 홍계희 당시 반계의 후손가에는 『수록』외에도 70여 상자의 편찬서가 보존되어 있다고 했다. (『반계유고』 675면 『유형원묘비』 참조)
60 정구복(2018), 「반계 유형원의 학문세계와 그 영향」, 『반계 유형원과 동아시아 실학사상』, 학자원 39면 3번 주석 내용 참조.
61 북한 사회과학원 고전운영실(1959), 앞의 책 4면 참조.

> 해가 옛날부터 내려온 법도처럼 되어버렸다. 어긋남이 서로 연속되어 얽힌 실타래처럼 되고 말았다. 근본을 탐구하지 않고서는 아무리 어지러움을 제거하려 한다 해도 바르게 고쳐지지 못할 것이다.
>
> 그럼에도 관직에 앉은 자들은 이미 과거시험을 통해서 진출했기 때문에 오직 기성의 제도를 따르는 것이 편한 줄로만 알고 있으며, 초야의 학자들은 자신을 수양하는 데 뜻을 두고 있으면서 경세의 임무에 대해서는 미처 뜻을 두지 못하는 경향이 있다. 그 때문에 이 세상은 치세로 돌아갈 날이 없고 생민이 입는 화는 끝이 없다.[62]

적폐를 구제하기 위해서는 근본을 탐구하여 근본적인 개혁을 할 수밖에 없는데 관직에 진출한 자는 기성의 제도를 옹호하고, 재야의 학자들은 수양에만 뜻을 두어 경세의 임무를 망각하니 그 화는 오로지 생민에게 돌아간다는 절박함이 반계가 『수록』을 저작한 동기였다. 조목에 나아가 곡절을 자세히 살펴야 시비득실이 밝혀진다는 신념은 반계가 『수록』에서 가장 역점을 둔 것이었고, 영조대의 경세가 홍계희가 주목한 바였다. 그 실질적인 내용은 매 농가에 100묘의 토지를 주어 경작케 하고, 15분의 1세를 내며, 농가 4호가 하나의 조직을 만들어 1명의 군인을 내게 하자는 것이다. 교육과 과거에는 신분제한을 철폐하여 인재를 등용하고 임관과 직관, 녹제에는 인재 본위로 문벌과 신분제도를 완화 혹은 철폐하자는 것이며 군현의 정리를 통해 관제를 근본적으로 개혁하여 용관들을 없애고 정상적인 녹봉을 주자는 것이다.

62 柳馨遠「書隨錄後」"顧弊之爲弊也, 其積漸數百千年, 以謬襲謬, 仍成舊規, 櫋錯相因, 有如亂絲, 不究其本, 而祛其棼, 無以捄正. 而在位者, 旣由科目而進, 唯知徇俗之爲便; 草野之士, 雖或有志於自修, 而於經世之用, 則或未之致意. 是則斯世無可治之日, 而生民之禍, 無有極矣."

경자유전(耕者有田)의 상식적인 원칙이 지켜지고 최소한의 삶의 여건을 보장하자는 반계의 개혁안이 기득권의 저항에 의해 구체적인 실현을 보지 못한 것은 온전히 과거의 일로만 돌릴 수 없는 묵직한 울림이 있다. 더 현실적인 개혁안에 눈을 돌리라고 질타한 정조의 사례에서 보듯 거대한 토지를 가지고 세습되는 문벌을 확보한 채 관직을 독점하던 기득권의 근본적인 개혁에 대한 무관심은 정책의 구현이 기획에서 그치는 것이 아니라 부단한 투쟁을 통해 획득되는 산물임을 다시 한 번 각성케 하는 것이다.

그런 점에서 당대의 문제에 무관심하지 않았던 순암이 『수록』을 필사하면서 가장 논쟁적인 부분에 대해 기록하기를 주저했던 것은 어쩌면 당대 현실의 거대한 힘을 한순간에 바꾸는 것이 불가능하다는 것을 직시한 것인지도 모를 일이다.

참고문헌

『肅宗實錄』
『英祖實錄』
正祖, 『日得錄』
李瀷, 『星湖僿說』
____, 『星湖全書』
安鼎福, 『雜同散異』 서울대 규장각한국학연구원 소장본
신승운외, 『국역 弘齋全書』, 민족문화추진회, 1998
임형택외(2017), 『반계유고』, 창비

북한 사회과학원 고전연구실(1959), 「반계수록 해제」, 『반계수록』, 사회과학출판.
양승목(2017), 「반계 유형원 초상」, 『반계 유형원과 동아시아 실학사상』 학자원.
이병도(1982), 「서」, 『반계수록』, 명문당.

임형택(2000), 「실사구시의 학적 전통과 개화사상」, 『실사구시의 한국학』, 창작과비평사.
______(2018), 「17세기 문명적 위기와 실학」, 『반계 유형원과 동아시아 실학사상』, 학자원.
정호훈(2017), 「조선후기 새로운 국가구상의 전통과 『경세유표』 -『반계수록』이래 남인의 전제론과 결부하여」, 『동방학지』 180, 연세대 동방학연구원.
함영대(2018), 「순암이 기록한 반계 유형원 -『반계연보』와 『동사례』」, 『반계 유형원과 동아시아 실학사상』, 학자원.
현윤지(2014), 「『반계수록』의 편찬과 간행에 관한 서지적 연구」, 성균관대 문헌정보학과 석사논문.
정구복(2018), 「반계 유형원의 학문세계와 그 영향」, 『반계 유형원과 동아시아 실학사상』, 학자원.

한국고전종합DB http://db.itkc.or.kr/

임형택 성균관대학교 명예교수
정호훈 서울대학교 규장각한국학연구원 HK교수
신혜연 전북대학교 철학과 강사
박인호 금오공과대학교 교양교직과정부 교수
함영대 경상국립대학교 한문학과 부교수

반계학 학술총서 1

반계학의 현재와 미래 1 사상

2022년 12월 20일 초판 1쇄 발행

지은이 : 임형택 · 정호훈 · 신혜연 · 박인호 · 함영대
펴낸이 : 김병환
펴낸곳 : 학자원
주 소 : 서울시 강동구 천호대로 1121
전 화 : 02) 6403-1000
팩 스 : 02) 6338-1001
E-mail : hakjaone@daum.net
등 록 : 2011년 3월 24일 제2011-14호

ISBN 979-11-6247-290-3 94810
979-11-6247-289-7 (세트)

값 20,000원